DER HERR DER RINGE™
WIE DER FILM GEMACHT WURDE

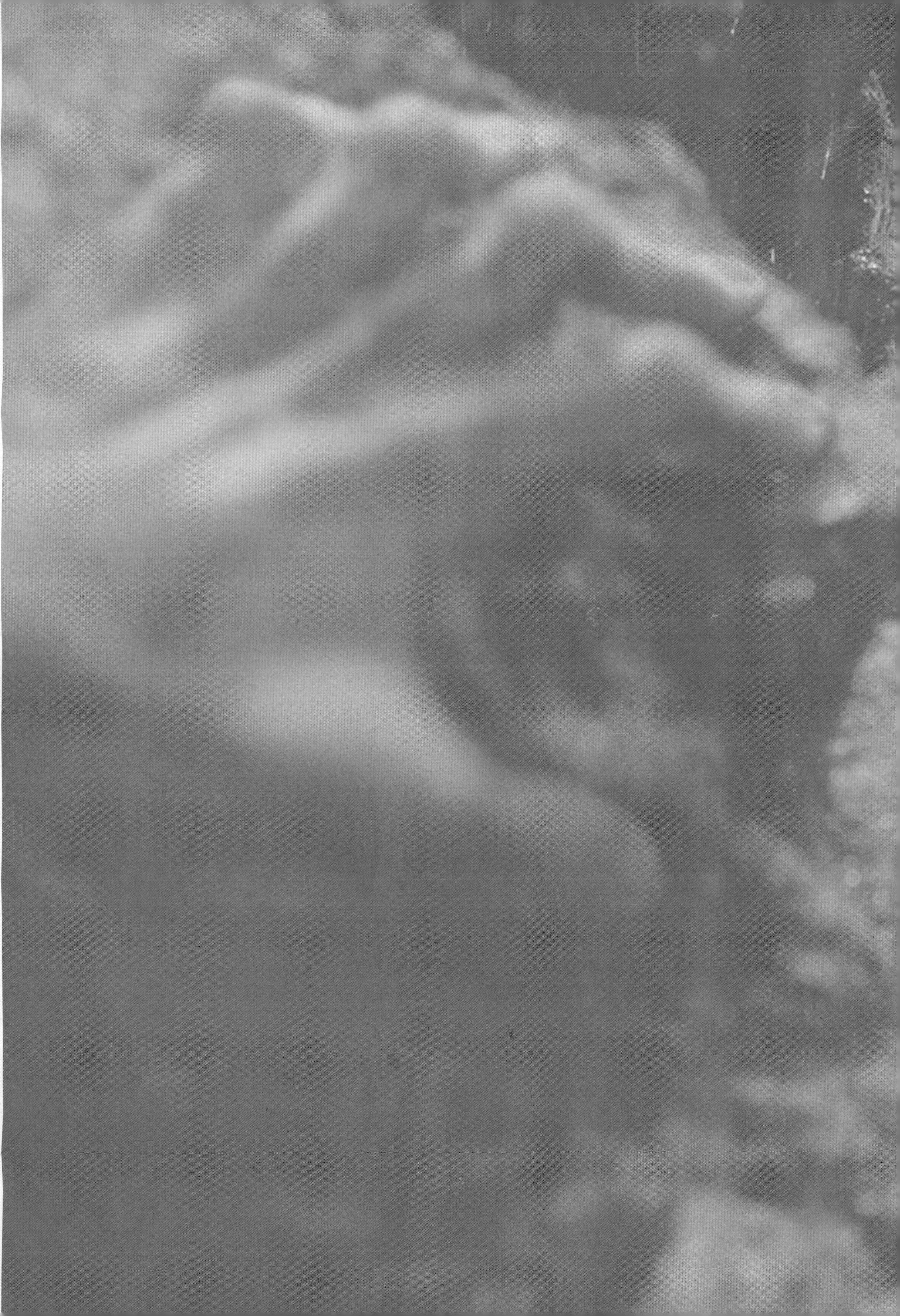

BRIAN SIBLEY

DER HERR DER RINGE

WIE DER FILM GEMACHT WURDE

AUS DEM ENGLISCHEN VON HANS J. SCHÜTZ

KLETT-COTTA

Für
IAN HOLM,
dem ich erstmals begegnete, als er Frodo war
und wir zusammen zu einer Radio-Reise aufbrachen,
„Hin und zurück".
Zwanzig Jahre später ist er jetzt „Bilbo"
Und noch immer erforschen wir Mittelerde!
Mit Bewunderung und Zuneigung
BS

Klett-Cotta
Die Originalausgabe erschien unter dem Titel „The Making of The Lord of the Rings"
bei HarperCollins*Publishers*, London

Text © Brian Sibley 2002
© 2002 Robert Catto/Film Wellington. Alle Rechte vorbehalten
Fotografien, Standfotos, Film-Logos
© 2002 New Line Productions, Inc. Alle Rechte vorbehalten
Fotografien auf den Seiten 184, 185, 187 unten und 188 © Robert Catto/Film Wellington
Zusammenstellung © HarperCollins*Publishers* 2002

Der Verlag dankt allen Fotografen für die Erlaubnis, ihre Fotos in diesem Buch abzudrucken

„The Lord of the Rings", „The Fellowship of the Ring", die Figuren und
die Orte darin™ The Saul Zaentz Company d/b/a
Tolkien Enterprises under license to New Line Productions, Inc. Alle Rechte vorbehalten
„Tolkien"™ ist der eingetragene Markenname der J. R. R. Tolkien Estate Limited

„The Lord of the Rings" und seine Einzelbände „The Fellowship of the Ring", „The Two Towers" und
„The Return of the King" erscheinen bei HarperCollins*Publishers*. Under license from The Trustees of
the J. R. R. Tolkien 1967 Settlement
Die deutsche Ausgabe „Der Herr der Ringe" und seine Einzelbände „Die Gefährten", „Die zwei Türme"
und „Die Wiederkehr des Königs"
© 1966 George Allen & Unwin Ltd.
Published by arrangement with HarperCollins*Publishers* Ltd., London

Für die deutsche Ausgabe
© J. G. Cotta'sche Buchhandlung Nachfolger GmbH, gegr. 1659,
Stuttgart 2002
Fotomechanische Wiedergabe nur mit Genehmigung des Verlags

Design: Barnett Design Consultants
Produktion: Graham Green
Satz des deutschen Textes: Offizin Wissenbach, Höchberg bei Würzburg
Gedruckt und gebunden von Proost NV, Turnhout, Belgien

ISBN 3-608-93502-9

www.hobbitpresse.de/tolkien/

Inhalt

Vorwort: Ian McKellen 7

Prolog: Das langerwartete Fest 9

Ein glücklicher Mann 14

In Cannes 16

1: Werkstatt der Wunder 19

Der Mann, der Bäume baut 28

2: Auf der Suche nach Mittelerde 31

Eine Halle für einen König 40

3: Die Bühne wird eingerichtet 43

Von Beutelsend nach Barad-dûr 54

4: Die Welt ist klein! 57

Verirrt in Lothlórien 68

Bruchtal im Licht 70

5: Warenhaus für Mittelerde 73

Ein Ring, der allen paßt 82

Kalligraph in Mittelerde 84

6: Prachtgewänder und Damenroben 87

Der Hut im Mülleimer 95

Die weiße Herrin von Rohan 96

7: Rüsten für den Ringkrieg 99

Komparsen aller Art 110

8: Hobbit-Haare und Zauberer-Bärte 113

Grímas Grausamkeit 122

9: Gesichter entstehen 125

Die Leiche auf dem Boden 136

Gespräch mit Baumbart 137

10: Ein filmisches Meisterwerk 139

Hobbit-Gespräch 152

Aspekte von Aragorn 154

11: Wie die Magie entsteht 157

Massenszenen 168

Der Kampf mit Gollum 170

12: Ein Kenner der Partitur 173

Musik für die Gefährten 182

Epilog: Ein Ende und ein Anfang 185

Danksagungen 190

Vorwort

An dem Tag, als *Der Herr der Ringe* im Embassy Cinema in Neuseelands Hauptstadt Premiere hatte, erwachten die Einwohner von Wellington und stellten fest, daß ihre Stadt über Nacht durch einen Erlaß der Regierung einen neuen Namen bekommen hatte. Um die Leistung der örtlichen Filmindustrie zu ehren, wurde Wellington für einen einzigen Tag auf Straßenschildern und an öffentlichen Gebäuden zu „Mittelerde". Am Abend lag vor dem Embassy am Courtenay-Platz ein roter Teppich aus, und während die Zuschauer zur Premiere strömten, fanden auf dem Platz zahlreiche Festlichkeiten statt. Diejenigen von uns, die nicht dabei sein konnten, waren bereits von der Hochstimmung der Kiwis angesteckt worden, als wir auf den Briefmarken zum Jahresende Tolkiens Gestalten erblickten, die dieses Unternehmen Neuseelands weltweit bekannt machten. Wenn ein Filmprojekt mehr Leute beschäftigt als jede andere Industrie im Land, ist das ein Grund zum Feiern.

Für diejenigen von uns, die aus dem Ausland gekommen waren, um am Film mitzuwirken, war diese lokale Identifizierung eine echte Ermutigung. Es war weniger erschreckend, ein Jahr lang von zuhause fort zu sein, wenn jeder, der den britischen Akzent hörte, sofort wußte: „Oh, Sie sind wegen des *Herrn der Ringe* hier!"

Wir begegneten auch leidenschaftlicher Besorgnis, wie wohl Peter Jacksons die Übertragung von Romanen auf die Leinwand gelingen werde, und das nicht nur in Neuseeland. Das Internet schwirrte von Fragen, halben Antworten, Vermutungen, Hoffnungen und Befürchtungen der Bewunderer Tolkiens. Meine Antwort auf diese Begeisterung war meine eigene Publikation „The Grey Book" (unter www.mckellen.com). Wenn ich dieses Tagebuch heute lese, wird mir klar, wie unzulänglich meine Bemerkungen waren; wenn Sie also erfahren wollen, was es wirklich bedeutete, *Die Gefährten*, *Die zwei Türme* und *Die Wiederkehr des Königs* (2003) zu machen, halten Sie die maßgeblichste Quelle in den Händen.

Als Peter Jackson und seine Partnerin, Fran Walsh, mir zum erstenmal von ihrem Projekt erzählten, war ich ein Tolkien-Ignorant (denn die Lektüre des *Hobbit* als Teenager zählt meiner Meinung nach nicht allzuviel). Einige Monate vor Beginn der Dreharbeiten besuchten sie mich in London mit einem Stapel von Mittelerde-Bildern und dem ursprünglichen Drehbuch für die Trilogie. Sie ließen mich mit dem Gefühl zurück, daß sie zu einer großen Reise aufbrachen und daß die Aufforderung, mitzureisen, die Chance meines Lebens war. Brian Sibleys Buch fängt diese Hochstimmung überzeugend ein.

Ian McKellen

Prolog
Das langerwartete Fest

Es ist wie eine Szene aus einem Film. Um genau zu sein, wie eine Szene aus einem dieser britischen Kriegsfilme der 50er Jahre, in der die kühnen, jungen Piloten letzte strikte Anweisungen erhalten, bevor sie in ihre Maschinen klettern.

Zugegeben, die Umgebung ist anders, und die Personen sind ganz andere – wir befinden uns in einer luxuriösen Suite des Dorchester Hotels in London, und die Personen, die Anweisungen bekommen, sind Stars – aber die Stimmung ist haargenau dieselbe.

Es ist gegen Mittag am Sonntag, dem 9. Dezember 2001, und Tracy Lorie von New Line Cinema geht mit den Schauspielern von *Die Gefährten* den Plan für den nächsten Tag durch, an dem im Odeon, Leicester Square, die Weltpremiere des Films stattfinden wird.

Um den Tisch sitzen Christopher Lee, Ian Holm, Orlando Bloom und Richard Taylor und Tania Roger vom Weta Workshop. Alle sind mehr oder weniger erschöpft, nachdem sie zwei Tage lang non-stop Interviews gegeben haben – etwa fünfzig pro Tag – und viel zu müde, um mehr zu tun, als hin und wieder Obst, Käse und Gebäck zu knabbern, das reichlich aufgetischt wurde. Am anderen Ende des Raums haben es sich Elijah Wood, seine Familie und Dominic Monaghan und Billy Boyd auf Sofas und Lehnsesseln bequem gemacht.

Die anderen Schauspieler – Liv Tyler, John Rhys-Davies, Viggo Mortensen und die beiden Seans (Astin und Bean) – sind noch in anderen Suiten beschäftigt, versuchen die immer gleichen Fragen noch einmal zu beantworten, als hätten sie sie noch nie gehört, und versuchen, so zu sprechen und zu lächeln, wie es verlangt wird. Ian McKellen ist irgendwo über dem Atlantik, unterwegs von New York; und im Augenblick weiß niemand, ob Cate Blanchett – die erst vor drei Tagen ihren Sohn Dashiell zur Welt gebracht hat – an der Premiere teilnehmen wird oder nicht.

Für die Teilnehmer des Briefings gibt es viel zu merken: die Abfahrtszeiten vom Dorchester, die Ankunft am Leicester Square; Arrangements für Partner, Angehörige und Gäste; und den einzuhaltenden Ablauf nach dem Eintreffen im Odeon: „Ihr geht über den roten Teppich, vorbei an den Presseleuten rechts von euch, aber, *bitte*, nicht stehenbleiben –"

Elijah fragte mit vollkommen unbewegtem Gesicht, ob es erlaubt sei zu winken. „Begrüßt sie auf jeden Fall", bekommt er zur Antwort, „aber bleibt bitte nicht stehen und geht nicht durch die Absperrungen auf die andere Seite –"

„Oh, ich hatte mir gerade vorgenommen, sie zu ignorieren!" Ein Scherz, der von Christopher Lee mit einem strengen Stirnrunzeln bedacht wird: „Es ist wirklich sehr wichtig, nicht stehenzubleiben, um zu schwatzen oder

PROLOG

Autogramme zu geben, sonst werden wir buchstäblich die ganze Nacht dort verbringen!"

„Immerhin", fährt Tracy fort, um sicherzugehen, daß es alle begriffen haben, „ist der Film drei Stunden lang und darf also nicht später als 19 Uhr 45 anfangen." Weitere Instruktionen folgen: Wenn alle im Kino angekommen sind, müssen sie die Treppe hinaufgehen und eine Anzahl von Fernsehinterviews geben. „Die Kameras sind in einem großen Halbkreis angeordnet, und ihr werdet in zwei Gruppen aufgeteilt: eine bewegt sich von links nach rechts, die andere von rechts nach links …"

Ian Holm sagt nichts, die Hände zusammengelegt, die Fingerspitzen nachdenklich an die Lippen gedrückt.

„Nach den Interviews", fährt Tracy fort, „gehen alle runter auf die Treppe für eine Gruppenaufnahme, dann werdet ihr vor das Parkett geführt, damit Peter euch auf die Bühne bringen und den Zuschauern vorstellen kann." Richard Taylor grinst mich an, mit der unübersehbaren Erleichterung eines Mannes, der froh ist, kein Star zu sein. „Und wenn das vorbei ist, führt man euch zu euren Plätzen, und der Film wird anfangen. Danach –"

„Die Party!" wirft jemand ein. Aber die unendlich geduldige Tracy hat noch ein oder zwei weitere Instruktionen: in bezug auf die Anfahrt und das Timing der Wagen vom Kino zum Empfang im Tobacco Dock im Londoner West End. Hier gibt es wieder eine Unterbrechung, als Orlando Bloom wissen will, wie er seine Freunde treffen soll, die als Gäste kommen.

Nachdem das geregelt ist: „Und jetzt kommen wir dazu, was passiert, wenn ihr auf der Party eintrefft –" An dieser Stelle wirft Elijah hoffnungsvoll ein: „Well, es ist bloß eine Party, oder?" Nicht *ganz*, wie's scheint! Ein weiterer Aufmarsch von Presseleuten und weitere Interviews. Alles in allem hört es sich so an, als würde es ein langer, ermüdender und möglicherweise stressiger Abend werden.

Schließlich wird es still im Raum. Und erst jetzt blickt Ian Holm auf und sagt mit leiser Stimme, die wie ein Stein in den Brunnen des Schweigens fällt: „Hm … und die Probe … die Probe ist *wann*?"

Wie sich herausstellt, läuft bei der Veranstaltung – sogar ohne Probe – alles wie am Schnürchen. Es ist ein bitterkalter Dezemberabend, aber die Leute sind in hellen Scharen gekommen, trotzen der schmetternden Musik, den grellen Lichtern und wirbelnden Karussells des Weihnachtsmarkts auf dem Leicester Square, um den Stars zu applaudieren, als sie über den roten Teppich ins Theater schreiten.

Die Hobbits stecken in schicken Anzügen und tragen flotte Hemden mit offenen Kragen (modisch-bequem, mit der Betonung auf modisch), die Zauberer haben sich, ihrem Status entsprechend, für ein würdigeres Aussehen mit Schlips und Kragen entschieden. Und während – was vielleicht nicht allzu sehr überrascht – Cate Blanchett fehlt, ist Liv Tyler höchst präsent, in einem scharlachroten Alexander-McQueen-Hosenanzug mit einer feuerroten Spitzenschleppe. Die Fotografen sind hingerissen, und Liv sieht gelassen und cool aus, obwohl sie später gestand, den größten Teil des Tages mit Anproben verbracht zu haben und darum ungemein nervös gewesen zu sein.

Peter Jackson hat, entweder aus Rücksicht auf das Ereignis oder wegen des Wetters, seine gewohnten Shorts gegen ein purpurnes Hemd und eine schwarze Hose getauscht. Obgleich es ihm nie ganz behagt hat, im Rampenlicht zu stehen, bewegt er sich

Das langerwartete Fest

selbstsicher mit dem strahlenden Lächeln eines Mannes, der, ungeachtet seiner Bescheidenheit, daran glaubt, daß sein Film ein Hit von phänomenalem Ausmaß werden wird.

Den Fans, von denen viele stundenlang treu ausgeharrt haben, scheint der eisige Wind nichts auszumachen, der über den Platz pfeift und um das Shakespeare-Denkmal fegt. Sie sind viel zu sehr damit beschäftigt, die Schauspieler zu identifizieren („Das ist Viggo. Er ist Aragorn."), wie verrückt zu fotografieren, zu jubeln und zu schreien: „Wir lieben dich, Elijah!"

Verstreut unter den Filmemachern, die die Menge zum größten Teil nicht kennt (ihnen aber dennoch höflich applaudiert), ist eine Reihe britischer Prominenter – Komiker, Stars von Seifenopern, Fernsehmoderatoren und ähnliche Leute. Angeblich sollen Bob Geldof, Claudia Schiffer, Richard E. Grant, Jude Law, Sir Richard Branson und Sir Cliff Richard auf der Gästeliste stehen. Einige erkennt man, andere nicht.

Sean Bean (entgegen den Anweisungen, aber er hatte das Briefing schließlich verpaßt) arbeitete sich fröhlich durch die Reihe von Fans, schüttelte Hände und gab Autogramme, bis ihn sein Agent schließlich unter dem Aufstöhnen der nachdrängelnden Fans energisch zum Eingang bugsiert.

Über der Tür des Odeons prangen die Aufschrift „EIN RING, SIE ALLE ZU KNECHTEN" und eine Reihe großer Reifen – symbolische Ringe –, die aufflammen und dramatisch in der Nachtluft flackern.

Im Inneren erfüllen die Schauspieler ihre Aufgaben perfekt, und schließlich bereiten ihnen die wartenden (bereits knöcheltief in Popcorn steckenden) Zuschauer einen rauschenden Empfang, als sie auf der Bühne erscheinen, zusammen mit den Executive Producers Bob Haye, Michael Lynne und Mark Ordesky, Producer Barrie M. Osborne und dem eigentlichen Mann des Abends: Peter Jackson.

Denen, die sich vielleicht darüber wunderten, erklärt Peter, warum man London als Ort für die Weltpremiere wählte. Das Epos, ein Klassiker der modernen englischen Literatur – für manche *das* Buch des zwanzigsten Jahrhunderts –, ist das Werk eines britischen Schriftstellers, der für sein Vaterland eine neue Mythologie schaffen wollte. „Der Herr der Ringe", sagt Peter, „wurde hier geschrieben, und es ist recht und billig, daß der Film, den wir nach diesem Buch gedreht haben, hier zuerst gezeigt wird."

Es gibt noch mehr Beifall, die Lichter verlöschen, der Vorhang geht auf, und der Film beginnt.

Die Stimme Galadriels ertönt aus der Dunkelheit: „Die Welt ist verändert, ich spüre es im Wasser, ich fühle es in der Erde, ich rieche es in der Luft. Vieles, das einst

11

PROLOG

war, ist verloren – denn keiner lebt mehr, der sich daran erinnert …" Die klagenden, sehnsüchtigen Klänge von Howard Shores Eröffnungsmelodie, „Die Prophezeiung", ziehen durch das Kino und tragen uns zurück in dieses verschollene Zeitalter, in eine Zeit, bevor „Geschichte zur Sage wurde" und „aus der Sage ein Mythos". Und damit ist der Zauber da. Ein Hauch von Vorahnung überkommt die fünfzehnhundert im Kino versammelten privilegierten Gäste.

Als Publikum sind wir einsame Klasse: Wir reagieren auf alles, es entgeht uns nichts. Wir lachen über die Clownerien von Merry und Pippin, erschauern beim Zischen der Ringgeister, rutschen während der Flucht zur Furt auf die Kante unserer Sitze. Wir schrecken entsetzt zurück, als Bilbo unerwartet nach dem Ring greift, springen auf, als der Höhlentroll plötzlich hinter einer Säule auftaucht, weinen beim Sturz Gandalfs und beim Tod Boromirs. Obgleich es ein außerordentlich un-englisches Verhalten ist, jubeln wir, als Aragorn den Anführer der Uruk-hai mit einem einzigen tödlichen Hieb seines Schwertes enthauptet.

Ungefähr drei Stunden später kommt der Film an sein nahezu pessimistisches Ende, als Frodo und Sam über die steinigen Abhänge ins schattenerfüllte Reich Mordor hinabsteigen: „Sam, ich bin froh, daß du bei mir bist …"

Nach einem Augenblick der Stille verwandelt sich das Kino in einen Tumult entzückter Schreie, Gekreische und Gebrüll, einen Wirbel, in dem Enyas abschließende Botschaft „Es sei" fast untergeht und der den fünfzehnminütigen Nachspann zu wiederholten Malen unterbricht.

Gegen Mitternacht hat man uns durch die Stadt zum Tobacco Dock transportiert, wo wir mit heißem Cider & Orange und gerösteten Kastanien, dem Schauspiel rustikal gekleideter Küchenchefs, die ein Schwein am Spieß rösten, und der Aussicht auf eine unvergeßliche Party empfangen werden. Doch für die Stars bedeutet es einen weiteren roten Teppich und einen Gang durch ein neuerliches Blitzlichtgewitter.

Für Peter Jackson und seine Leute geht die Arbeit weiter: Interviews geben, Wiederholungen vermeiden, versuchen, für die Presse neue Zitate zu finden. Christopher Lee bemerkt: „Wir haben drei außerordentliche Bücher in drei außerordentliche Filme verwandelt"; Ian McKellen sagt: „Es ist wie ein Epos von Fritz Lang."

Die jungen Schauspieler arbeiten so hart und unermüdlich wie alle anderen, und Stunden später bewegt sich Elijah Wood immer noch zwischen den Gästen und plaudert, als wäre die Party eines von Frodos Festen in Beutelsend und er der Gastgeber.

Die einstigen Tabakspeicher – jetzt zu einem riesigen Treffpunkt mit nostalgischem Chic umgebaut – waren von den Filmausstattern Dan und Chris Hennah (Bild rechts) auf wundersame Weise in verschiedene Tolkiensche Schauplätze verwandelt worden. Wir besuchen Bruchtal und Lothlórien und verspeisen ein „Mittelerde-Menü", zu dem „Gebackener Anduin-Lachs" ebenso gehört wie „Gerstenmann Butterblüms berühmte Wurst mit Kartoffelbrei", „Gandalfs geheimes Rezept von Perlhuhn aus der Pfanne" oder (eine beunruhigende Vorstellung) „Heiße Hobbit-Pasteten".

Es gibt eine Theke aus dem Hobbit-Gasthaus „Der Grüne Drachen", nach der Körpergröße der Hobbits konstruiert, so daß die Gäste sich bücken müssen, wenn sie an ihr Bier kommen wollen; eine zweite Theke, vom „Tänzelnden Pony" in Bree inspiriert, ist aus der Hobbit-Perspektive erbaut, so daß selbst die größten Gäste mit den Nasen unterhalb des Thekenniveaus bleiben. Da stehen Getreidegarben, Körbe, randvoll mit Äpfeln, und Bäume, in denen Laternen hängen, um an das heimelige Auenland zu erinnern. Aber es gibt auch das gräßliche Trio grinsender Steintrolle unterhalb des Hobbit-Lagers auf deren Weg nach Bruchtal und, umgeben von Rauch und erleuchtet von kreiselndem Disco-Licht, die hoch aufragende Gestalt eines berittenen Ringgeistes über der Tanzfläche.

Für die Schar der Gäste ist es ein Abend ungetrübter

Das langerwartete Fest

Freude. Wie könnte es auch anders sein, angesichts der Menge von gutem Bier und weiteren Portionen von „Rosie Kattuns Törtchen mit Sirup & Honig und dicker Sahne"?

Aber für jeden, der an dem Projekt gearbeitet hat: Schauspieler, Schreiber, Handwerker, Techniker und Produzenten – und am meisten für den Regisseur, Peter Jackson –, ist es weit mehr als in Fest. Es ist ein Meilenstein auf einer Reise, die vor nahezu sechs Jahren ihren Anfang nahm …

Im Grunde ist es eine Reise, die bei weitem noch nicht zu Ende ist – drei weitere Premieren (in New York, Los Angeles und Wellington) stehen bevor, und danach müssen noch zwei weitere Filme fertiggestellt werden – aber es ist ein Tag, ein Abend, eine Nacht und ein Fest, denen man mit genausoviel Begeisterung und vielleicht mit einer leisen Furcht entgegengesehen hat, wie die Hobbits von Hobbingen dem Fest zu Herrn Bilbo Beutlins einundelfzigstem Geburtstag.

Es ist kaum ein Ereignis, das viel Zeit zum Nachdenken läßt, aber es hat Augenblicke gegeben, sagt Peter im Vertrauen, wo er auf einen gewöhnlichen – und doch außergewöhnlichen – Sonntagmorgen im November 1995 zurückblickte: „Ich lag im Bett und dachte darüber nach, was ich als nächstes machen sollte. Zu dieser Zeit arbeitete ich an *The Frighteners,* aber immer wenn du an einem Film arbeitest, plagt dich bereits der Gedanke an das, was du tun wirst, wenn du mit diesem Film fertig bist.

Und natürlich dachte ich als erstes an den *Herrn der Ringe.* Warum nicht einen Film dieser Art machen?" Er hält inne, schüttelt ungläubig den Kopf und lächelt: „Ich habe keine Sekunde daran gedacht, das ganze Buch zu verfilmen – und doch haben wir genau das gemacht."

Wie diese flüchtige Idee Gestalt annahm und schließlich zu einem der ehrgeizigsten Projekte in der Geschichte des Films wurde, ist eine andere Geschichte: Die Rechte an Tolkiens Romanen wurden ermittelt und erworben; Peter und seine Co-Autoren, Fran Walsh und Philippa Boyens, machten aus dem tausendseitigen Epos drei bezwingende Drehbücher; zwei etablierte Tolkien-Illustratoren, Alan Lee und John Howe, wurden verpflichtet und die Zusammenarbeit mit der Firma für Spezial-Effekte, Weta Workshop, in Wellington verabredet, um eine filmische Vision von Mittelerde Gestalt werden zu lassen; und nicht zuletzt fand man mit New

Line ein Studio, das bereit war, dieses inspirierte, wenn auch ungezügelt verrückte Unternehmen zu finanzieren.

Auf den folgenden Seiten brechen wir zu einer kreativen Reise auf, die sowohl Entschlossenheit und Ausdauer erfordert hat als auch eine Offenheit gegenüber den verrückten Launen des Zufalls – so wie die Reise im Buch.

Ein glücklicher Mann

„Ich tue etwas, das ich wirklich mag." Peter denkt über das nach, was er als Glücksfall seines Lebens sieht: „Ich wuchs bei Eltern auf, die einer Arbeit nachgingen, weil man das tun mußte, um Geld zu verdienen."

Peters Vater war Angestellter bei der Stadt Wellington, seine Mutter arbeitete in einer Fabrik. „Unter diesen Umständen", sagt Peter, „bestand die einzige wirkliche Freude des Lebens aus den Wochenenden und dem dreiwöchigen Jahresurlaub. Die übrige Zeit arbeitest du, um die zwanzigjährige Hypothek abzubezahlen. Darum empfinde ich es jeden Tag als ein Glück, daß ich etwas mache, das ich wirklich gern mache …"

Peter wurde am 31. Oktober (Halloween) 1961 in Pukerua Bay auf der Nordinsel Neuseelands geboren. Die ersten Schritte zu seiner Filmkarriere tat er in früher Jugend, als er sich die Super-8-Filmkamera seiner Eltern auslieh und anfing, seine eigenen experimentellen Home-Movies zu drehen. Von der Zeitraffer-Animation in den Filmen Ray Harryhausens inspiriert, machte Peter seinen ersten Kurzfilm, der von animierten Dinosauriern aus Ton bevölkert wurde.

Als er 16 war, faszinierten ihn auch Horrorfilme mit live-action, er leitete eine Film-Crew von Schulkameraden und machte seinen ersten eigenen Vampirfilm.

Mit zwanzig arbeitete er als Fotolithograf, aber er sparte – noch immer von einer Filmkarriere träumend – für eine 16mm-Kamera und widmete seine ganze Freizeit der Herstellung seines ersten Amateur-Spielfilms.

Das Ergebnis, vier Jahre später vollendet (1987), war *Bad Taste*. Der Film wurde bei den Filmfestspielen von Cannes aufgeführt, gewann

Preise, erntete großes Lob und war das Sprungbrett zu seiner Karriere.

Auf *Bad Taste* folgte 1989 *Meet the Feebles*, ein Bühnendrama in den Kulissen einer TV-Puppen-Show, das als unerhörte Verspottung der anhaltend beliebten *Muppet Show* gesehen werden konnte.

Im Jahr 1992 kam *Braindead*, ein aufsehenerregend grausiger Zombie-Film mit jeder Menge Blut und Gedärm. Zwar erreichte *Braindead* rasch Kultstatus, doch er war ganz anders als Peters nächster Film, *Heavenly Creatures*.

Dieser Film, 1994 aufgeführt, basierte auf dem Mordfall Parker-Hulme. Es ist die Geschichte zweier Schülerinnen (gespielt von Kate Winslet und Sarah Peirse), ihrer obsessiven Beziehung und ihrem ständigen Rückzug in ein privates Phantasiereich, was schließlich dazu führt, daß sie eine ihrer Mütter ermorden. Dieser art-house-Streifen machte Peter als Filmemacher einem größeren Publikum bekannt und trug ihm und seiner Partnerin, Fran Walsh, eine Oscar-Nominierung für das beste, eigens für den Film geschriebene Drehbuch ein.

Peters nächste Arbeiten, beide aus dem Jahr 1996, waren *Kein Oscar für McKenzie – Ein Filmpionier und seine Erfindung*, eine parodistische Dokumentation über die „verpaßte" Karriere eines bahnbrechenden neuseeländischen Regisseurs der Stummfilm-Ära; und *The Frighteners*, eine parapsychologische Detektivgeschichte mit Michael J. Fox in der Hauptrolle. Die Produktion der neuartigen mit dem

Computer erzeugten Spezialeffekte für *The Frighteners* sollte Peters Vorstellungskraft in Richtung auf einen Fantasy-Film lenken – ein Weg, der ihn am Ende nach Mittelerde führte.

„Sich etwas wie den *Herrn der Ringe* vorzunehmen", sagt Peter, „ist eine ziemlich aufregende Sache. Es ist ein besonderes Buch und ein besonderes Projekt, und es vergeht kein Tag, an dem ich nicht denke, daß es wirklich eine Ehre ist, den Film zu machen."

Dieser Glaube an sein Glück, gepaart mit der Zuneigung zu seinen verstorbenen Eltern, die – ungeachtet der Zwänge ihres eigenen Lebens voller Schufterei – Peter jederzeit rückhaltlos unterstützten, drücken sich in der bewegenden Danksagung im Abspann der *Gefährten* aus: „Für Joan und Bill Jackson: Dank für euren Glauben, eure Hilfe und eure Liebe …"

Die PJ-Philosophie

Peter Jackson ist nicht nur ein leidenschaftlicher Filmemacher, er ist auch stolz darauf, Neuseeländer zu sein, ein Wellingtoner, und ganz besonders ein Einwohner von Wellingtons Miramar-Gebiet, was ein Brief beweist, den Peter im September 1998 an den Bürgermeister Mark Blumsky schrieb: „Wie Sie wissen, bin ich durch und durch Wellingtoner und ich bin stolz darauf, daß es mir gelungen ist, dieses Projekt nicht bloß nach Neuseeland, sondern in unser Miramar zu bringen. Es ist zweifellos international anerkannt, wie gut die Wellingtoner Kiwisorte ist. Und Leute aus ganz Neuseeland kommen her und entdecken unsere bestgehüteten Geheimnisse: unsere Stadt und unsere wunderbare Art zu leben.

Filmemachen ist in großem Maße eine Sache der Kooperation. Es ist ein Geschäft, das Leute verschiedenster Begabung und Fähigkeiten in einem kreativen Schmelztiegel zusammenbringt, und am Ende des Prozesses kommt vielleicht ein Film dabei heraus. In diesem Sinne gehört jedem, der daran mitwirkt, ein Stück des Films, ob er nun darin gespielt, ihn gefilmt, die Kulissen gebaut oder hergerichtet, die benutzten Requisiten oder Drehorte zur Verfügung gestellt oder das Projekt einfach nur gefördert hat.

Wir haben immer das Glück gehabt, daß uns Leute den Rücken gestärkt haben, als einzelne, als Firmen, als örtliche Körperschaften – sogar die Landesregierung. Ohne diese permanente Unterstützung und die Bereitschaft, mitzuhelfen, daß alles funktioniert, hätten wir nur halb so gut arbeiten können.

Vielleicht haben wir so viel Unterstützung bekommen, weil die neuseeländische Filmindustrie immer ein Geschäft gewesen ist, in dem es hieß: ‚Krempel die Ärmel hoch und pack's an.' Vielleicht liegt es daran, daß Leute gern anderen helfen, die respektlos einfach das tun, was viele andere auch gern tun würden. Vielleicht ist der Grund auch der, daß wir uns mit Träumen abgeben. Oder vielleicht weil Wellington einfach zur besseren Sorte von Städten gehört."

In Cannes

„Bitte bringen Sie Ihr Medaillon mit. Ohne Medaillon kommen Sie nicht durch die Sicherheitskontrollen." Im Grunde ist es eine Pappscheibe an einem Stück Schnur mit der Aufschrift „*Der Herr der Ringe* ★ Media Event ★ 13. Mai 2001 ★ Cannes", umrandet vom Ring-Vers. Mal abgesehen von seinem äußeren Wert stellt das Medaillon trotzdem den einzigen Zugang zu einem Ereignis dar, das die schrillste Party des Film-Festivals von Cannes sein soll.

Flackernde Kerzen in Tonschalen flankieren die Auffahrt zum Château de Castellaras, das von Dan und Chris Hennah in eine mikrokosmische Darstellung Mittelerdes verwandelt worden ist. Wo könnte man den Rundgang besser beginnen als in Beutelsend, den kleinen Gartenweg hinauf, sich unter der runden Tür ducken und ein Labyrinth winziger Räume mit niedrigen Decken und gefährlichen Balken betreten, die mit Möbeln in Hobbit-Größe ausgestattet sind; nebenan verbirgt die Fassade des „Grünen Drachen" Reihen von transportablen Toiletten, deren Kabinen beschallt werden und das sehr beunruhigende Gefühl verbreiten, sich mitten in einem wilden Ork-Angriff zu befinden.

Bilbos Geburtstagsbanner flattert munter über einem Festplatz mit Hobbit-Zelten und Ständen, wo Speisen an-

geboten werden: Spießbraten, Maiskolben und große Stücke von knusprigem Brot. Auf einer Seite des Châteaus erhebt sich eine Reproduktion des „Tänzelnden Ponys" in großem Maßstab, wo ein sehr großer Wirt Getränke ausschenkt und hinter einer sehr hohen Theke steht, was uns folglich alle auf die durchschnittliche Hobbitgröße reduziert.

Gondorische Wachtposten stehen an den breiten Stufen, die zum Haupteingang des Châteaus hinauf und in den dahinterliegenden Innenhof führen, der mit Schilden

und Wimpeln aus der Festung Minas Tirith geschmückt ist.

Als wir den Thronsaal von König Théoden in Edoras betreten, erleben wir im Innern des Châteaus, ähnlich wie im Film, eine Überblendung von einer Kultur Mittelerdes zur anderen: An den Wänden hängen Gobelins, die Dachpfeiler zeigen geschnitzte Pferdeköpfe, und alles erstrahlt in einem wirbelnden, vielfarbigen Disco-Licht.

Draußen, fern von der Menge, stoße ich auf Galadriels Schwanenboot, „geparkt" auf dem Schwimmbad, und an einem abgelegenen Fleck des Grundstücks auf zwei schwarze Steintore mit sonderbaren Inschriften, die auf geheimnisvolle Weise erscheinen und dann verblassen. Das sind die Tore Durins, der verhängnisvolle Eingang zu den Minen von Moria …

Ich denke darüber nach, daß diese Türen zweifellos zu den szenischen Höhepunkten in den *Gefährten* gehören werden; ebenso wie die Filmsequenzen, die vor zwei Tagen als „work-in-progress Preview" exklusiv im Olympia-Theater von Cannes gezeigt wurden.

Kritiker, die die tägliche Flut von Vorführungen in Cannes besuchen, zeigen selten ihre Zustimmung, doch am Ende des 26 Minuten langen Zusammenschnitts brachen im Olympia Jubel und Beifall aus. Damit waren alle unterschwelligen Zweifel am Projekt zerstreut. Zwar sind noch erhebliche Nacharbeiten zu leisten, aber wie *Variety* zwei Tage später erklärte, „verdient der ‚Ring'-Zyklus Aufmerksamkeit".

Ich kehre zur Party zurück und entdecke in einer dunklen Ecke Peter Jackson und Richard Taylor, die sich unter dem schattenhaften Leib eines riesigen Steintrolls unterhalten, der, in schwächlich grünes Licht getaucht, zwischen den Zweigen bedrohlich auftaucht. Als ich über den Erfolg der Vorführung und die Großartigkeit dieser Feier spreche, entdecke ich, daß die beiden Männer sehr viel persönlicher und nostalgischer auf das Ereignis reagieren.

„Das erste Mal waren wir 1992 in Cannes", sagt Peter, „damals mit *Braindead*. Natürlich konnten wir's uns nicht leisten, in den piekfeinen Hotels abzusteigen …"

„Und richtige Werbung konnten wir uns auch nicht leisten", fügt Richard hinzu. „Also rannten wir am Strand entlang und klebten Plakate an die Palmen, die verkündeten, *Braindead* werde gezeigt. Die Polizei hatte sie kaum abgerissen, schon klebten wir neue an!"

Peter lächelt bei der Erinnerung. „Und wissen Sie, wo wir den Film zeigten? Im Olympia!" Sie lachen. „Sie müssen zugeben, daß diesmal alles ein bißchen anders ist …"

17

Kapitel 1

Werkstatt der Wunder

 Ein riesiger Tatzenabdruck. Ich gehe über eine verschlafene Straße, ohne etwas anderes wahrzunehmen als das Sirren der Grillen in den Gärten einer Reihe gepflegter Bungalows, gestrichen in rosafarbenen und zitronengelben Pastelltönen. Da bemerke ich plötzlich den Abdruck eines großen Tieres, eingegraben in den Zement des Gehwegs. Daneben als Erklärung die Inschrift:

KONG WUZ HAIR.

Ich habe Weka Street Nr. 1 in Wellington-Miramar erreicht, Sitz von Weta Workshop. Draußen: verwitterte Gebäude, an denen die Farbe abblättert, und ein mit riesigen Containern vollgepackter Hof. Drinnen: Mittelerde! Die Wände sind übersät mit phantastischen Zeichnungen und Gemälden unirdischer Plätze und Kreaturen, während auf Werkbänken so unwahrscheinliche Gegenstände wie Elben-Ohren und Ork-Füße angehäuft sind.

Mein Blick fällt auf ein großes Schild (ursprünglich für den Film *Der Überflieger* angefertigt), auf dem zu lesen ist: „Regionales Zentrum für psychisch Gestörte."

„Wußten Sie, daß dies früher eine Irrenanstalt war?" Richard Taylor, großgewachsen, Brillenträger, hat die vereinten Fähigkeiten eines Handwerkers und eines Technikers, die Ausstrahlung eines Mannes aus dem Showgeschäft, die Auffassungsgabe eines geborenen Philosophen; vor allem hat er sich aber die unbezähmbare Begeisterung eines Vierzehnjährigen bewahrt, dessen leidenschaftliche Liebe Comics und Film-Monstern gilt. Richard Taylor ist Weta.

„Ursprünglich", klärt er mich auf, „war das hier ein Wasser-Vergnügungspark mit einem riesigen Schwimmbad und Wasserrutschen. Etwa um die Jahrhundertwende hat man das Becken aufgefüllt und die Anlage in eine Nervenklinik umgewandelt: ein häßliches, karges Gebäude mit Teerböden und offenliegenden Balken. Während des Zweiten Weltkriegs wurde daraus ein Hospital für Soldatenfamilien; danach wurde es zunächst eine Fabrik, die Batterien herstellte, dann ein pharmazeutischer Betrieb, der Vaseline und Talkumpuder produzierte. Und dann", lacht Richard, „haben *wir* es gekauft und wieder eine Irrenanstalt daraus gemacht."

Wir gehen von Raum zu Raum, und manchmal bleibt Richard stehen, um sich mit Bildhauern, Malern und Modelltischlern zu unterhalten. Dann schließt er eine Tür auf und führt mich in einen Raum mit großen Glasschränken, vollgestopft mit abenteuerlichen Kreaturen und sonderbaren, manchmal grausigen Gegenständen. Man fühlt sich an Sammlungen von Kuriositäten erinnert, die man in bröckelnden viktorianischen Herrenhäusern oder in den Freak-Zelten findet, die einst auf

Kapitel 1

amerikanischen Volksfesten eine unwiderstehliche Anziehungskraft entfalteten.

Ich erspähe einen Frosch im Kampfanzug, einen rabiaten Ratten-Esel, eine von Dämonen besessene Stoffpuppe und einen Wurm mit dem Gesicht eines alten Mannes. „Das sind unsere vergangenen Leben", sagt Richard Taylor. Er zieht die Nase kraus. „Und dieser Geruch, der stammt eindeutig von verfaulendem Latex-Schaum."

Jüngere Ausstellungsstücke entstammen eindeutig dem Reich von Mittelerde: ein großer Kasten mit „Sméagol-Füßen" (groß und platt); ein weiterer mit „Stolzfuß-Füßen" (groß, knotig und schuppig). „Auf dem Höhepunkt der Dreharbeiten", erinnert sich Richard, „gab es Tausende solcher Kästen. Wir haben sogar *das* hier entworfen –" Er hält ein Paar Gummistiefel mit Hobbit-Zehen in die Höhe. „Speziell für Sam und Frodo für die Durchquerung der Totensümpfe angefertigt."

Richard schließt das Museum wieder zu – „Welcher Schlüssel ist es? Schlüssel, Schlüssel – nichts als Schlüssel!" – und führt mich durch die Gänge und Räume des Labyrinths, das Wetas 6300 Quadratmeter großes Wunderland umfaßt.

Über mir ragt der Ent Baumbart auf: ein gigantischer Baum mit menschlichen Zügen, Blätterhaaren, langen knotigen Armen und verzweigten Händen, von einer Plastikfolie bedeckt. Daneben sind Teile des Wächters im Was-

ser zu sehen, dem Monster, das aus einem Jules-Verne-Roman zu stammen scheint und in einem Teich vor den Toren Durins lauert. Es handelt sich um ein Modell, das in der Werkstatt gebaut und dann in die Computer gescannt wurde, damit die Animatoren von Weta Digital seinen mit Saugnäpfen besetzten Greifarmen, den Hörnern auf dem Rücken, den alterstrüben Augen und dem gähnenden Schlund Leben einhauchen konnten. In der Nähe sehe ich die Hörner des Balrog. Richard Taylors Beschreibung des furchteinflößenden Bewohners aus Morias Tiefen scheint einem mittelalterlichen Tierbuch zu entstammen: „Von der Form her ist sein Körper eine Kreuzung zwischen einem Stier und einem Hund mit den Hörnern eines Widders, den Flügeln einer Fledermaus und dem Schwanz einer Eidechse." Dann folgt der Nachsatz: „Oh, und seine Haut ist wie kalte, erstarrte Lava."

Wir kommen an einem eleganten Boot vorbei – taubengrau mit einem Schwanenhals-Bug –, in dem die Ringträger am Ende der Trilogie Mittelerde verlassen werden; ich bemerke ein Paar riesiger Spinnenbeine, die mit Seilen gelenkt werden können (verwendet bei der fürchterlichen Auseinandersetzung mit dem monströsen Spinnenwesen Kankra), und bleibe stehen, um das Fragment eines Turms aus blauem Styroporschaum zu betrachten. „Normalerweise benutzt man das Zeug, um Häuser zu isolieren …" Ich beginne bereits zu begreifen, daß es bei Weta wenige Dinge gibt, die man als „normal" bezeichnen könnte.

Um ins Büro zu kommen, gehen wir durch eine Holztür, aus der eine riesige, wie ein Insekt geformte Öffnung herausgesägt ist. „Das", klärt mich Richard Taylor auf, „ist der Umriß einer Weta."

Diese in Neuseeland heimische, uralte grillenähnliche Insektenart ist praktisch unzerstörbar und kann zu den größten Käfern der Welt heranwachsen. „Ja, sie ist ein abgezocktes kleines Biest", grinst Richard. „Und wir hätten gern, daß unsere Produkte an die Komplexität, Schönheit und manchmal sogar an die Ungeheuerlichkeit der Weta heranreichen."

Ich räume ein, daß ich „Weta" zunächst für ein Akronym gehalten hatte. „Ja", sagt Richard Taylor, „wir ver-

WERKSTATT DER WUNDER

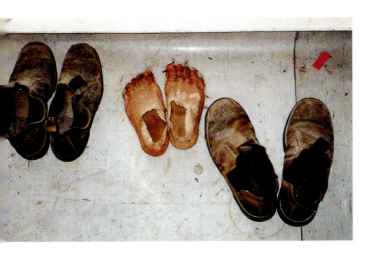

suchten in der Tat, etwas in dieser Art zu finden, zum Beispiel ‚Wellington Effects and Technical –', und hatten kein Glück. Im Grunde spielt es doch wirklich keine Rolle, ob man weiß, was eine Weta ist oder nicht; das Wort hat trotzdem einen gewissen Beiklang. Ian McKellen verwandelte es in eine Art Mantra und meinte ‚Nichts geht über die Weta'!"

Am Fuß der Treppe bemerke ich zwei Paar Stiefel und dazwischen ein weiteres Paar dieser Hobbit-Füße …

Die steile Treppe ist mit einem Lift ausgestattet, um Wetas Maskottchen zu transportieren: eine ältere Schäferhündin namens Gemma. Obgleich schon ziemlich betagt ist Gemma noch immer in der Lage – und sie macht Gebrauch davon –, dein Herz mit einem Blick ihrer großen dunklen seelenvollen Augen zum Schmelzen zu bringen.

Das Büro, das sich Richard mit seiner Frau und Geschäftspartnerin Tania Rogers (auf dem Bild unten rechts mit Richard) teilt, besteht aus einer behaglichen Mischung von praktischen und ausgefallenen Dingen. Die praktischen Utensilien, die man braucht, um ein Geschäft zu führen (Ablagen, in denen sich Anfragen, Bestellformulare und Rechnungen stapeln), erhalten durch phantastisch-surreale Beigaben Farbe und Würze: Sowohl ein Durcheinander von Fotos schmückt die Wände – Riesen, Unholde, Szenen voller Blut und Verstümmelung – als auch lustige Zeichnungen und Skizzen verschiedener „Wetaner" (wie sie sich selbst nennen), darunter David Falconers kunstvoll stilisierte Zeichnung von Saruman dem Weißen und seiner Uruk-hai-Schöpfung, Lurtz (Bild auf S. 22), mit der witzigen Überschrift „Saruman und Sohn".

An der Wand hängt ein Weta-Kalender mit Cartoons von Chris Guise; einer zeigt Peter Jackson, den Sam und Frodo, die lächerlich lange Hobbit-Ohren und -Füße tragen, mit der (nicht unbegründeten) Frage konfrontieren: „Wozu soll diese Perspektive gut sein?"

„Wir sind mächtig stolz darauf, am *Herrn der Ringe* beteiligt zu sein", sagt Richard. „Es gibt im gesamten Film nicht mehr als eine Handvoll Szenen, in denen kein Weta-Produkt zu sehen ist."

Während wir uns (sehr englisch) an Tee und Battenburg Pie laben, erfahre ich ein wenig von einer ungewöhnlichen Geschichte: Wie es dazu kam, daß Weta Workshop bei diesem ehrgeizigen Filmprojekt eine so führende Rolle spielte.

Nach dem Abschluß ihrer Ausbildung kamen Tania und Richard nach Wellington, ohne Erfahrung und mit geringen Kenntnissen vom special-effects-Geschäft, aber mit wirklicher Leidenschaft fürs Kreative. Richard fing als Art-director in der Fernsehwerbung an, wo die Budgets so klein waren, daß er mehr oder weniger alles selbst machen mußte, vom Konzept über die Gestaltung bis hin zum Make-up. „Das brachte nicht viel Geld, aber eine äußerst klare Vorstellung davon, wie aufregend diese Arbeit sein konnte."

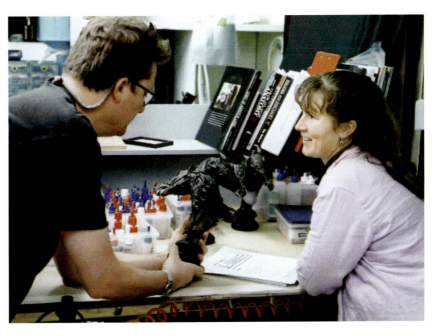

21

Kapitel 1

Den Durchbruch schafften sie mit *Public Eye,* einer neuseeländischen satirischen Fernsehshow, für die sie im Lauf von zwei Jahren mehr als siebzig Puppen herstellten – Karikaturen von führenden Politikern. Sie arbeiteten in einer Kellerwohnung, mit einem winzigen Budget und produzierten alle drei Tage eine Puppe, die Richard aus Industrie-Margarine formte und Tania in Gummi modellierte.

Sie begegneten Peter Jackson und schlossen Freundschaft mit ihm, als der Regisseur *Bad Taste* gerade abgeschlossen und das Geld, um *Braindead* zu machen, aufgetrieben hatte. Peter lud Richard und Tania zur Mitarbeit ein, und voller Freude über die Beteiligung an ihrem ersten Spielfilm machten sie sich begeistert an die Vorarbeiten. Doch dann, wie es so oft in der Filmindustrie der Fall ist, klappte es mit der Finanzierung nicht mehr, und das Projekt wurde zu den Akten gelegt. „Es war", erinnert sich Richard, „einer der schlimmsten Tage unseres Berufslebens. Doch früh am nächsten Morgen rief Peter an und bat uns, bei *Meet the Feebles* mitzumachen, und wir begannen ein höchst erfreuliches Jahr, arbeiteten in einem baufälligen Eisenbahnschuppen und machten Modelle von reizbaren Nilpferden, lüsternen Walrossen und von Krankheit geplagten Kaninchen."

Nach *Meet the Feebles* konnte Peter *Braindead* wieder aus der Schublade holen, und in Zusammenarbeit mit einem neunköpfigen Team produzierten Richard und Tania die Miniaturmodelle und über 240 verschiedene Einzelteile für einen Film, den man zu den blutrünstigsten zählt, die je gedreht wurden.

Heavenly Creatures, Forgotten Silver und *The Frighteners* folgten, alle mit Peter Jackson, und dazu die populären Fernsehserien *Xena, Warrior Princess* und *Hercules,* wobei letztere Gelegenheit für Neuentwicklungen gab.

Unter finanzieller Beteiligung von Peter Jackson, Jamie Selkirk (jetzt Supervising Editor und Koproduzent von *Der Herr der Ringe*) und anderer Partner gründeten Tania und Richard Weta Workshop. Davon überzeugt, daß die Zukunft visueller Effekte in der Computer-Technologie lag, nahm die Firma ein hohes Darlehen auf und erwarb ihren ersten Computer.

Als nächstes kam – oder besser gesagt, kam *beinahe* – *King Kong* (daher der Tatzenabdruck in Weta Street), ein Projekt, das gewaltige Vorarbeiten erforderte, aber mit dem Scheitern des Films endete. Abermals erwuchs aus Verzweiflung neue Hoffnung, als die Rede auf ein neues – und überaus ehrgeiziges Projekt – kam. „Zu-

WERKSTATT DER WUNDER

erst", sagt Richard Taylor, „lockte uns Peter mit dem Vorschlag, den *Hobbit* zu verfilmen. Aber darauf fragte er natürlich: ‚Warum machen wir nicht gleich das große Ding?' Der Entschluß, sich den *Herrn der Ringe* vorzunehmen, war typisch Jackson."

Mit diesem Gedankensprung hatte er Erfolg, und das Hollywoodstudio Miramax (mit dem Peter und Weta bei *The Frighteners* zusammengearbeitet hatten) war bereit, den *Herrn der Ringe* als Zweiteiler zu finanzieren. „An diesem Punkt", sagt Richard, „machte Peter uns ein unglaubliches Geschenk: Er fragte einfach, was wir gern zu diesem Projekt beitragen würden. Er *sagte* es uns nicht – er *fragte* uns."

Wetas Antwort war – um Richards frühere Worte über Peter Jackson aufzunehmen – ein typisches Beispiel für Taylors Art zu denken. „Wir glaubten, daß dieses Projekt eine noch nie dagewesene Einheitlichkeit in der Gestaltung aufweisen mußte. Wir wollten also, auch wenn das vermutlich unglaublich gierig wirkte, Weta Workshop auf dem höchsten Niveau, das wir erreichen konnten, in das Projekt einbinden."

Nach vielen Diskussionen und qualvollen Überlegungen schlugen Tania und Richard vor, Weta sollte die Verantwortung für die Gestaltung und die Herstellung (einschließlich aller Arbeiten am Set und bei der Nach-Produktion) der Miniaturen, Rüstungen, Waffen, Modelle für die Lebewesen und die Animationstechnik ebenso übernehmen wie auch für alle Masken, künstlichen Glieder und die besonderen Make-up-Effekte, einschließlich (wie man es von dem Team, das bei *Braindead* mitgearbeitet hatte, erwarten konnte) der Verstümmelungen und Blutbäder.

„Wir wollten", sagte Richard, „daß die Welt von Mittelerde eine einheitliche schöpferische Handschrift aufwies und zwar in handwerklich höchster Vollendung."

Trotzdem war es eine einschüchternde Aufgabe: „Ich würde sie *beängstigend* nennen", lacht Richard. „Sehr beängstigend. Damals waren wir kaum die Effekttechniker mit der größten Erfahrung, und keine Werkstatt in der Geschichte des Filmemachens ist je so dumm gewesen, zu behaupten, sie könne das alles bewältigen."

Wir trinken noch eine Tasse Tee und essen noch eine Pie, ehe Richard fortfährt: „Nachdem ich wußte, daß wir vorhatten, den *Herrn der Ringe* zu verfilmen, dachte ich an meinem ersten Arbeitstag: ‚Wie fangen wir's an, Tolkiens Welt zum Leben zu erwecken?' Da gab es natürlich den Text und damit die größte Gruppe von Lesern in der Welt, die bereits eine feste Vorstellung davon hatten, wie Mittelerde aussehen müßte. Und dann gab es die Vision des Regisseurs – stark an der von Tolkien orientiert, aber trotzdem seine eigene, ganz persönliche Vision – und es gab unsere Vision, denn wir hatten nicht vor, mitzumachen, wenn man unsere Handschrift nicht in allem spürte und sah."

Überdies hatte Peter die phantastische Idee, zwei Künstler, Alan Lee und John Howe, mit einem internationalen Ruf als Tolkien-Illustratoren hinzuzuziehen, die in das Projekt eine Menge kreativer Inspiration und Expertenwissen einbringen würden.

Für Richard und Tania ergab sich das Problem, ein Team von Handwerkern und Technikern zusammenstellen zu müssen, um die gesammelten Visionen der bereits Beteiligten zu realisieren. „Wir hatten die Wahl, nahezu jeden Designer der Welt langfristig anzuheuern", bemerkt Richard, „doch statt dessen bauten wir ein Team junger Neuseeländer auf, die darauf brannten, dabei zu sein, wenn aus dem Buch ein Film wurde. Sie brachten eine wunderbare Kombination von Begeisterung und Bereitwilligkeit in das Projekt ein: Sie hielten sich sklavisch an Tolkiens Text, wenn es erforderlich war; waren willens, dem Film Peters Stempel aufzudrücken, ohne darüber hochmütig zu werden, und auch meine Vision in die Mi-

23

KAPITEL 1

schung einzubringen; sie waren bescheiden und vorurteilslos genug, Ratschläge von Alan Lee und John Howe anzunehmen; und während der ganzen Zeit fügten sie dem Ganzen die Frische ihrer Interpretation hinzu."

Richard erinnert sich an ihre Arbeitsmethode: „Jeden Morgen um 8 Uhr trafen wir in der Werkstatt ein, diskutierten über ein bestimmtes Thema und brachten den Rest des Tages damit zu, Ideen zu Papier zu bringen. Gegen 17 Uhr kam Peter, sah durch, was wir zustande gebracht hatten, und sagte uns, was ihm gefiel. Alles andere wurde aussortiert, und am nächsten Tag begannen wir damit, die besten Ideen auszuarbeiten und neue zu entwickeln."

Es folgten fast 700 Tage hochkonzentrierter Arbeit an Entwürfen: Unmengen von Zeichnungen entstanden, dreidimensionale Modelle von Lebewesen, von Waffen und Rüstungen, und es wurden auch die ersten maßstabgetreuen Miniaturen von Helms Klamm und Khazad-dûm konstruiert. Dann trat die Katastrophe ein! Alarmiert wegen der steigenden Projektkosten entschied Miramax, das Projekt auf einen einzigen Film zu beschränken. Peter konnte nichts anderes tun, als diesen Vorschlag abzulehnen, und *Der Herr der Ringe* geriet ins Stocken und brach zusammen.

„Es war eine verrückte Situation", sagt Peter und erinnert sich daran, wie verzweifelt sie waren. „Nach so viel Arbeit, so viel Hingabe … Das Scheitern von *King Kong* noch im Hinterkopf, waren wir zutiefst deprimiert."

Doch Peter gab nicht auf. Er sah die Möglichkeit – obwohl er sich damals nur geringe Chancen ausrechnete –, ein anderes Studio zu finden, das Miramax seine Einlage zurückzahlte und das Projekt übernahm. Im Vertrauen auf Peters Entschlossenheit half Weta dabei, Vorführmaterial und bereits für den Film gefertigte Requisiten zusammenzustellen, mit denen Peter und seine Produktions- und Drehbuchpartnerin Fran Walsh nach Hollywood aufbrachen, um neues Geld aufzutreiben.

Alan Lee und John Howe packten ihre Sachen und kehrten nach Europa zurück. Richard und Tania hielten die restliche Werkstatt am Laufen. Mittlerweile überwachte ein Vertreter von Miramax das Einpacken aller Entwürfe, Skulpturen und zerlegten Modelle, die, sollte keine andere Regelung gefunden werden, im Besitz der Filmgesellschaft verbleiben würden.

„Dann", sagt Richard mit einem zufriedenen Grinsen, „bekamen wir einen Anruf von Peter. ,Alles wieder auspacken! Werft den Motor an! Wir sind wieder im Spiel!' New Line hatte das Ausmaß und den Anspruch unseres Projekts erkannt und übernahm den *Herrn der Ringe*, nicht auf zwei, sondern auf drei Filme angelegt. Und wir nahmen die Arbeit wieder auf." Ähnlich wie der Weta-Käfer, scheint der Workshop mit demselben Namen ein Überlebenskünstler zu sein.

Peter muß zu einer Verabredung aufbrechen, aber Tania kommt mit einem Bündel von Rechnungen herein, die bezahlt werden müssen, und ich meine, das sei eine gute Gelegenheit, einmal jemand anderen zu Wort kommen zu lassen. „Gute Idee!" lacht Richard. „Ich rede wirklich zu gern selbst – und das ist ungeheuer unfair, weil mindestens 50 Prozent von Wetas Kreativität auf Tanias Konto gehen." Er wendet sich zum Gehen, redet aber immer noch. „Außerdem", ruft er, „ist Tania eine *Göttin*. Das wollen wir mal zu allererst festhalten!"

Tania lächelt und zuckt die Achseln, als wollte sie sagen: ,Was soll man mit so einem Mann machen?' Der Computer auf ihrem Schreibtisch zeigt ein Verzeichnis von Bestellungen, auf den Regalbrettern darüber sind Aktenordner aufgereiht: „Modelliermaterial und -werkzeug", „Leder", „Federn", „Knöpfe, Schnallen und Verzierungen", „Kisten und Verpackungen", „Plastikpolymere und Plastikschaum", „Fiberglas, Urethan und Silikon".

„Wissen Sie", lacht Tania und erinnert sich an ihre ersten Arbeitstage, „wir fingen sozusagen als Lumpen-

WERKSTATT DER WUNDER

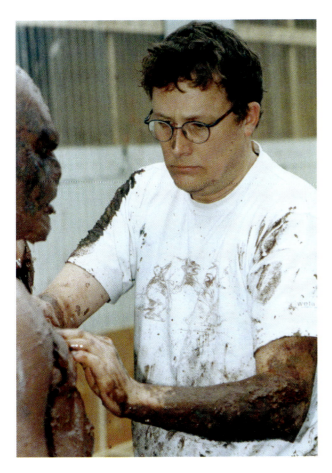

sammler an. Wir hatten einen weißen Lastwagen, und im Schutz der Nacht kurvten wir durch die Straßen und kramten in Containern und Mülltonnen nach allem, was halbwegs brauchbar schien. Unsere erste Werkstatt ähnelte einem ständigen Trödelmarkt."

Diese Zeit des Stöberns lehrte Tania und Richard, wie wertvoll es war, unorthodox zu denken. „Man erzielt ziemlich oft bessere Ergebnisse – und hat mehr Spaß –, wenn man seinen Kopf benutzt, um *nachzudenken*, wie man etwas machen könnte. Wir stellten zum Beispiel fest, daß man sehr überzeugende ‚Eingeweide' herstellen konnte, wenn man Reste von Latex-Schaum wie Därme formte, in einem Ofen brannte und mit Sirupsaft und Lebensmittelfarben überzog …"

Weta bedient sich noch immer einiger Techniken, die sie sich in Zeiten aneigneten, als sie weniger Geld zum Ausgeben hatten, und verloren nie die Fähigkeit, Dinge unter dem Gesichtspunkt zu sehen, ob sie sich vielleicht anders als gewohnt nutzen ließen. „Wir entdeckten zum Bespiel, daß die Gummisorte, die man zur Herstellung von Skateboard-Rädern benutzt, so fest und dauerhaft ist, daß sie sich hervorragend zum Modellieren der Schwerter eignet, die im *Herrn der Ringe* im Hintergrund zu sehen sind."

Tanias größtes Problem war die Beschaffung der Rohmaterialien; der größte Teil kam von US-Herstellern und mußte rechtzeitig bestellt und geliefert werden. Zur Herstellung von Silikon und Latex-Schaum, in 200 kg-Fässern geliefert, braucht man sechs Wochen und weitere sechs für den Transport per Schiff von Amerika nach Neuseeland. „Silikon kann sechs Monate lang gelagert werden, danach gibt es für die Verwendbarkeit keine Garantie mehr; bei Lieferung beträgt seine Haltbarkeit also nur noch *drei* Monate. Daraus haben wir gelernt, daß wir alles drei Monate eher bestellen mußten, bevor wir es tatsächlich brauchten." Sie lernten auch, die Haltbarkeitsgrenze der Produkte nicht zu überschreiten: „Schließlich ist man so froh, das Zeug endlich zu haben, daß man alles tun wird, um es nicht verderben zu lassen."

Wie bei jedem Film – und beim *Herrn der Ringe* im besonderen – ändern sich die Drehpläne, und das Material wird plötzlich früher als vorgesehen benötigt. „Eines der größten Probleme, das bei jedem Film auftreten kann, ist", erklärt Tania, „wenn eine Crew herumsteht und nichts zu tun hat, einfach, weil das Material, das sie zum Weitermachen braucht, auf dem Schiff ist oder beim Zoll schmort."

Die wenigsten Statistiken über die Produktion des *Herrn der Ringe* dürften die Hunderte von Bestellbüchern erfassen, die riesige Menge von Fax-Papier und den Zeitaufwand für e-mails, die nötig waren, um Wetas Produktion zu gewährleisten. Die alltägliche Routine ihrer Arbeit ver-

25

Kapitel 1

setzt Tania manchmal unverhofft in Staunen: „Ich bestelle all dieses Zeug, und es trifft in Fässern, Tonnen und Kisten ein, so daß es hier aussieht wie in einem Lagerhaus; aber binnen Wochen haben sich die Materialien in eine verblüffende Ansammlung der wundervollsten Schöpfungen verwandelt. Die Vorstellung gefällt mir wirklich, daß Dinge, die in langweiliger, nichtssagender Form hier ankommen, unsere Werkstatt dann in sonderbarer, schöner und zauberhafter Gestalt wieder verlassen."

Während Tania die internationalen Lieferungen abwickelte, kümmerte sich Produktionsassistent Tich Rowney um die hiesigen Geschäfte und um die Erfüllung ausgefallener Wünsche: Er durchkämmte das Land auf der Suche nach Moos und Flechten oder versuchte, so seltene Dinge wie Graphitpulver ausfindig zu machen. Graphit, das man normalerweise zum Schmieren von Schlössern verwendet, hat Weta in Kilogramm-Mengen gekauft, um den Rüstungen der Uruk-hai ein angemessen schmieriges und schmutziges Aussehen zu geben. „Es ist ein schmuddeliges, mehliges Zeug, das überall eindringt. Einmal in der Woche, wenn die leitenden Mitarbeiter herkamen, um dem Buchhalter Andrew Smith ihre Rechnungen auszuhändigen, konnte man ihren rußigen Fußspuren von der Werkstatt, wo die Rüstungen bearbeitet wurden, die Treppe hinauf und quer durch unsere Büros folgen. Mit diesen Graphitspuren lebten wir monatelang."

Häufig war es kompliziert, die Materialien in den notwendigen Mengen zu bekommen. Um den Eindruck hervorzurufen, daß die künstlichen Körperhäute der Orks vor Schweiß glänzen (den Schauspielern, die darin steckten, fiel das Schwitzen leicht), überzogen die Techniker die Latex-Häute mit „KJ"-Schmier-Gel. Nachdem wir Hunderte von Tuben in Apotheken gekauft hatten, überredeten wir den Hersteller, das Rezept rauszurücken (zu 80 Prozent besteht das Gel aus Wasser), und stellten „Weta-Öl" eimerweise selbst her.

Problematisch war auch die Beschaffung von Pferdehaaren für die vom Heer der Rohirrim getragenen Helmbüsche. Nachdem man bei einer Spielzeugfabrik in der Nähe von Auckland eine Menge Pferdeschwänze gekauft hatte, sah sich Tania mit einer etwas überriechenden Aufgabe konfrontiert. „Obwohl man sie eingefroren hatte, bevor sie mit einem Nachtkurier auf den Weg geschickt wurden, rochen sie bei ihrem Eintreffen dennoch ein bißchen ‚frisch' …" Da sie meinte, man könne in der Werkstatt niemanden bitten, sich mit den Pferdeschwänzen zu befassen, ging Tania persönlich daran, die Haare aufzukochen, zu desinfizieren und zusammenzubinden: „Jeden Tag stand ich in Overall und Regenmantel im Hinterhof und kochte Haare. Das Ärgerliche war bloß, daß Gemma den Geruch erschnupperte und anfing, sich auf dem Hof herumzutreiben …"

Ich bemerke zwei Karikaturen an der Wand (Abbildung unten): T-Shirt-Entwürfe von Johnny Brough, die Richard und Tania als ‚Papa'- und ‚Mama'-Weta-Käfer darstellen: Richard wedelt mit seinen Insektenarmen und

WERKSTATT DER WUNDER

hält einen Becher Tee in der Hand; Tania umklammert ein Clipboard und ein dickes Bündel Papiere. „Die Wahrheit ist", sagt Tania, „daß wir wirklich nicht ‚Mama und Papa Weta' sind. Wir sehen uns nicht als ‚die Chefs', denn die Leute arbeiten nicht *für* uns, sondern *mit* uns."

In diesem Augenblick kommt Richard zurück (Bild rechts, kniend sieht er mit Peter Jackson, John Howe, Alan Lee und zwei Weta-Desigern Entwürfe für Waffen durch). „Weta ist nur so gut wie die Leute, die bei uns sind, und wir haben außerordentliches Glück gehabt, daß sie nicht bloß die Gelegenheit genutzt haben, eine unglaubliche Aufgabe zu erfüllen, sondern auch riesig stolz darauf sind, Teil eines Teams zu sein. Daß alle das gleiche Ziel verfolgten, hat gewiß dazu beigetragen, die Aufgabe weniger schwierig zu machen."

„Ich erinnere mich", sagt Tania, „daß einmal jemand sagte, am aufregendsten sei es, zur Arbeit zu kommen und sich daran erfreuen zu können, wie andere Leute ihre Fähigkeiten einsetzten. Weta vermittelt ein Gefühl der Gemeinsamkeit – wir arbeiten alle zusammen unter einem Dach; wir treffen uns bei den Mahlzeiten und tauschen uns aus. Das versetzt uns in die Lage, Unmögliches von den Leuten zu verlangen: ‚Kannst du die Nacht durcharbeiten?' – ‚Kannst du dein Wochenende opfern, damit wir den Termin halten können?'"

„Natürlich", bemerkt Richard, „mußten wir fortwährend versuchen, alles unter einen Hut zu bringen: Einerseits sind wir nun mal eine kommerzielle Firma, doch andererseits mußten wir mit der ganzen Verrücktheit künstlerischer Temperamente fertig werden. Während es uns irgendwie gelingt, jeden in etwas einzufügen, das im Grunde ein ‚Wirtschaftsunternehmen' ist, tun wir auch alles, um seine Intuition und Erfindungskraft anzustacheln."

„Wir möchten, daß die Leute zur Arbeit kommen *wollen*", sagt Tania. „Wenn du dieses Gefühl nicht hast, dann mußt du herausfinden, warum es fehlt. Auf dem Höhepunkt der Produktion, als alles ver-

rückt spielte, stand ich morgens voller Freude auf und kam her." Sie hält inne und setzt hinzu – mit der echten Überzeugung, ein Privileg genossen zu haben: „Ich konnte es einfach nicht erwarten, die Vordertür zu öffnen, denn ich wußte, daß ich geradewegs nach Mittelerde hineinspazieren würde."

Als ich wieder draußen auf der Weka Street bin, mustere ich prüfend das Pflaster: so sicher wie den Abdruck von King Kongs Tatze müßte es hier – irgendwo in der Nähe – die Spuren von Höhlentrollen geben oder vielleicht sogar die Krallenabdrücke eines Balrogs …

Der Mann, der Bäume baut

„Bäume sind wie Menschen", bemerkt der Landschaftsgärtner Brian Massey (links), „sie wachsen fast auf dieselbe Weise." Brian leitet die sechzehnköpfige Gartenabteilung, die für die gesamte reale und künstliche Umwelt im *Herrn der Ringe* verantwortlich ist.

Wir befinden uns im Hof von Weta Workshop, und die Luft ist schwer vom Harzgeruch frischgeschnittenen Holzes, der Boden ist mit angesägten Ästen und verstreuten Zweigen bedeckt; alles ist mit einer schneeigen Schicht von Sägemehl überzogen.

Brians Geschick hat dabei geholfen, die bemerkenswerten Waldlandschaften in Mittelerde zu schaffen, wie das bewaldete Tal von Bruchtal und das Elbenkönigreich von Lothlórien. Zur Zeit hat ihn das Art Departement an Weta ausgeliehen, und er arbeitet an – oder besser *in* – Fangorn, der Heimat von Baumbart, dem sonderbaren Geschöpf – teils Mensch, teils Baum –, dem Merry und Pippin zum erstenmal begegnen. Baumbart ist ein Ent, Angehöriger einer alten Rasse, die einst die „Baum-Hirten" Mittelerdes waren, wurden jedoch im Lauf der Zeit den Bäumen, um die sie sich kümmerten, immer ähnlicher.

Brian zeigt eine gewisse Ähnlichkeit mit Baumbart: Er ist knorrig, struppig und versteht sich auf Bäume. Das muß er auch – er „baut" 65 Bäume für ein Miniatur-Set von Fangorn. Wie bei allen Miniaturmodellen dieses Films täuscht dieses Wort auch hier. Mit den grüngestrichenen Mini-Schwammbäumen bei Spielzeugeisenbahnen haben diese Bäume nichts gemein, sie erreichen (im Maßstab 1:6 erbaut) fast die Größe eines Menschen.

„Falls Sie sich an Ginsterbüsche erinnert fühlen", sagt Brian, „liegt das daran, daß diese Bäume Ginsterbüsche sind." Diese besondere Art Ginster wächst wie Unkraut auf den windgepeitschten Hügeln der Nordinsel-Küste, etwa 600 m oberhalb von Cook's Strait. Brians Team hat bereits eine Fläche von mehr als 4000 Quadratmetern abgeerntet, sehr zu Freude der dortigen Bauern, die kaum glauben können, daß jemand dafür bezahlen will, um Ginster mitzunehmen.

Jedoch um die besten Büsche auszuwählen, ist das Auge eines Fachmanns nötig: „Das harte Klima hat dafür gesorgt, daß alle Pflanzen verkümmert und verkrüppelt sind, aber wir suchen uns bloß die interessantesten Formen heraus – manchmal sind es an einem ganzen Abhang nicht mehr als

eine oder zwei – und dann bearbeiten wir sie ein bißchen."

Das ist natürlich eine Untertreibung. Zuerst werden ein paar Hauptstengel ausgesucht, aufgespalten und zusammengeklebt, so daß sie einen Stamm bilden, an den weitere Glieder – sorgfältig zugeschnitten – angefügt werden, um verknäulte Wurzeln und verflochtene Äste zu erzeugen. Zum Schluß fügt Brian das Laub hinzu und verdeckt alle verräterischen Verbindungsstellen mit aufgeklebter passender Rinde.

„Das Schwierige ist", sagt er und überblickt seine Mini-Pflanzung, „den richtigen Maßstab hinzukriegen. In der Nahaufnahme sieht Ginster – sogar in natürlicher Größe – schon fast wie ein alter Baum aus: dichtes Laub und verwitterte Borke. Entscheidend ist also, alles so weit zu verdichten, bis man etwas hat, das man aus Versehen für einen echten Baum halten kann. Das ist das Geheimnis."

Mit der Ausnahme, daß das *wirkliche* Geheimnis in der fast nicht erkennbaren Krümmung der Äste besteht, die Brian den Bäumen des Fangorn verleiht, um sie echt und phantastisch zugleich aussehen zu lassen.

Wenn die Bäume vollzählig gebaut sind, werden Brian und seine Crew sie zu einem Miniatur-Wald zusammenfassen: „Die größten und am interessantesten geformten Bäume plazieren wir möglichst dicht an der Kamera und umgeben sie mit kleineren, was – mit Hilfe des Tele-Objektivs – die Illusion eines Meeres von Bäumen hervorruft, das bis weit in die Ferne reicht."

Das Herrschaftsgebiet Baumbarts in voller Größe stellte ihnen eine ganz andere Aufgabe, namentlich den Bau von vierzehn 30 m hohen Bäumen – oder zumindest so hoch, daß ihre Stämme in das in der Höhe begrenzte Studio hineinpaßten. Aus Holzleisten und Stahlgerüsten wurden Grundformen von Bäumen konstruiert. Diese wurden mit Jute verkleidet und von einem abschließenden Überzug aus Gummi-Baumrinde umhüllt, der Borke ausgewachsener Pappeln nachgebildet, die gut zu der Ginsterrinde paßte, die für die Miniaturbäume benutzt wurde.

„Wenn du Bäume bauen willst", sagt Brian, „brauchst du dich bloß daran zu erinnern, daß sie eigentlich wie Menschen sind. Da ist erst einmal das Verhältnis vom Stamm zur Höhe: Wie Menschen werden Bäume groß, hören dann auf, in die Höhe zu wachsen, und wachsen einfach in die Breite. Dann kommt die Wirkung des Alters: Wie wir beugen sich Bäume, je länger sie leben, werden knorrig und knurrig." Eine Analogie, die Baumbart selbst angemessen ist.

Kapitel 2

Auf der Suche nach Mittelerde

Es war ein vertrauter Anblick, doch nicht ganz der erwartete. Die Zollabfertigung am Flughafen von Wellington, besetzt mit vier Beamten in gestärkten, weißen, kurzärmeligen Hemden mit Krawatten und Epauletten, lächelten, waren freundlich und entgegenkommend, doch notwendigerweise ‚amtlich'. Merkwürdig waren hingegen die Schilder über den Tischen: nicht das übliche „Neuseeländische Staatsbürger" und „Andere Pässe", sondern „Orks", „Trolle", „Zauberer" und „Hobbits" …

Das war eine ganzseitige Zeitungsanzeige, die der Stadtrat von Wellington für Peter Jackson hatte machen lassen, um ihm zu gratulieren, als er die Finanzierung des *Herrn der Ringe* gesichert hatte. Die Überschrift „Willkommen in Mittelerde" sagte jedem Zeitungsleser, was Kinogänger der ganzen Welt noch entdecken würden: daß die Filmversion von Tolkiens Romanepos nicht nur in Neuseeland hergestellt wurde, sondern daß Neuseeland selbst darin eine Hauptrolle spielte – und zwar als Reich von Mittelerde.

„Ich war entsetzt!" Jean Johnson, die Film-und Fernsehkoordinatorin der Stadt Wellington, erinnert sich an einen Tag, an dem die Dreharbeiten zum *Herrn der Ringe* nicht so verliefen wie geplant. „Ich hatte dafür gesorgt, daß sie einen aufgegebenen Steinbruch benutzen konnten, der später in eine hübsche, friedliche Grünanlage verwandelt werden sollte. Unsere Gartenabteilung, die gern helfen wollte, hatte freundlicherweise am Tag zuvor das Gras gemäht und bemühte sich weiter, alles sauberzumachen, die Bäume zurückzuschneiden etc. – genau das, was sich Peter an diesem Drehort nicht wünschte. Das Ergebnis war, daß sie Wagenladungen von ungemähtem Rasen heranschaffen und auf der gemähten Rasenfläche auslegen mußten."

Offenbar nahmen alle diesen Übereifer der Stadtgärtner von der komischen Seite; denn dieser zeigt wie nichts sonst den ungeheuren städtischen und nationalen Stolz, den Peter Jacksons Filmtrilogie geweckt hatte.

„Ich fühle mich privilegiert, die Möglichkeit zu haben, an diesem erstaunlichen Film mitzuarbeiten!" begeistert sich Jean. „Es ist wirklich die Chance meines Lebens gewesen." Es begann für Jean im Juli 1998: „Etwas war im Busch. Peter Jacksons Firma suchte nach einem Speicher, und während die Firma ihn vielleicht bloß brauchte, um Kulissen zu lagern, glaubte ich, daß sie eher Räume für ein Studio suchte. Die Leute hielten sich sehr bedeckt, was das anging, also brauchten wir bloß abzuwarten. Was immer es sein würde, ich wußte, es ging um etwas Großes."

Groß? Es hätte kaum größer sein können! Gegen Ende August kam es heraus: Peter Jackson wollte den *Herrn der Ringe* verfilmen.

Die Stadtverwaltung von Wellington hatte bereits ein gutes Verhältnis zu dem Regisseur, denn bei der Herstellung von *The Frighteners* hatte sie mit ihm zusammengearbeitet, aber dieses Projekt war von anderem Kaliber. Auf Veranlassung von Jean schickte Wellingtons damaliger Bürgermeister, Mark Blumsky, Peter einen Glückwunschbrief – „Daß Wellington der Ort der Verfilmung einer der größten Geschichten aller Zeiten sein soll, ist phantastisch" – und ein paar Flaschen Champagner.

„Ich bedanke mich für Ihre Glückwünsche und Ihre öffentliche Unterstützung", erwiderte Peter ein paar Tage

31

darauf. „Ich kann Ihnen versichern, daß der Champagner seinem traditionellen Zweck zugeführt wurde, und ich freue mich, bestätigen zu können, daß es ein edler Tropfen war!"

Darüber hinaus ließ Peter Bürgermeister Blumsky eine sehr ungewöhnliche – und privilegierte – Einladung zukommen: „Obwohl viele Teile dieser Produktion sich im Geheimen abspielen werden, sollen Sie wissen, daß Sie, wann immer Sie es wünschen, zu Studiobesuchen eingeladen sind. Selbst wenn das bedeutet, daß wir Sie durchleuchten müssen."

Für Jean war das der Beginn einer Zeit hektischer Betriebsamkeit. „Das Telefon stand nicht still. Ratsmitglieder baten um Informationen; Leute aus der ganzen Welt fragten nach Jobs; Leute, die weggezogen waren, wollten wissen, ob es sich lohnte, nach Wellington zurückzukehren; und da waren natürlich die Medien, die Neuigkeiten wollten."

Abgesehen von der Öffentlichkeitsarbeit gab es zahlreiche praktische Anforderungen: Weta bat um Erlaubnis, an zahlreichen Orten Probeaufnahmen machen zu dürfen; eine alte Farbenfabrik in Miramar wurde in ein Studio umgewandelt, was abgesegnet werden mußte und zahlreiche Fragen in bezug auf Wasser, Kanalisation und Parkplätze aufwarf, die allesamt geklärt werden mußten, ehe die Dreharbeiten beginnen konnten.

Im Juni 1999 arbeitete Jean mit den Filmleuten beim Aufspüren verschiedener Drehorte zusammen, die man sowohl in der Umgebung von Wellington als auch in den Wäldern und auf freien Flächen des Stadtgürtels suchte.

Als Hilfe bei der Verkehrs- und Sicherheitsplanung wurden für die Produktionsgesellschaft des *Herrn der Ringe,* Three Foot Six, Luftaufnahmen beschafft. Aber es gab auch Fragen, die den Stadtgürtel betrafen und, da Straßen geschlossen und bestimmte Wege für den öffentlichen Verkehr gesperrt werden mußten, beriet man sich mit Interessengruppen wie den „Friends of the Town Belt" und dem Verein „Mount Victoria Residents".

„Drehgenehmigungen", erzählt mir Jean, „sind gewöhnlich nicht länger als zwei Seiten, aber der Vertrag, der am Ende zwischen der Stadtverwaltung von Wellington und der Firma Three Foot Six geschlossen wurde, umfaßte insgesamt zwölf Seiten."

Dreherlaubnisse, Feuerversicherungen, Baugenehmigungen: jede Menge Papier. Anfang September gab es einen Drehplan für den Bereich Wellington, mit Beginn im Oktober. „Da uns bewußt war", bemerkt Jean, „daß die Dreharbeiten geheimgehalten wurden, nannten wir den Film nie bei seinem Titel, aber da noch nie zuvor so viele Leute und Fahrzeuge für Filmarbeiten in einer Gegend gewesen waren, zählten die Leute natürlich zwei

Auf der Suche nach Mittelerde

und zwei zusammen. Plötzlich befaßte sich jede Zeitung, jede Fernseh- und Rundfunkstation mit dem Thema."

„Willkommen in ‚Wellywood'!" Das war der einleitende Satz des Fernsehreporters, als am 11. Oktober 1999 in einem Waldstück auf dem Mount Victoria bei Wellington die Dreharbeiten zum Herrn der Ringe begannen, dem Schauplatz der Szenen, die zur ersten Begegnung der Hobbits mit den Schwarzen Reitern führen.

Ich schaue mir die Video-Zusammenstellung einer zwölfmonatigen erschöpfenden Fernesehberichterstattung über das Projekt an, und daraus geht deutlich hervor, welche Aufregung herrschte.

Zahlreiche Radioleute wieselten herum, versuchten einen Eindruck von dem riesigen Ausmaß des Unternehmens zu vermitteln, würzten ihre Berichte mit Statistiken und lieferten mangels harter Fakten eine gehörige Portion Spekulation. Kameras mit Teleobjektiven gelangen ein paar unerlaubte Schnappschüsse, während sich jeder, der etwas zu sagen hatte – selbst „Kein Kommentar" –, ein paar kurze Augenblicke des Ruhms verschaffte!

Das war erst der Anfang. Im Verlauf der folgenden 15 Monate breiteten sich das Interesse, die Begeisterung und die Befürchtungen der Bürger von Wellington auf den Nord- und Südinseln aus.

Zu den Personen, deren Aufgabe es war, für die Verwandlung Neuseelands in Mittelerde zu sorgen, gehörten der Location Administrator Matt Cooper und der Supervising Unit Location Manager Richard Sharkey.

„Ich war der offizielle Überbringer schlechter Nachrichten, das war mein Job", sagt Richard. Und angesichts von mehr als 150 Drehorten, verteilt auf beide Inseln, gab es häufig eine hübsche Menge schlechter Nachrichten.

Es war Peter Jacksons visionäre Entscheidung, so oft wie möglich an Drehorten in seiner Heimat Neuseeland zu filmen. Er wollte nicht irgendwelche Drehorte nutzen, sondern solche, die visuell am eindrucksvollsten und oft sehr weit abgelegen und unzugänglich waren. „Ich guckte mir ein paar davon an", erinnert sich Richard, „und schüttelte den Kopf: Eine der größten Film-Crews der Welt (über 50 Lastwagen für ein einziges Team) sollte Orte aufsuchen, die nur über Schotterstraßen zu erreichen waren – wenn man Glück hatte! –; und das war, als versuchte man, eine Boeing 747 auf einer Schlammpiste zu landen."

David Comer, der gemeinsam mit Neuseelands füh-

rendem Landschaftsfotografen Craig nach Drehorten fahndete, hatte die Inseln mit einem Hubschrauber überflogen und einige der tollsten Szenerien der Welt ausfindig gemacht, die geeignet schienen, Tolkiens Mittelerde zu repräsentieren. Richard Sharkey mußte dann zusammen mit Supervising Location Managerin Robin Murphy und ihren Kollegen Jared Connon, Harry Whitehurst und Peter Tonks dafür sorgen, daß diese Szenerien gefilmt werden konnten.

„Unsere Aufgabe war es", sagt Richard, „die vorgegebenen Phantasievorstellungen in Form von Zelten, Toiletten, Abfall in Wirklichkeit zu verwandeln, dafür zu sorgen, daß Schauspieler und Crew Tag für Tag von einem abgelegenen Ort zum anderen transportiert wurden, damit – wenn wir ein bißchen Glück hatten – unsere Version von Wirklichkeit wieder in Phantasie rückübersetzt werden konnte."

Richard, der erst drei Wochen vor Beginn der Dreharbeiten zum Projekt gestoßen war, begriff, daß er in etwas geraten war, das er „eine verdammt heiße Kartoffel" nennt. Sogar seine früheren Filmerfahrungen mit drei James Bond-Filmen, In geheimer Mission und Mission to Mars, machten ihn kein bißchen sicherer:

„Ich hatte Angst, das sage ich ganz ehrlich. Ich mußte einfach bisher noch nie eine Aufgabe dieser Größenordnung bewältigen, doch dann wurde mir sehr bald klar, daß das auch für alle anderen galt."

Kapitel 2

Einer von Richards ersten Jobs bestand darin, einen Mann wegen einiger Zelte zu kontaktieren. Das Treffen fand – für ein Projekt mit dem Codenamen „Jamboree" (dt. Pfadfindertreffen) angemessen – vor einem Pfadfinderhaus in Auckland statt.

„Diese Zelte", erinnert sich Richard, „waren so alt, daß die Pfadfinder sie nicht mehr haben wollten. Doch so verrückt es klingt, da stand ich und versuchte sie billig zu kaufen, weil unser Multi-Millionen-Dollar-Hollywood-Film sie haben wollte. Ich sage Ihnen, diese Zelte waren öfter geflickt und wieder zusammengenäht worden, als Sie es sich vorstellen können, und doch erwiesen sie sich, bevor sie endgültig den Geist aufgaben, als bemerkenswert überlebensfähig. Sie mochten ja einfache Stangen und Zeltleinen haben und ziemlich strapaziert worden sein, aber häufig bewährten sie sich in Situationen, in denen die neuesten, raffiniertesten Zelte mit den besten Aluminiumstangen der südlichen Halbkugel kläglich versagten."

Außer den Pfadfinderzelten erwarb Richard schließlich Zeltleinwand und Böden, über 4000 Stühle und 1500 Tische; und er sorgte für ein menschliches Grundbedürfnis: „Wir bauten unsere eigenen mobilen Toiletten aus 15 m langen Sattelschleppern, Fahrzeuge, deren Hersteller sich nie hätten träumen lassen, daß man sie zu diesem Zweck benutzen, geschweige denn, sie am Grund einer Schlucht oder auf Berghängen plazieren würde."

Es gab bequeme und komplizierte Drehorte. Außer der Ecke eines Parks, dem Rand eines Sportfeldes und eines Waldstreifens, die nur einen Steinwurf von einer Wellingtoner Wohnsiedlung entfernt waren, gab es hügeliges Ackerland, grasige Ebenen, uralte moosige Wälder, Seen und Sümpfe, tief eingeschnittene Flußtäler und schneebedeckte Bergspitzen.

Einige Mittelerde-Szenen wurden an mehr als einem Ort gedreht: Die Sequenzen mit den Gefährten in ihren

AUF DER SUCHE NACH MITTELERDE

Booten auf dem Anduin wurden auf dem Rangitikei-Fluß im Kaitoke Regional Park und bei Poet's Corner in Upper Hutt gefilmt; andere, die auf den Hängen des Amon Hen und am Rand des Fangornwaldes spielten, wurden in Paradise, Glenorchy und an den Mavora Lakes, südwestlich von Queenstown, gedreht.

Zuweilen gab es riesige Entfernungen zwischen den Orten, die in der Filmerzählung ziemlich nahe beieinanderliegen: Die Mulde auf der Wetterspitze zum Beispiel, wo die Hobbits vor dem Angriff der Ringgeister kampieren, lag in Port Waikato auf der Nordinsel, während die umgebende Landschaft nahe Te Anau auf der Südspitze der Südinsel gefilmt wurde.

Die Südinsel stellte auch die Drehorte für die Wälder von Lothlórien, die Nebelberge, die Ebenen von Rohan und die Straße, auf der die Ringgeister Arwen und Frodo auf ihrer Flucht zur Bruinenfurt verfolgen. Der eindrucksvolle Berghang des Schattenbachtals, auf dem die Gefährten nach ihrer Flucht aus den Gruben von Moria erscheinen, wurde auf den kahlen, knochengleichen Hängen des Mount Owen, Nelson, gefilmt; Kepler Mire, in der Nähe von Te Anau, lieferte den Schauplatz für die Totensümpfe, das alte, mit Wasser vollgesogene Schlachtfeld, durch das Gollum Frodo und Sam auf ihrem Weg nach Mordor führt.

Die Nordinsel lieferte die meisten Szenerien für Mordor selbst, und gefilmt wurde auf dem Mount Ngauruhoe, in seiner Umgebung und auf dem untätigen (aber nicht erloschenen) Vulkan Mount Ruapehu. „Einige dieser Orte erfüllten mich mit Schrecken", räumt Richard ein, „aber es war nicht meine Aufgabe, Einspruch zu erheben – ich mußte bloß dafür sorgen, daß es klappte – und natürlich jeden über die möglichen Konsequenzen der Sache aufklären, auf die wir uns einließen. Ich legte bloß alle Statistiken und Planungen auf den Tisch, um es den ‚Erwachsenen' zu ermöglichen, Entscheidungen zu treffen, deren Risiken ihnen, wie ich hoffte, bekannt waren."

Viele der ausgewählten Drehorte waren mit allen möglichen Problemen behaftet. So konnte das Land von einem der Maori-Stämme verwaltet werden und, wenn die Natur besonders empfindlich war, der strikten Kontrolle durch die Naturschutzbehörde unterliegen. In vielen Fällen mußte die Zustimmung zahlreicher Interessengruppen durch detaillierte Verhandlungen und komplizierte rechtliche Verträge abgesichert werden.

In diesem Augenblick gesellt sich der Rechtsanwalt Matt Cooper zu uns: „Die Einwohner von Neuseeland wollen ihre Umwelt mit Recht schützen", sagt Matt, „aber das hat zur Folge, daß man sich, wenn man etwas tun will – einen Weinberg anlegen, ein Kraftwerk errichten oder einen Film drehen – den Weg durch einen Dschungel von Bürokratie bahnen muß."

Für jeden Filmemacher, der in Neuseeland vor Ort drehen will, kann der zusätzliche finanzielle und personelle Aufwand beträchtlich sein: Der gesamte Abfall und Müll muß beseitigt werden, für die Benutzung von Motorbooten auf Seen ist eine besondere Genehmigung erforderlich, außer bei Hilfsmaßnahmen. Dazu können verschiedene Auflagen kommen, wie zum Beispiel die Garantie, Gebiete zu meiden, in denen bestimmte Pflanzen wachsen oder Vögel brüten.

„Ich wollte unbedingt, daß wir alles richtig machten." sagt Matt mit Nachdruck. „Zum Glück hatte ich die ungeteilte Unterstützung Peters und der Crew. Sie dürfen nicht vergessen, daß dies eine neuseeländische Produktion war: Die Maori und alle Neuseeländer haben große Hochachtung vor dem Land, ein Gefühl der Verbundenheit mit der Erde; darum war es nicht schwer, die Leute davon zu überzeugen, daß sie behutsam sein müßten – sie sollten unerwünschten Abfall entsorgen, die Zigarettenkippen einsammeln, alles so hinterlassen, wie sie es vorgefunden hatten."

Diese Redewendung wurde zum Schlagwort des

Kapitel 2

Films: „Das einzige, was wir hinterlassen, sind Fußabdrücke." Doch ziemlich oft blieben dank der Akribie, mit der alles nach Abschluß der Dreharbeiten wiederhergestellt wurde, nicht einmal Fußabdrücke zurück.

Für Matt gab es einen weiteren Grund, die natürliche Umgebung, die im Film benutzt wurde, zu respektieren. „Tolkien war Zeuge der verheerenden Auswirkungen der Industrialisierung, durch die große Bereiche bis dahin unberührter englischer Landschaft, die er kannte und liebte, verändert oder gar zerstört wurden. Deswegen schien es besonders angemessen, der Landschaft unseren Respekt zu erweisen und anzuerkennen, daß sie weit mehr war als die Vorlage für ein paar fabelhafte Filmaufnahmen."

Matt war ein eingefleischter Tolkien-Fan und hatte den *Hobbit* als Achtjähriger und den *Herrn der Ringe* drei Jahre später gelesen. „Als ich hörte, daß Peter Jackson plante, den *Herrn der Ringe* zu verfilmen", erinnert er sich, „wußte ich, daß ich dabei sein mußte." Als er hörte, daß nach Schauplätzen gesucht wurde, schrieb er an Three Foot Six, er kenne Tolkiens Bücher, sei Anwalt für Umweltschutz und frage an, ob sie jemanden brauchen könnten, der die Genehmigungen einholte. Zufällig, fügte er hinzu, habe er geschäftlich in Wellington zu tun und wolle sie aufsuchen.

„Der letzte Teil", gibt Matt zu, „war reiner Schwindel. Ich fuhr einzig und allein nach Wellington, um einen Job beim Film zu kriegen. Ich tauchte in einem Augenblick auf ihrer Schwelle auf, als sie gerade jemanden brauchten, der Gesundheits- und Sicherheitsfragen bearbeitete, und sagte zu ihnen: ,Ich bin euer Mann!' Ich kündigte meinen Job in Auckland, packte meine Sachen und machte mich mit meiner Katze Sméagol auf den Weg nach Wellington. Ich begann genau an dem Tag mit meiner Arbeit, als New Line für das Projekt grünes Licht gab. Von da an hat der Job sich ständig ausgeweitet. Es war ein hochgradiger Lernprozeß, und es gab manch einen Tag, an dem ich mich fragte, worauf ich mich eingelassen hatte."

So erging es auch Richard Sharkey bei seiner Ankunft aus England. „Ich fragte dauernd: ,Warum bin ich hier? Warum tun wir das?' Aber natürlich ist nichts, was sich im Leben zu tun lohnt, umsonst zu haben. Das war die wichtigste Lektion, die ich lernte."

Manche Orte, wie zum Beispiel die als „Die Bemerkenswerten" bekannte Bergkette außerhalb von Queenstown auf der Südinsel, die für die Szenen mit den Gefährten auf den verschneiten Hängen von Caradhras benutzt wurde, waren so unzugänglich, daß sie nur mit dem Hubschrauber erreicht werden konnten. Andere waren weniger abgelegen, doch nicht weniger gefahrvoll.

Die Tatsache, daß die Helms-Klamm-Sequenzen in einem Steinbruch unweit von Wellington gedreht werden sollten (später wurde er für Minas Tirith benutzt), bescherte Richard gleichwohl einige schlaflose Nächte: „Der Raum war durch die Wände des Steinbruchs gefährlich eingeengt. Wir buddelten und sprengten ein bißchen, aber in Wirklichkeit arbeiteten wir in einem Loch, das uns nicht genügend Platz ließ, um mehrere hundert Elben- und Uruk-hai-Komparsen aufzunehmen, sie in Kostüme zu stecken und zu schminken, von der Verköstigung gar nicht zu reden."

Der Steinbruch befand sich an einer befahrenen Hauptstraße, und weil der nächstgelegene Platz für ein Basislager auf der anderen Straßenseite lag, mußten die Darsteller mit unzähligen Autobussen zum Steinbruch transportiert werden, die gezwungen waren, den unablässigen Verkehrsstrom mit haarsträubenden Manövern zu durchschneiden.

AUF DER SUCHE NACH MITTELERDE

„Unglücklicherweise", sagt Richard, „verlängerte das die Zeit beträchtlich, die zwischen dem Verzehr eines Schinkenbrötchens und der Ankunft am Drehort verging. Als sich jedoch die erste Verärgerung gelegt hatte (es war offenbar meine Schuld, daß die Straße zuerst gebaut worden war), machte jeder das Beste daraus. Das trifft für den ganzen Film zu: Wir machten immer das Beste aus dem, was wir vorfanden – aus den Orten und den Leuten."

Das ist eine Einstellung, die der Neuseeländer Matt Cooper kennt: „In die Hände spucken. Den Job erledigen! Das ist neuseeländische Art." Besondere Erinnerungen hat er an das Filmen auf geschütztem Land am Mount Ruapehu. Eine Stelle war ausgewählt worden: Auf den oberen Hängen sollte mit Elijah und Sean Frodos und Sams Aufstieg zum Schicksalsberg gedreht werden; weiter unten sollten mit einem Heer von 500 Komparsen Szenen für den Prolog des Letzten Bündnisses von Elben und Menschen in ihrem Kampf gegen Sauron gefilmt werden. Alle Anträge waren gestellt worden und die Genehmigung erteilt, aber als Peter Jackson am Set erschien, entschied er, an einem anderen Schauplatz zu drehen, zwei Täler entfernt: „Sofort rief ich per Handy die Umweltschutzbehörde an, bat sie, zu kommen und den neuen Drehort zu erörtern, tippte im Morgengrauen auf dem Laptop und brachte in den Abmachungen endlose Änderungen an."

„Die meisten Leute glauben", sagt Richard Sharkey, „daß Leute wie ich, die sich um die Drehorte kümmern, dem Wetter ausgeliefert seien. Aber wir sind auch dem Regisseur und seinen Meinungsumschwüngen ausgeliefert, die manchmal schlimmer sind als ein Umschlagen des Wetters. Natürlich gab es Zeiten, wo wir murrten und stöhnten, aber na wenn schon? Wenn Peter unser Leben schwierig machte, weil er den bestmöglichen Film machen wollte, dann war es unsere Pflicht und Schuldigkeit, ihm dabei zu helfen."

Als die Dreharbeiten am Ruapehu endlich anfingen, ergaben sich weitere Schwierigkeiten, denn dieses Gebiet ist dafür bekannt, daß dort eine besonders alte Moosart wächst, und die Abmachungen mit der Naturschutzbehörde sahen entsprechende Schutzmaßnahmen vor. „Für Schauspieler und Crew legten wir Plankenwege an", erinnert sich Matt, „aber das rief ein viel zu lautes Getrampel hervor. In unserer Verzweiflung benutzten wir einen Teppich."

Die Location-Managerin Alicia Williams fand ein Büro, das renoviert wurde, dessen alter Teppichboden aber noch nicht beseitigt worden war. „Es klingt absurd", lacht Matt, „aber wir kratzten fünf Tonnen von dem Zeug ab und bedeckten damit den Hang. Es gehört nicht zu den Dingen, die ich noch einmal machen möchte: Leute beaufsichtigen, die den Boden für Probeaufnahmen auslegten, für eine Einstellung wegnahmen und wieder zurücklegten, besonders als das Wetter schlecht und der Teppich vom feuchten Schnee völlig durchnäßt wurde. Wie auch immer, wir schützten das Moos, und, in Relation zum gesamten Budget, waren die Kosten dafür minimal."

„Ich muß sagen", bemerkt Richard, „daß ich der Meinung war, hier würde für eine unbedeutende Sache gutes Geld vergeudet. Man kann kein Omelette machen, ohne Eier zu zerschlagen, und ich wäre wahrscheinlich mit dem Einwand gekommen, daß jemand, der damit einverstanden ist, 500 Leute an einem Berghang eine Schlacht spielen zu lassen, damit rechnen muß, daß ein bißchen Moos zertrampelt wird. Aber Matt und die Umweltschutzbehörde verfolgten ein höheres Ziel, und ich glaube mittlerweile, daß sie absolut recht hatten."

Für Richard Sharkey wie für Matt Cooper war der ge-

Kapitel 2

fährlichste Drehort unzweifelhaft Mount Potts Station im Rangitata-Tal auf der Südinsel. Aus der Ebene erhebt sich dort ein eindrucksvolles kolossales Tafelland, umgeben von Bergen, das als Schauplatz für die Stadt Edoras im Land Rohan vorgesehen war.

„Als erstes faszinierte mich", erinnert sich Matt, „daß es dort sogar ohne ein Gebäude genauso aussah wie auf Alan Lees Gemälde von Edoras. Es war ein Ort der Gegensätze: An meinem ersten Tag sah ich ihn bei strahlendem Sonnenschein und konnte mir nichts Schöneres auf der Welt vorstellen; beim nächsten Mal herrschten stürmische Winde und Schneetreiben, und plötzlich war es der unwirtlichste Ort der Welt. Die Entscheidung, dort zu filmen, fiel schwer."

Richard pflichtet bei: „Sehen wir uns die Fakten an. Der eigentliche Schauplatz ist über keine nennenswerte Straße zu erreichen oder zu verlassen; die Fahrt von der nächstgelegenen Stadt dauert zwei Stunden (Bedingung ist ein Fahrzeug mit Allrad-Antrieb); dort hatte man uns bereits gesagt, die Stadt verfüge nicht über ausreichende Hotelkapazitäten. Und doch gingen wir genau dorthin, um täglich mit mehr als 300 Komparsen zu filmen. Damit nicht genug, ich arbeite mit einem Regisseur, der vom höchsten Punkt aus die Kamera um 360 Grad schwenken will, und ich muß irgendwie 12 000 Quadratmeter Zeltleinwand, 8000 Quadratmeter Lastwagen und Ställe für 200 Pferde unterbringen, ohne daß sie ins Bild geraten. Schließlich fabrizierte uns der Supervising Art Director Dan Hennan einen großen ‚Felsen', mit dem er eine Art versteckten Korridor schuf, in dem alle Fahrzeuge unsichtbar geparkt werden konnten. Aber zu dieser Zeit schien es erheblich mehr Fragen als Antworten zu geben.

Die schwerwiegendste Frage lautete letzten Endes: ‚Ja, es sieht phantastisch aus, aber müssen wir uns das Leben wirklich so schwierig machen?' Die Antwort jedoch war nicht zu widerlegen: Der Ort war ideal."

Mount Potts liegt in einer Gegend, die als Naturdenkmal der Südinsel anerkannt ist, und darum begann Matt mit den Behörden vor Ort zu verhandeln, mit der Bezirksverwaltung und Vertretern der eingeborenen Iwi und Ngai Tahu. Da Lachsbäche das Land durchfließen, war es auch nötig, mit der zuständigen Stelle der Regierung zu sprechen. Alles in allem mußten fünf voneinander unabhängige Gesuche gestellt und ausgehandelt werden.

„Jede Filmcrew ist wie eine kleine Armee", bemerkt Richard, „und darum erfordert alles die Strategie und die präzise Planung eines Feldzuges."

Zuerst mußten zwei Straßen gebaut werden: eine Zufahrtsstraße für die Armada von Lastwagen, die zum Set fuhren (das letzte Straßenstück durfte nicht viel anders aussehen als ein Reitweg, der sich an einer Reihe von Grabhügeln entlangschlängelte, die die Forstbehörde der Landschaft hinzufügen wollte); und eine Versorgungsstraße zum Gipfel des Mount Sunday, die über die Rückseite des Berges führte und von der Kamera nicht erfaßt werden konnte.

Allein für den Bau der 5 km langen Straße brauchte ein örtliches Bauunternehmen drei Monate: Die Grasnarbe und die oberste Erdschicht wurden sorgfältig abgetragen und aufbewahrt; die Straßenoberfläche bestand aus Schotter, der aus den örtlichen Flüssen ausgebaggert worden war. Nach Abschluß der Dreharbeiten würde man den Schotter ausheben und wieder in den Flüssen versenken, die ursprüngliche Erde aufbringen und wieder mit der Grasnarbe bepflanzen. Wie bei allen im Film benutzten Schauplätzen war auch hier von Anfang an klar, daß, gleich welche außerordentlichen Veränderungen man auch vornahm, anschließend genausoviel Mühe, Zeit und Geld notwendig sein würden, um den Schauplatz wieder in seinen natürlichen Zustand zu versetzen.

AUF DER SUCHE NACH MITTELERDE

Es wurden zwei Brücken gebaut – dazu benutzten sie umgebaute flache Eisenbahnwaggons –, die gewährleisten sollten, daß weder das Fließen der Flüsse gehemmt oder gestaut wurde noch die darin lebenden Lachse aufgestört wurden.

Am Fuß des Mount Sunday schlugen sie das Hauptlager auf und benutzten ein Kiesbett, auf dem Zelte für Garderobe, Maske und Verpflegung errichtet werden konnten; ein weiteres Lager wurde unterhalb des Gipfels errichtet, wo ein paar Lastwagen parken konnten, ehe sich die Zufahrt schließlich zu einer gewundenen Straße verengte, die, nur für kleinere Fahrzeuge befahrbar, zum Gipfel selbst führte. Dort hatte das Art Department sechs Monate lang die Kulissen für Edoras angefertigt, die Palisaden, Stallungen, Nebengebäude und die große Goldene Halle von König Théoden.

„Es war eine tolle Leistung", sagt Richard. „Baukolonnen errichteten Kulissen mit Stahlträgern (anstelle der üblichen Holzbalken); wegen der orkanartigen Winde konnten keine Kräne eingesetzt werden; sie brachten eine unmäßig lange Zeit mit dem Versuch zu, einen einfachen Bolzen in das härteste Gestein zu bohren, das ihnen je begegnet war; und das alles unter Wetterbedingungen, die so entsetzlich waren, daß unsere neu gebaute Straße unpassierbar wurde und der Dieselkraftstoff in den Fahrzeugen gefror."

Matt bekräftigt Richards Ansicht: „Eine sagenhafte Anstrengung. Zwölf Monate Vorbereitung, und wozu?" Er lacht und schüttelt den Kopf angesichts der verblüffenden Tatsache: „Für drei Wochen Drehen!"

„Trotz aller Probleme und Kopfschmerzen", fügt Richard hinzu, „ist eines sicher: es ist der beste und passendste Drehort in allen drei Filmen. Er war wie geschaffen dafür."

„Natürlich", grinst Matt, „wenn Zuschauer ihn im Film sehen, werden sie vermutlich überhaupt nicht glauben, daß es den Ort wirklich gibt. Sie werden denken, es sei nur einer der vielen visuellen Effekte. Aber ich weiß es besser, denn ich war da oben; der Wind pfiff, Schnee fiel aus einem dunklen Himmel, und ein Habicht kreiste mit ausgebreiteten Schwingen über der Goldenen Halle. An jenem Tag war ich in Edoras."

Beiden Männern war deutlich bewußt, was sie durch die oft aufreibende Erfahrung gewonnen hatten, Mittelerde im Film zu erschaffen.

„Ich genieße all die kleinen Siege", lächelt Richard.

„Wie am Ende eines jeden Tages, wenn wir das geschafft hatten, was wir uns vorgenommen hatten, die Leute sicher hin- und zurückgebracht hatten, ohne unnötig Zeit und Geld zu verschwenden. Ich war in der Regel die letzte Person, die abends das Set verließ, und wenn ich losfuhr, verspürte ich solche Freude und Hochstimmung, daß ich fast geweint hätte. *Ja! Wir haben es geschafft! Wir haben es geschafft! Und wir haben uns nicht unterkriegen lassen!* Es waren oft kurzlebige kleine Siege, denn in der Regel war ich bereits dabei, andere Probleme zu wälzen, und morgen ist immer ein anderer Tag."

Und was sagt Matt? „Es war eine ungewöhnliche und bemerkenswerte Erfahrung: Keinen Anzug zu tragen wie in der Anwaltskanzlei, sondern Teil dieses abenteuerlichen Unternehmens zu sein – auf Hochtouren zu arbeiten, rund um die Uhr, unter extremen Bedingungen, um dann, völlig erschöpft, zu sehen, wie die Morgendämmerung sich über den Ebenen von Rohan ausbreitet oder die Sonne am Schicksalsberg versinkt."

Eine Halle für einen König

„Die Wirkung, die ich erzielen wollte, sah ein solides und reichgeschmücktes Gebäude vor: aus Holz gefertigt, doch umschlossen und zusammengehalten von schwer geschmiedeten Teilen aus Bronze, Eisen und Gold, die gleichermaßen dem Schmuck wie der Verstärkung dienen sollten."

Alan Lee spricht über seine künstlerischen Vorstellungen beim Entwurf für Edoras, der Festung der Reiter von Rohan. Der kreative Prozeß nahm auf sehr eigentümliche Weise seinen Anfang: „Eine Menge meiner Zeichnungen beginnen als eine Art Erkundung. Ich stelle mir vor, daß ich einen Ort betrete, umhergehe und an Bilder denke, die ich von jedem Punkt aus sehen könnte."

Ungeachtet dieser Erkundungen ist Tolkiens Text sein Leitfaden, der aber nur einige quälend kurze Beschreibungen von Edoras enthält. Es heißt dort, daß Meduseld, die Goldene Halle, aussieht, als wäre sie „mit Gold gedeckt"; sie ist lang und geräumig, hat ein hohes Dach und viele Säulen. Ein Ort des Zwielichts und der Schatten, dessen Düsternis durch den Rauch des offenen Feuers und die gewebten Tücher, die an den Wänden hängen, unterstrichen wird.

„Die Goldene Halle von König Théoden", sagt Alan, „muß königlich und majestätisch sein. Die Absicht ihres Erbauers dürfte gewesen sein, den Blick des Besuchers – durch einen Gang mit reich verzierten Säulen – auf den Thron des Königs auf dem erhöhten Podium am entfernten Ende der Halle zu lenken. Also entwarfen wir Kapitele für die Säulen mit Enblemen, die einem halb-nomadischen Jägervolk wie den Rohirrim angemessen waren: durchbrechende Sonnenstrahlen, Jagdhunde und Falken, Eberköpfe und Widderschädel."

Vor allem das Pferdemotiv kehrt immer wieder: von den Verzierungen an den Dachfirsten (die sich vor dem Himmel als dramatische Schattenbilder abheben) zu geschnitzten Säulen und bestickten Bannern. Die zahlreichen unterschiedlichen Verwendungen des Pferdemotivs sind kunstvoll ausgeführt, betonen die muskulöse Kraft des Tieres, von der die Kultur von Rohan so stark abhängt.

Die großen Türen der Goldenen Halle verzierte Alan mit einem Drachen. Diese scheinbar ausgefallene Zutat wurde in Wahrheit von einer beiläufigen Anmerkung in einem von Tolkiens Anhängen zum *Herrn der Ringe* inspiriert, in der von der Tötung des Drachens Scatha durch den Rohan-Helden Fram berichtet wird. Dieselbe Quelle lieferte auch die Geschichte von Léod, dem Zähmer wilder Pferde, der von einem weißen Fohlen abgeworfen wurde, mit dem

Kopf gegen einen Felsen prallte und starb – ein tragisches Ereignis, dessen auf einem der Wandbehänge in der Großen Halle gedacht wird.

Wie wichtig die Ausschmückung auch sein mochte, genauso wichtig war die Funktionalität der Bauwerke: Das Äußere der Gebäude mußte am Drehort errichtet werden können, während die Kulissen im Inneren (trotz Anwendung verschiedener Tricks und Täuschungen der Studio-Set-Techniker) ebenso echt aussehen sollten.

„Ein Großteil der historischen Bezüge auf diese Architekturperiode", erläutert Alan, „beruht auf Vermutungen, weil frühe Holzgebäude einfach nicht überlebt haben; darum war der Ausgangspunkt für die Goldene Halle von Edoras die Halle im *Beowulf,* Heorot, zusammen mit Beorns Halle, die Tolkien im *Hobbit* beschreibt und zeichnet; dazu kamen architektonische Details von historischen Holzbauten aus anderen Kulturen wie der norwegischen oder japanischen."

Alan und Helen Stevens, die für die Arbeit zuständige Konstruktionszeichnerin, schätzten die Tragfähigkeit der Hölzer und erprobten sie an einem maßstabgerechten Modell. „Wir mußten ein Gefühl für das Gewicht und den Druck bekommen, die diese reichverzierten Säulen würden tragen müssen. Es war wichtig, daß die Goldene Halle – innen und außen – aussah, als handele es sich, ganz im Gegensatz zu einem erdachten, um ein echtes Bauwerk."

Angeregt von einem Hinweis im Buch auf die schweren, doppelt verriegelten Türen, entwarf Alan ein kompliziertes Schloßsystem mit zwei Zapfen, die sich verschieben und drehen ließen und nacheinander gesenkt und wieder gesichert werden konnten. Obwohl man im Film nicht sieht, wie sie benutzt werden, wurden sie dennoch entworfen und gebaut, um zu funktionieren.

„Trotz all ihrer Erhabenheit", sagt Alan, „ist die Goldene Halle alt – sie war im Grunde schon vor Théodens Zeit alt." Darum war es wichtig, den Eindruck von Alter zu vermitteln: Die Wandbehänge mit den Szenen aus Rohans Geschichte und Mythologie wurden sorgfältig gebleicht, so daß die einst strahlenden Farben das verschlissene Aussehen eines durch die Zeit und Staub trübe gewordenen Stoffes erhielten. „Wenn man den Eindruck von Alter hervorrufen will", sagte Alan, „muß man sehr subtil vorgehen, zurückhaltend, fast unmerklich akzentuieren. Und doch sollte Meduseld, als Gandalf, Aragorn und die anderen die Halle zum erstenmal betreten, einen Eindruck vermitteln, wie wir ihn vielleicht haben, wenn wir ein Gebäude aus Elisabethanischer Zeit besuchen."

Ungeachtet ihres ehrwürdigen Alters weist die Goldene Halle ein für manche vielleicht überraschendes Raffinement auf. Alan Lee bereut das keineswegs. „Wenn wir auf das Dunkle Zeitalter zurückblicken, neigen wir dazu – weil es an den nötigen Beweisen mangelt –, es nur als eine schmutzige Zeit zu sehen und anzunehmen, das Leben sei damals grob und primitiv gewesen. Doch betrachten wir die erhaltenen Kunstwerke – Schmuck, Metallarbeiten, Waffen: Sie sind so erlesen, daß es gewiß ziemlich unvernünftig wäre, zu glauben, diese Leute, die solche schönen Dinge besaßen, hätten in grob gestalteten Räumen gelebt, denen jede Spur von Schönheit fehlte. *Das* ist meine Rechtfertigung dafür, ein Bauwerk vorzuschlagen, das so großartig ist wie König Théodens Goldene Halle."

KAPITEL 3

Die Bühne wird eingerichtet

„Gehen Sie rein, und schauen Sie sich um", sagt Dan. Ich zögere.

Ich stehe vor der berühmtesten Tür der Literatur – rund und grün, mit einem Türknopf genau in der Mitte.

Es ist ein durch und durch magischer Augenblick: Ich vergesse, daß ich mich in der riesigen, ein wenig schmuddeligen Höhle eines Tonstudios befinde. Ich vergesse die anderen sonderbaren und interessanten Dinge, die mich noch Sekunden zuvor faszinierten: Stapel feuersicherer Reisigbündel für den Scheiterhaufen in den Grabkammern der Statthalter; Boxen der Stallungen von Edoras, verziert mit einem vergoldeten Fries laufender Pferde. Statt dessen werde ich jetzt unwiderstehlich von der grünen Tür angezogen ...

Immerhin begann an eben dieser Tür die Straße, die zuerst Bilbo und dann Frodo ihren Abenteuern entgegentrug. Die Straße, die nach Bruchtal führte, ins Nebelgebirge, nach Lothlórien und weiter ins Land der Schatten. Die Straße, die fort und fort gleitet ...

Mein Führer ist Dan Hennah, Supervising Art Director, Set Decorator und ein so überschwenglicher Begleiter, wie man sich ihn nur wünschen kann, wenn man durch Mittelerde reist. Mit seinem Bart und seiner wilden Mähne grauer Haare hätte Dan (wenn er ein Stück kleiner gewesen wäre) einen prächtigen Zwerg abgegeben. Er fordert mich noch einmal auf, einzutreten. Ich klopfe an – eine absurde Laune – und stoße die Tür auf.

Keine Spur von Bilbo. Auf dem gefliesten Boden der Diele auch keine Spur vom Ring, der darauf wartet, daß Frodo ihn aufhebt. Statt dessen plötzlich das grelle Licht von Leuchtstoffröhren und ein Geräusch kreischender Bohrer und klopfender Hämmer.

Dan folgt mir und deutet auf die kunstvolle Türangel, ein farnähnliches Flechtwerk auf der Innenseite der Tür. „Mit der Hand bearbeiteter Stahl", sagt er, „auf alt gemacht, damit er aussieht wie Schmiedeeisen."

Ich mache eine Bemerkung über die eindrucksvolle Feinarbeit, und Dan grinst. „Sie können sich nicht vorstellen, was für Diskussionen es über diesen Ort gegeben hat. Allein über das Thema Türknauf müssen wir stundenlang ernsthaft debattiert haben."

Der anspruchsvolle Geschmack ist deutlich sichtbar: in den schmückenden Schnitzereien von Eichenblättern und Eicheln und den runden, bleigefaßten Fenstern; in allem – von den liebevoll polierten Baumwurzeln, die in die Hobbitwohnung vordringen, bis zu den frisch gescheuerten Bodenfliesen aus Terrakotta. „Preßspan", enthüllt Dan, erfreut, daß ich mich habe täuschen lassen, „gestrichen und versiegelt."

Die Diele führt durch einen kleinen Vorraum ins Wohnzimmer mit seinem halbkreisförmigen Kamin, geschmückt mit einer geschnitzten Girlande aus Binsen. Hier sind Dekorateure und Maler emsig dabei, die Wände

43

Kapitel 3

zu streichen und die simulierte hölzerne Türeinfassung zu lackieren, um das Set für die zahlreichen Probeaufnahmen bereit zu machen, die für die *Gefährten* erforderlich sind.

Der tunnelartige Korridor ist nicht nur geschwungen, sondern hat einen seitlichen Drall. „Man nennt das eine zusammengesetzte Kurve", erklärt Dan, „wahrscheinlich die schwierigste Konstruktion in Beutelsend, und wir mußten sie für zwei verschiedene Sequenzen in zwei verschiedenen Maßstäben herstellen."

Dies ist das Set im Maßstab 1:1, so bemessen, daß Elijah Wood genau in seine Hobbit-Umgebung hineinpaßte. Draußen befindet sich ein weiteres Set in kleinem Maßstab, das so beengt ist, daß Ian McKellen als Gandalf dauernd mit dem Kopf gegen die Balken stoßen kann.

Wir verlassen Beutelsend und gehen zum Büro des Art Department. Unterwegs erzählt mir Dan etwas über seine Einstellung zum Projekt. „Nachdem ich den *Herrn der Ringe* im Lauf der Jahre mindestens sechsmal gelesen hatte, sah ich unsere Aufgabe darin, lebendige Details von Tolkiens Welt zu schaffen. Darum griffen wir dauernd auf das Buch zurück: Wir lasen nicht die Drehbücher, um zu erfahren, was geschah, sondern wir befragten immer das Buch, weil wir wissen wollten, warum etwas geschah."

Es war ein ungeheures Unternehmen: 400 Künstler und Handwerker entwarfen und bauten ununterbrochen 300 Sets, wobei die einzelnen Arbeitsschritte wie ein Uhrwerk ablaufen mußten. Zu jedem beliebigen Zeitpunkt waren drei Sets im Bau, drei wurden beim Filmen gebraucht, und drei wurden abgebaut. „Die einzige Möglichkeit, das zu schaffen, war, das Datum festzuhalten, an dem eine bestimmte Sequenz nach Plan gedreht werden sollte, und alles *rückwärts* zu planen: Angenommen, es dauerte drei Tage, ein Set einzurichten, vier Tage, um es zu bemalen, und drei Wochen, um es aufzubauen, dann wußten wir, daß wir an einem bestimmten Tag mit der Konstruktion anfangen mußten, und nicht später."

Nicht, daß alles immer nach Plan verlief – besonders, wie Dan sich lebhaft erinnert, gegen Ende der Haupt-Dreharbeiten: „Es waren fünf Aufnahmeteams an der Arbeit, alle drehten gleichzeitig, also mußten die Arbeiter in Schichten arbeiten und rund um die Uhr ohne Pause Sets bauen. Das alles am Laufen zu halten war …", er zögert, lächelt und zuckt die Achseln, „sagen wir einfach, es war ziemlich stressig …"

Die Bühne wird eingerichtet

Irgend etwas – in der Regel völlig Unvorhersehbares – konnte den Plan durcheinanderbringen. „Du baust einen idyllischen Wald mit einem künstlichen Fluß", sagt Dan, während wir nach oben gehen, „und aus irgendeinem unerklärlichen Grund sieht das Wasser nicht klar und sprudelnd aus, sondern als käme es aus einem schmutzigen Abwasserbecken."

Unvermeidlich war, daß es manchmal riskant wurde. „Oft waren wir mit einem Set nur ein oder zwei Stunden vor Drehbeginn fertig. Ich werde nie die Glitzernden Grotten vergessen: Wir hatten die ganze Nacht durchgearbeitet, weil sie nach etwas ganz Besonderem aussehen sollten, und waren noch am Streichen, als die Crew hereinmarschierte. Wie verrückt warfen wir Händevoll Party-Glitzerstaub auf die feuchte Farbe, während die Kameramänner ihren Tee austranken und ihre Geräte aufstellten. Zauber herzustellen ist nie einfach."

Am oberen Ende der Treppe hängt eine große Zeichnung von Saruman, den berühmten amerikanischen Postern zur Kriegsrekrutierung nachempfunden: „Uncle Saruman needs YOU!"

Der Weg durch den Flur des Art Department ist wie ein Spaziergang durch die Seiten einer illustrierten Ausgabe des *Herrn der Ringe*. An die Wände sind Zeichnungen geheftet, Gemälde und inspirierende Fotos von jedem der vielen verschiedenen Schauplätze in der Geschichte. Die meisten stammen von Alan Lee und John Howe, dazwischen hängen die lebhaften impressionistischen Farbskizzen von Paul Lassaine, der das Art Department durchlief, ehe er Art Director für visuelle Effekte wurde. Es finden sich sogar Beispiele von Tolkiens eigenen Bildern.

„Es war unser Ziel", sagt Dan und blickt auf eine Originalskizze Tolkiens, „uns streng an Tolkiens Vision zu halten und an die gültigen Versionen dieser Vision."

Dort sehen wir drei fürchterliche Folterkammern in Barad-dûr; hier die heitere Eleganz von Celeborns Gemach in Lothlórien, das Dan mit entwaffnendem Lächeln als „ein entrücktes Jugendstil-Baumhaus" beschreibt.

Bilder aus allen drei Filmen drängen sich vor den Augen. Wetterspitze, Amon Hen, Das Schwarze Tor, Kankras Lauer: ein Labyrinth von Tunneln, wie umgekehrte Bögen, oben mit säurezerfressenem Gestein und mit glatten, von Spinnenbeinen patinierten Bodenflächen.

Der Bau so vieler ausgefallener Orte erforderte vielseitige Ingenieurskünste und technische Ausrüstungen, wie die gigantischen Pumpen, die benutzt wurden, um Tausende Liter Wasser zirkulieren zu lassen, die nötig waren, den schimmernden Wasservorhang für das Fenster zum Westen zu schaffen.

Auch das Art Department ließ sich darauf ein, unorthodox zu denken. Das Problem zum Beispiel, das die *ithildin*-Beschriftung auf den Toren Durins (die nur bei Mond- oder Sternenlicht zu entziffern ist) bereitete, wurde schließlich dadurch gelöst, daß man auf reflektierendes Material zurückgriff, das normalerweise für „Katzenaugen"-Markierungen an Autobahnen benutzt wird.

Es war immer schwierig, die richtigen Materialien in ausreichender Menge aufzutreiben. Da die Blätter echter Bäume am Set maximal eine Lebensdauer von fünf Tagen haben (abhängig von der Hitze der Studioscheinwerfer), mußten für das Grün der Wälder von Mittelerde aus China Millionen von Seidenblättern importiert werden.

Dagegen wurden die Gebäude in Edoras mit echtem Reet gedeckt. „Wir kauften ein vier Hektar großes Feld Weizen, mähten ihn und stellten ihn auf traditionelle Weise in Hocken auf, lagerten das Stroh in einem siche-

Kapitel 3

ren Speicher und transportieren es mit Lastwagen nach Edoras."

Während des Baus standen ganztägig sechs Reetdachdecker zur Verfügung. Alle hatten sich ihr Handwerk (das in Neuseeland nicht bekannt ist) selbst beigebracht; sie banden die Strohbündel mit Plastikstreifen zusammen und verwendeten Bolzennägel, um sie an den Dächern aus Sperrholz zu befestigen. Es funktionierte, wie Dan stolz erklärte: „Es sah nicht nur richtig aus, sondern jedes Strohbündel war am Ende der Dreharbeiten noch an seinem Platz, obwohl Winde mit Geschwindigkeiten von 140 Stundenkilometern daran zerrten."

Neben einer Reihe Skizzen von Helms Klamm bleiben wir stehen. Das Art Department baute ganze Bestandteile der alten Festung in einem Steinbruch in der Nähe von Wellington, darunter den Dammweg, den Hof, die Kronen zweier Mauern und in voller Größe den massiven Klammwall, der nach Tolkiens Beschreibung so breit war, daß vier Männer nebeneinander laufen konnten.

„Normalerweise", sagt Dan „wird eine Miniatur, wenn man eine braucht, nachträglich gebaut – in kleinerem Maßstab als das Set in voller Größe. Nicht so bei Helms Klamm! Weta Workshop hatte die Miniatur lange zuvor gebaut, in den ersten Tagen des Projekts, und darum hatten wir die ein wenig furchteinflößende Aufgabe, den Maßstab zu vergrößern und unser Set vom Modell ausgehend zu bauen."

Am anderen Ende des Korridors ist das Büro von Production Designer Grant Major; er ist der Mann, der letzten Endes dafür verantwortlich ist, viele Probleme zu lösen. „Der Film", erzählt er mir, „ist im wahrsten Sinne des Wortes episch gewesen."

Grant, der bei Jacksons Filmen *The Frighteners* und *Heavenly Creatures* Designer war, glaubt, das Engagement, das *Der Herr der Ringe* erforderte, sei im Grunde das gleiche wie bei jedem anderen Film. „Jeder Film verlangt von dir, daß du dich voll reinhängst, wenn du deinen Job gut machen willst. Der einzige Unterschied hier war die Größenordnung: Es war dieselbe Hingabe – aber eine mit dreifacher Energie."

Die Wände seines Büros sind mit Skizzen und Zeichnungen, aber auch mit Tabellen und Plänen bedeckt. „Wir haben alles geschaffen, von reich geschmückten Palästen bis hin zu groß ausgemeißelten Höhlen, und jede Umgebung stellte uns vor eine andere Herausforderung; aber unsere Arbeit ist immer auf ein Ziel gerichtet: eine Umgebung zu schaffen, in der eine dramatische Szene stattfindet, die die Geschichte erzählt."

Nehmen wir das Innere von Orthanc: Zuerst stellte sich die Aufgabe, ein Bauwerk zu konstruieren, das angeblich aus Obsidian gehauen worden war. Für den Kulissenbauer hieß das, aus Polyester Wände zu schnitzen und zu formen, sie zu verputzen, dann mit schwarzem Lack zu streichen und der Oberfläche zum Schluß durch einen Wachsüberzug den Eindruck von Tiefe zu verleihen. Außerdem war es erforderlich, erklärt Grant, mit dem Gebäude eine passende Umgebung für Saruman zu schaffen: „Es war von größter Bedeutung, daß Orthanc zur finsteren, gebrochenen seelischen Persön-

DIE BÜHNE WIRD EINGERICHTET

lichkeit Sarumans paßte, weil es hilft, einen Charakter glaubwürdig zu finden, wenn wir die Szenerie für glaubwürdig halten."

Wie viele andere, die an dem Film mitarbeiteten, betont auch Grant häufig die Notwendigkeit, daß Orte, Lebewesen und Gegenstände – wie phantastisch auch immer – real aussehen sollten: „Man muß den Zuschauern helfen, ihren Unglauben beiseite zu lassen. Wir müssen sie in die Lage versetzen, zu glauben, daß ein Hobbit oder ein Balrog wirklich existiert."

Auch die Frage, wie das erreicht wurde, sieht Grant äußerst pragmatisch. „Im Grunde", sagt er, „läuft alles auf drei Dinge hinaus: planen, planen und noch einmal planen! Wir fingen naiv an, mit vielen unbeantworteten Fragen. Wenn Zweifel aufkamen, war unser allgemeiner Grundsatz: ‚Machen wir erst mal etwas anderes und kümmern uns später darum.' Aber schließlich war es ‚später', und wir begannen tatsächlich zu begreifen, worauf wir uns eingelassen hatten."

Es wurden mehr (und größere) Sets gebraucht, und alle wurden länger als ursprünglich vorgesehen verwendet. „Ich sah meine Rolle nicht nur darin, rechtzeitig zu planen und zu liefern, sondern war auch darauf bedacht, über die Qualität der Erzeugnisse zu wachen."

Der Versuch, jeden Tag aufs neue Wunder zu vollbringen und Musterhaftes zu schaffen, trug seinen Lohn in sich selbst: „Es war eine ungeheure Erfüllung, auf einem solchen Niveau zu arbeiten – in der Lage zu sein, soviel Geld ausgeben zu können, um solch eine großartige Welt zu schaffen. Doch das war nur möglich in Form einer Partnerschaft vieler Talente."

Schlüsselfiguren innerhalb dieser Partnerschaft waren die künstlerischen Berater Alan Lee und John Howe (auf dem Bild oben beim Skizzieren vor der Party in Cannes), die gemeinsam viel zur gesamten Gestaltung des Films

beitragen sollten. Die beiden Illustratoren – ihre Laufbahnen hatten sie bereits tief ins Innere Mittelerdes geführt – brachten in das Projekt eine individuelle und eine gemeinsame Vision ein, die sich vom Zeichenbrett bis auf die Leinwand fortpflanzte. „Mit Alans und Johns Bildern fing es immer an", sinniert Grant, „schon bevor sie in Neuseeland ankamen. Wenn Peter Jackson über einen Schauplatz oder eine Szene debattierte, pflegte er nach einem ihrer Gemälde zu greifen und zu sagen: ‚So sollte es aussehen!' Als sie zum Team stießen, wollte ich mir einfach ihre außerordentlichen Talente zunutze machen und die Schöpfung der Welt, die ihnen vorschwebte, fördern."

Jeder Künstler hatte einen besonderen und ganz andersartigen Zugang zum Projekt. Alan Lee, der im englischen Dartmoor lebte, trug zum Film seinen ausgeprägten Sinn für das Naturhafte, Elementare bei, der sich nur als durch und durch „englisch" charakterisieren läßt. Im Gegensatz dazu tendierte John Howe – geboren in Kanada, in der Schweiz lebend und entschieden vom Grotesken und Ausgefallenen angezogen – zu Feuer und Dunkelheit, den schattenhaften Formen monströser Kreaturen.

John Howe ist mittlerweile in die Schweiz zurückgekehrt, nachdem er achtzehn Monate am Projekt mitgearbeitet hatte, Alan Lee hingegen ist im Büro nebenan und sitzt noch immer am Zeichenbrett.

„Ich zeichne auf eine sehr unbewußte Weise", sagt

Kapitel 3

Alan (Bild unten, beim Skizzieren des Schauplatzes Hobbingen) und skizziert, während er redet. „Ich setze mich nicht einfach hin, denke mir ein Bild aus und zeichne es dann. Wenn ich anfange, habe ich nicht mehr als ein Gefühl und vielleicht eine Ahnung von einer Gestalt oder Bewegung, und dann setze ich einfach den Bleistift aufs Papier und warte, was er heute tun will."

Er arbeitet an einer Entwurfszeichnung für die Grauen Anfurten in einer der letzten Szenen des dritten Films. Sich mit Alan Lee zu unterhalten ist ein wenig wie Skizzieren: manchmal direkt und sachlich, manchmal gewunden und abschweifend. Manchmal ist es ein langsamer, nachdenklicher Prozeß, manchmal einer, bei dem sich Ideen wie Bleistiftlinien auf dem Papier einstellen – rasch, kraftvoll und scharf.

„Meine Arbeitsweise bestand früher darin", erklärt Alan, „daß ich Skizzen gemacht habe, die schließlich zu einem fertigen Bild führten. Bei diesem Projekt dreht sich alles ums Skizzieren. Es gibt nichts zwischen deinem Kopf und dem Bild – keine Farbe und sehr wenig Komposition –, so daß sich die Skizze in einer Anzahl von Phasen entwickelt. Das finde ich aufregend, weil es trotzdem auf ein fertiges Bild abzielt, mit dem Unterschied, daß es ein Bild sein wird, das sich bewegt."

Alan, der auf großen Bögen kräftigen, säurefreien Papiers arbeitet („es ist sehr schwer und grobkörnig") und entweder Kohle oder Bleistift benutzt („jede Sorte von

48

Die Bühne wird eingerichtet

‚B' bis zu ‚5 B'") hat mehr als 1000 Skizzen gemacht – und die Arbeit ist noch nicht beendet.

Darüber hinaus gibt es weitere 2000 Zeichnungen in einem Dutzend Skizzenbüchern, großen und kleinen. „Ich bin ein unverbesserlicher Kritzler. Wenn mir eine leere Fläche und ein Bleistift in die Hände fallen, fange ich unweigerlich an zu zeichnen."

Alan blättert ein paar Skizzenbücher durch, angefüllt mit emblematischen Entwürfen von Vögeln und Pferdeköpfen: Laternenständern für Sarumans Gemach; ein Standbild in Bruchtal; ein Symbol für Minas Tirith oder Ideen für Gandalfs drei Stäbe – alle unter Benutzung der „G"-Rune. Auf einer Seite ist eine detaillierte Zeichnung einer Hobbithöhle, samt angepflockter Ziege und Bienenstock, auf einer anderen eine vorläufige Skizze für den Hexenkönig …

„Für dieses Projekt habe ich wahrscheinlich mehr Zeichnungen angefertigt", spekuliert Alan, „als in meiner ganzen übrigen Laufbahn. Nachdem ich jahrelang selbständig gearbeitet habe, ist es besonders reizvoll gewesen, Teil eines Teams zu sein und an der Energie und der Begeisterung der anderen teilzuhaben."

An der Spitze des Teams steht Peter Jackson. „Peter ist der *wirkliche* Künstler", sagt Alan bescheiden, „wir anderen versuchen lediglich zu helfen, seine Visionen zu realisieren. Die meiste Zeit scheinen wir richtig zu liegen, aber hin und wieder müssen wir Ideen verwerfen und von neuem anfangen. Ich persönlich habe es als anregend empfunden, wenn man mir sagte, ich sollte etwas anderes versuchen oder mehr aus mir herausgehen: Sehr lange Zeit hat man mir, einem anerkannten Illustrator, so etwas nicht gesagt."

So fängt alles an: mit Peters erster Vision, die von Alan Lee und John Howe in Entwürfe übersetzt wird, die dann von Grant und Dan berechnet und geplant werden. Als nächstes bekommen Konstruktionszeichner und Modellbauer die Skizzen und Entwürfe und arbeiten Möglichkeiten aus, sie in etwas zu verwandeln, das man wirklich bauen kann. Danach setzt ein Heer von Arbeitern unter den wachsamen Augen von Dan Hennah und einer Gruppe von Kontrolleuren – Ed Mulholland (Bau), Kerry Dunn (Set-Dekoration), Sam Genet (Bildhauer), Matt Wratten (Technik) und Brian Massey (Gartenbau) – die letzte Gesamtvision in dreidimensionale Wirklichkeit um.

„Natürlich", sagt Alan, „kann keiner die Urheberschaft für das Projekt ganz für sich allein beanspruchen. Ich komme mir eher wie ein Architekt vor: Ich setzte einen Prozeß in Gang und verfolge ihn so lange wie

49

Kapitel 3

„Wir wollten den Eindruck erwecken", erzählt mir Alan, „daß Moria, aus den Wurzeln der Berge herausgemeißelt, etwas Ausgeklügeltes und Raffiniertes an sich hatte. Die geraden Linien der Zwergenrunen brachten uns auf die Idee, dem Ganzen ein geometrisches, kristallines Aussehen zu geben."

Er zeigt mir verschiedene Karten, in welche die verschiedenen unterirdischen Kammern eingetragen sind und eine sorgfältige (nicht verwendete) Folge von Skizzen: eine Darstellung der gewundenen Route – einschließlich der Kranbrücken, Laufgänge und Planken und ein Eimer an einem Seil –, auf der Gollum den Gefährten durch die Gruben gefolgt sein könnte.

Intensiv dachte man darüber nach, Schauplätze für die Reise durch Moria zu schaffen, einer zentralen Sequenz in den *Gefährten*. Zum Beispiel machte sich Alan Gedanken über die enorme Größe der Halle von Zwergenbinge: „Es gibt keinen vernünftigen Grund dafür, daß die Säulen so hoch sind, ja nichts in Moria mußte in einem so großen Maßstab gebaut werden, und doch wirkt es nicht merkwürdig, weil es das Ausmaß der Handwerkskunst und Einfallskraft der Zwerge verdeutlicht."

Da ist auch die schicksalhafte Brücke: „Tolkiens Beschreibung läßt keinen Zweifel – schmal, ohne Einfassung oder Geländer, überspannt sie den Abgrund mit einer Länge von 15 m. Einige Künstler haben sie dünn wie eine Messerklinge gezeichnet, aber sie muß wie eine Brücke aussehen, die wirkliche Personen überqueren können. In unserer Konzeption von Moria ist sie der einzige geschwungene Gegenstand und vielleicht deshalb als Bild um so eindrucksvoller, weil eine Kurve Teil eines Rings ist …"

möglich, während ich lerne, mich zurückzunehmen und zu akzeptieren, daß andere meine Zeichnungen nehmen und greifbar machen müssen."

Mehr als eine Stunde lang sehen wir Stapel von Zeichnungen durch (einige erstrecken sich über mehrere Blätter), und hin und wieder macht Alan eine Bemerkung zu bestimmten Details. „Orthanc mußte eindrucksvoll wirken; winklig, scharf und wie ein Reißzahn geformt …", oder „Caras Galadhon, die Elbenstadt in den Bäumen, brauchte Gebäude, die anmutig waren, blumenähnlich und ein wenig unirdisch."

Eine Skizze von Moria in den ruhmreichen Tagen vor der Zerstörung durch Orks, an die sich weitere hundert anschließen: Sie zeigen die Reise der Gefährten vom Moria-Tor über Balins Grabkammer und durch die große Halle von Zwergenbinge bis hin zur Brücke von Khazad-dûm.

Die Bühne wird eingerichtet

Alan fertigte auch viele Entwürfe für eine denkbare Sequenz an, die den Kampf zwischen Gandalf und dem Balrog wiedergibt: ihren Sturz tief in den Abgrund von Khazad-dûm, und noch tiefer, durch Feuer und Wasser in die äußersten steinernen Tiefen; dann ihr langes, mühseliges Hinaufklettern, auf geheimen Wegen und über Tausende von Stufen der Endlosen Treppe zum höchsten Gipfel des Nebelgebirges und einer letzten tödlichen Auseinandersetzung. Er durchblättert seine Skizzen der Endlosen Treppe, die sich dreht und windet, ein Labyrinth von Trugbildern, die an Escher-Bilder erinnern: „Ich wollte das Gefühl vermitteln, daß sie in einem unwirklichen Raum kämpften – irgendwo zwischen Leben und Tod – und Gandalf das Balrog aufwärts, abwärts und im Kreise verfolgte; jetzt kommt es auf ihn zu, jetzt rast es fort; eine Achterbahnfahrt, von einer fahrenden Kamera aufgenommen, bei der sich die ganze Bildachse drehen kann und ein Schwindelgefühl hervorruft, daß man nicht weiß, wo oben und unten ist."

Von der Endlosen Treppe kommen wir zum Fangorn, zu den Ruinen von Osgiliath und den Pfaden der Toten. Wir hätten unsere Unterhaltung lange fortsetzen können, denn es gibt noch viele Zeichnungen anzuschauen, aber Alan muß an seiner Skizze der Grauen Anfurten weiterarbeiten, weil John Baxter und zahlreiche andere Modellbauer darauf warten, mit ihrer Arbeit am Miniaturmodell anfangen zu können. Als Alan wieder zum Bleistift greift, erscheint Dan Hennah und entführt mich, um andere Sets anzuschauen.

Dan ist der geborene Geschichtenerzähler und hat Dutzende von Anekdoten parat über die unerwarteten Probleme, in verschiedenen Landstrichen Neuseelands Mittelerde zu erschaffen, und sogar in der leidlich beherrschbaren Umgebung des Studios. „Alle werden Ihnen was vom Wetter erzählen", lacht er, „von Überschwemmungen und starkem Frost; es gab Tage, da waren wir eingeschneit, und andere, wo wir im Regen ersoffen sind. An einem Fluß in Queenstown bauten wir ein komplettes Set für die Landung der Gefährten in Parth Galen, und ehe die Film-Crew eintreffen konnte, stieg der Fluß um 15 m und spülte das ganze Ding weg."

Auch Trockenperioden waren problematisch. Die Kulissen für Hobbingen wurden ein volles Jahr vor Drehbeginn auf einem Feld nahe Hamilton errichtet, damit

Kapitel 3

dieser „Landschaftsbau" rechtzeitig für Aufnahmen im Frühling ein natürliches Aussehen annehmen konnte. Dann jedoch wurde der Dreh der Hobbingen-Szenen in die Mitte des Sommers verlegt. „Zu unserem Schrecken", sagt Dan, „verwandelten sich die sanften grünen Hügel in sanfte *braune* Hügel, so daß wir uns ein komplettes Bewässerungssystem ausdenken mußten, um das Gras wieder grün zu kriegen."

Ironischerweise erwies sich ein späterer Drehort – für die Schlacht auf den Pelennor-Feldern – als *zu* grün, ein Problem, das die Gärtner dadurch lösten, daß sie aus den natürlichen Fettsäuren der Kokosnuß eine Lösung herstellten: „Wir besprühten damit acht Hektar Grasland, das sich über Nacht auf wundersame Weise braun färbte, zehn Tage lang braun blieb, ehe es völlig unversehrt seine natürliche Farbe wieder annahm."

Offenbar ist Gras ein ständiges Problem – besonders bei Sets im Studio, wo es echt aussehen muß. Aber nicht so sauber und gepflegt wie der normale Fertigrasen, den man im Garten-Center kaufen kann. Darum handelte man mit einer Rasen-Firma aus, ihr Gras bis zu einer Länge von 15 cm wachsen zu lassen, das sich dann am Set buchstäblich kämmen und zurechtschneiden läßt.

Wir kommen in Studio A an: Teil einer ehemaligen Farbenfabrik, 50 m lang, 25 m breit und 9 m hoch; bisher waren hier Galadriels Lichtung, Elronds Gemach in Bruchtal und der Innenraum von Orthanc nachgestellt. Im Augenblick laufen die Vorbereitungen für Probeaufnahmen im Goldenen Wald von Lothlórien.

DIE BÜHNE WIRD EINGERICHTET

„Ich muß sagen", bemerkt Dan mit einigem Stolz, „daß wir uns mit Bäumen ziemlich gut auskennen." Das stimmt, den Bäumen ringsum ist nicht auf den ersten Blick anzusehen, welche echt und welche künstlich sind.

„Wir haben sie sogar in echte Baumbestände eingeschmuggelt", fährt Dan fort. „Wir waren in einem Buchenwald und haben dort ein paar riesige Stämme eingefügt – jeder 9 m hoch, aus Holz und Stahl. Als die Crew eintraf, waren viele Leute verblüfft und wollten wissen, wie wir es fertiggebracht hätten, diesen unglaublichen Wald mit diesen riesigen Bäumen zu finden – natürlich nur, bis sie nach oben guckten und sahen, daß diese Bäume plötzlich auf mittlerer Höhe zu Ende waren."

Am anderen Ende des Studios ist das von Feuer versengte Innere einer der Höhlen unter Isengard. Dan stemmt die Schulter gegen eine riesige rauchgeschwärzte Felsplatte (die passenderweise mit Laufrollen versehen ist), dreht sie in die richtige Position und enthüllt eine zerklüftete, beengende Höhlung, die man brauchen wird, um eine Szene zu filmen, in der Sarumans kämpfende Uruk-hai einander mit dem Zeichen der weißen Hand markieren.

Die Höhlenwände bestehen aus Poly-Urethanschaum; dabei werden Hohlformen benutzt, die Abgüssen von echten Gesteinsformen nachgebildet sind. Die Felsen, von einem hölzernen Gerüst gestützt und mit Kebab-Spießen (!) „zusammengenagelt", bekommen einen Überzug aus Spray-Schaum, der sie gleichzeitig verbindet und jede Ritze ausfüllt, dann werden sie bemalt.

Weiteres Set-Zubehör sind Grubenstempel, Seile und Flaschenzüge; dazu kommen die entsprechenden Effekte (Flammen und Rauch), und das gewünschte Ambiente – heiß und höllisch – wird auf spektakuläre Weise erzeugt.

Ich blicke von einem Ende des Studios zum anderen: hier große Massen versengten Gesteins; drüben das Grün und Gold einer Waldlichtung. Das Nebeneinander von zwei Sets für einen Film, zweier völlig verschiedener Reiche – das eine ein Albtraum bedrückender Finsternis; das andere ein Traum strahlenden Lichts. Es ist unmöglich, nicht Ehrfurcht zu empfinden angesichts der magischen Kunstfertigkeit des Filmemachers.

„Natürlich", sagt Dan Hennah, „sehen Sie im Film vielleicht 50 Prozent von dem, was Sie hier sehen. Und von dem, was das Publikum sieht, wird vieles unbemerkt bleiben, weil dies nur die Kulissen für das Drama sind – nicht das Drama selbst."

Wir durchschreiten die Türen des Studios und kehren in das zurück, was wir vertrauensvoll als die *reale* Welt bezeichnen. „In unserem Geschäft", sagt Dan sinnend, „fällt Leuten nur auf, was wir machen, wenn wir es falsch machen. Es ist nicht gut, wenn du das Ganze als Ego-Trip ansiehst; aber es ist, wie es sein muß: Mach es gut, mach es richtig – *und niemand wird es bemerken.*"

Von Beutelsend nach Barad-dûr

„Wissen Sie, Beutelsend ist *unser* Beutelsend!" John Howe (auf dem Bild rechts klärt er am hobbitgerechten Set Fragen des Maßstabs) macht einen Scherz, obwohl der ernste Blick, den er mir zuwirft, und das nachdenkliche Streichen des Bartes mich beinahe hinters Licht geführt hätten.

„*Unser*" Beutelsend ist in Wirklichkeit *Johns* Beutelsend: ein Gemälde, angefertigt für eine Landkarte, die wir beide 1995 zusammen gemacht haben. Es ist auf dem Umschlag von *Hin und wieder zurück: Zur Karte von Wilderland* abgebildet und zeigt die Diele von Bilbo Beutlins Heim, dessen Eingangstür offensteht und den Blick auf eine einladende Landschaft mit Feldern und Wäldern und fernen, dunstigen Bergen freigibt.

„Das war's genau, was Peter wollte: in der Lage sein, in den Umschlag der Karte hineinzumarschieren. Damit fingen wir an." Es war freilich ein begrenzter Ausschnitt von Beutelsend: die Schnitzereien an den Balken und Täfelungen, die Sitzbank, Truhe und Kronleuchter, die unverwechselbaren runden Fenster, der gefliese Boden, die Tür …

Als John die anderen Räume in Beutelsend entwarf, wurde klar, daß diese Hobbithöhle sich von den anderen Behausungen in Hobbingen deutlich unterscheiden würde. Der in Kanada geborene Künstler sagt: „Für mich war Hobbingen das, was man sich unter England vorstellt – wenn man es nie gesehen hat. Und weil Herr Beutlin als der große Herr der Gegend angesehen wird, wollte ich, daß Beutelsend dem englischen Herrenhaus ähnelte, luxuriöser und eleganter als die Behausungen seiner bäuerlichen Nachbarn, doch immer noch vollkommen ‚Olde Worlde' – natürlich mit dem ‚e' am Ende!"

Da der Künstler jetzt in der Schweiz lebt, überrascht es nicht, daß sein Entwurf starke kontinentale Einflüsse zeigt, wie die Hinzufügung hölzerner Läden an der *Innenseite* der Fenster.

„Vielleicht", sagt John, „läßt es sich am besten als kontinentaler Überfall auf ein Phantasie-England bezeichnen." Ein spezifischer Einfluß ist der Jugendstil, jedoch in einer Ausprägung, die ein wenig ungewöhnlich ist. „Die Architektur des Jugendstils kann umwerfend aussehen – ich liebe die Kurven und die Verwendung natürlicher Formen –, aber sie ist immer so *streng*." Johns Vision von Beutelsend ist eine direkte Reaktion auf diese Strenge. „Ich habe immer davon geträumt, eine Art von humaner gestaltetem Jugendstil zu schaffen, der über die gleiche Eleganz verfügte, aber Raum ließ, um sich zu bewegen und zu atmen – und sogar erlaubte, wenn dir danach war, ein paar Bilder an die Wand zu hängen."

Abgesehen von Beutelsend sah sich John vielen anderen Problemen gegenüber, zum Beispiel dem Dunklen Turm von Barad-dûr: „Abermals auf Bitten Peters, ging ich von einem meiner Bilder aus, aber jedesmal wenn ich daran arbeitete, merkte ich, daß ich immer unkontrollierter wurde, mich in die Tiefe und in die Höhe vorwagte."

In der Tat wandte sich John zum erstenmal in all den Jahren, in denen er Orte in Mittelerde gemalt hatte, der obersten Spitze von Barad-dûr zu. „In der Vergangenheit hatte ich es immer vermieden, die Spitze zu malen – den Ort, von dem aus Sauron auf der Suche nach dem Ring seine Blicke schweifen läßt. Ich wußte nicht, wie ich ihn darstellen sollte. Jetzt mußte ich hinauf – 1000 m in die Höhe –, um herauszubekommen, wie es dort genau aussah – und es dann zeichnen!"

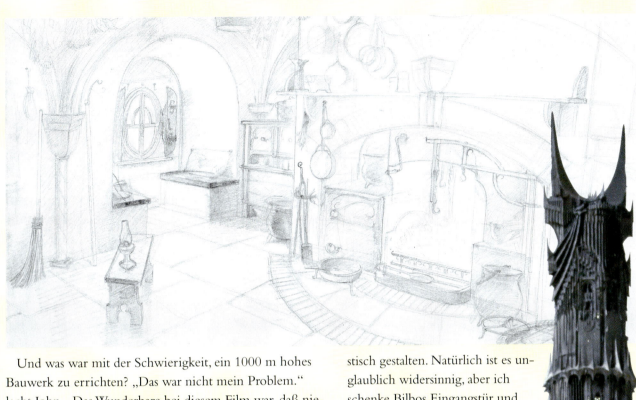

Und was war mit der Schwierigkeit, ein 1000 m hohes Bauwerk zu errichten? „Das war nicht mein Problem." lacht John. „Das Wunderbare bei diesem Film war, daß niemand sagte: ‚Wie sollen wir deiner Meinung nach einen solchen Turm bauen?' Genauso wie niemand sagte: ‚Wie kann eine einzige Angel eine so große, schwere runde Tür tragen?' Gleichwohl – oder vielleicht *deswegen* – schenkten wir einer gewissen historischen Realität in einem Phantasie-Universum große Beachtung."

In einem solchen Universum, behauptet John, ist es notwendig, phantastische Elemente zu akzeptieren: „Wenn du die Möglichkeit unsinnig hoher Türme als sichtbaren Ausdruck der Persönlichkeit ihres Besitzers anerkannt hast oder die Existenz von Balrogs, Fellungeheuern, Orks und verwandten Monstern (die alle der konventionellen Logik spotten), dann mußt du diese parallele ‚Realität' auch realistisch gestalten. Natürlich ist es unglaublich widersinnig, aber ich schenke Bilbos Eingangstür und ihrer Aufhängung nun mal Beachtung. Ehrlich."

John Howe erinnert sich, daß sie sich von Anfang an sowohl der Außerordentlichkeit der Aufgabe als auch der Freiheit gegenübersahen, über deren Bewältigung selbst zu entscheiden. „Am Tag unserer Ankunft sagte Peter zu uns: ‚Wenn ihr es zeichnen könnt, Jungs, dann können wir es auch bauen!' Nun, wir haben es gezeichnet, und sie haben es gebaut."

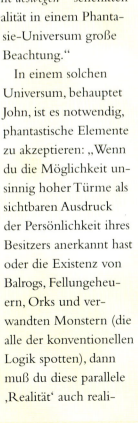

KAPITEL 4

Die Welt ist klein!

Nacht. Stille. Wir bewegen uns von einem großen Felsvorsprung über eine kahle, ausgestorbene Ebene zur Festung von Helms Klamm, wo das belagerte Volk von Rohan sich bald einem schrecklichen Angriff von Sarumans Uruk-hai gegenübersehen wird. Am Fuß der Berge bildet ein großer Einschnitt im Felsen die Klamm, eine alte Zuflucht, vom mächtigen Klammwall geschützt. Eine steile Rampe führt zu Helms Tor, und hoch in die Dunkelheit aufragend erhebt sich der als die Hornburg bekannte Turm. Aus einem Durchlaß unter dem Wall rinnt der Klammbach – im Mondlicht in einem sonderbaren, leuchtenden Grün schimmernd – hinaus auf die Ebene und weitet sich an einer Stelle zu einem kleinen grünen Teich aus.

Eine Stimme in der Dunkelheit durchbricht die Stille: „Hübscher Tümpel!"

Es ist halb neun Uhr morgens, wir sind in Peter Jacksons Vorführraum und sehen uns die „Schnellkopien" der am Vortag gemachten Aufnahmen vom Miniatur-Set von Helms Klamm an.

Der grüne „Tümpel" wurde durch den Einsatz von Leuchtfarbe und ultraviolettem Licht hergestellt und soll am Ende durch digital erzeugtes Wasser ersetzt werden. Während die Einstellung ein ums andere Mal abgespielt und von verschiedenen Stimmen in der Dunkelheit diskutiert wird, flüstert Richard Taylor, Chef von Weta Workshop, eine Erklärung: „Da 10 000 digital hergestellte Uruk-hai diese Ebene überqueren werden, müssen die Burschen in der Digital-Abteilung genau wissen, wo dieser Tümpel liegt, damit sie ‚Spritzer' erzeugen können, falls einer der Uruk-hai durch das Wasser marschiert."

Vermutlich wäre es eine rein rhetorische Frage, wenn ich wissen wollte, warum man ein so scheinbar unwichtiges Detail einfügt, das eine Menge kostenträchtiger, zeitraubender Arbeiten bedeuten mußte. Bevor ich jedoch etwas sagen kann, geht das Licht an, und Alex Funke (Visual Effects Director of Photography) und sein Team brechen auf, um einen Happen zu frühstücken, bevor sie sich mit den Schwierigkeiten eines anderen Drehtages in ihrer Miniatur-Version von Tolkiens Mittelerde befassen.

Was ich als erstes sehe, könnte man als Ansammlung von Möbeln für mittelalterliche Puppenhäuser beschreiben: hölzerne Schemel, Bänke, Eimer, Schleifsteine, Schubkarren, Besen und Kohlepfannen. Auf einem Tisch in der Nähe stehen Behälter mit Moosen, Farnen und Borkenstücken und eine Sammlung von Töpfen mit Kieselsteinen, sorgsam nach der Größe geordnet.

Da sind Büchsen mit Feuerzeugbenzin, Flaschen mit Terpentin und Baby-Öl, ein Farbtopf mit der Aufschrift „Bruchtal Grün", und ein Regalbrett ist übersät mit Büchsen und Kästen: „Khazad-dûm Runenstreifen", „Isengard Maschinerie" und „Moria Friedhofsstufen".

Ich drücke meine Verwunderung darüber aus, wie real die Miniatur-Version von Helms Klamm im Film aussieht. „Das ist zu einem großen Teil auf Alan Lees hervorragende architektonische Entwürfe zurückzuführen", sagt Richard Taylor. „Manchmal denke ich, Alan hätte vor 900 Jahren in England sein sollen, um die Landesverteidigung zu leiten."

Der Vorführraum hat mehrere Ausgänge: Eine Tür führt zu Weta Digital, die andere zu Weta Workshop. Wir steuern den Workshop an, und ich komme mir im Nu vor wie Gulliver in Liliput …

Ich nehme die winzige Figur eines Bogenschützen aus silbrigem Plastik in die Hand, und Richard lacht: „Eine der ersten Arbeiten bei diesem Film bestand darin, in der ganzen Welt nach 35er und 72er mittelalterlichen Plastiksoldaten zu fahnden. Wir fanden und kauften 75000 – höchstwahrscheinlich den gesamten Weltvorrat! Ganze Teams waren damit beschäftigt, sie auf Brettern aufzustellen und Heeresblöcke zu formieren, damit Peter mit der Choreographie der Schlachten anfangen konnte."

58

DIE WELT IST KLEIN!

Es gibt noch mehr Kästen. „Tischtennis-Bälle", „Papierdeckchen" und „Teebeutelinhalt". Als ich diese Dinge verblüfft anstarre, antwortet mir die Modellbauerin Mary Maclachlan (Bild oben mit John Baster), die in der Nähe arbeitet: „Tischtennis-Bälle sind wirklich nützlich: In zwei Hälften geschnitten, geben sie perfekte Schalen ab oder – umgedreht – kleine Kuppeln für Gebäude. Was die Papierdeckchen angeht, die verwenden wir als Schmuckleisten – man schneidet einfach ein Stück vom gekräuselten Rand ab, klebt es auf einen Sims, verblendet es mit Füllmasse, und schon hat man ein wunderschönes architektonisches Detail."

„Und ‚Teebeutelinhalt'?" – „Nun", erklärt Mary, „als ich mir einmal eine Tasse Kräutertee machen wollte, ging der Teebeutel kaputt, und das Zeug, das drin war, sah ziemlich interessant aus. Ich entdeckte, daß man es sehr gut als eine Art Humus für Miniatur-Waldböden gebrauchen konnte. Natürlich ist das verrückt, aber jedesmal wenn ich neue Teebeutel habe, mache ich einen davon auf, um zu sehen, was drin ist. Das Großartige an Kräuterteebeuteln ist, daß sie nicht nur nützlich sind – sondern außerdem noch prima schmecken."

Als ich nach oben blicke, werde ich plötzlich gewahr, daß sich Gulliver jetzt in Brobdingnag befindet. Im staunenerregenden 76er Maßstab erbaut und 9 m hoch, fast bis zum Dach aufragend, erblicke ich über mir den Dunkeln Turm von Barad-dûr, Saurons grimmige Bastion im Lande Mordor. Wie ein Reißzahn geformt und abschreckend, vor Befestigungen strotzend, von Tausenden winziger, lidloser Augen wie von Pockennarben übersät, ist er die dreidimensionale Realisierung einer Illustration von John Howe.

Es sei lachhaft, sage ich zu Richard Taylor, ein solches Bauwerk als „Miniatur" zu bezeichnen. „Das ist richtig", stimmt er zu, „darum haben wir uns angewöhnt, diese Dinger ‚Bigaturen' oder ‚Megaturen' zu nennen."

Wie so vieles beim Film *Der Herr der Ringe* kommt auch hier alles auf den Maßstab an. „Was wir immer im Auge haben müssen", sagt Richard Taylor, „ist die Tatsache, daß diese großen Bauwerke wirklich von Lebewesen irgendeiner Art *bewohnt* werden; wenn also Alan Lee oder John Howe in einem Bild Figuren zeichnen, die durchschnittlich 1,70 m groß sind, ist dadurch der Maßstab der Miniatur festgelegt. Bei jeder neuen Zeichnung suche ich wie verrückt nach so einer Figur. Manchmal erscheint sie im Gebäude nur als kleiner Fleck, und dann weiß ich, daß wir uns eine weitere kolossale Miniatur ausdenken müssen."

In Wirklichkeit liebt es Richard, sich mit den Problemen seines Miniatur-Königreichs auseinanderzusetzen und die Orte zu erschaffen, die sich die zwei Künstler ausgedacht haben: „Unser Ziel ist ganz einfach gewesen,

59

Kapitel 4

Alans und Johns vereinte Vision umzusetzen, weil wir wußten, daß es die bestmögliche Vision sein würde."

Nicht, daß das nicht manchmal zu Ängsten führt, gesteht Mary Maclachlan. „Ich sage Ihnen, das ist der Albtraum eines jeden Modellbauers! Du hast zwei Wochen, um ein Modell zu bauen. ‚Mach dir keine Sorgen', sagen sie dir, ‚es wird nur in einer Totalen benutzt, um für den Hintergrund einen deutlichen Fixpunkt zu schaffen.' Dann nehmen sie es mit zum Set, und die Kamera fährt ganz dicht ran, vielleicht bis auf zwei Zoll! Da bleibt dir das Herz stehen."

Der Bau von Barad-dûr war besonders schwierig. Er begann früh, bereits 1999 mit John Howes Zeichnung, und wurde dann als 2 m hohes Modell gebaut. „Bei den meisten Produktionen", bemerkt Richard, „fängt die Arbeit an den Miniaturen erst an, wenn alles läuft. Peter wollte jedoch von Anfang an Tolkiens Welt so umfassend wie möglich veranschaulicht sehen. Also fertigten wir ausgefeilte Architektur-Modelle an, die es Peter ermöglichten, sie bis ins Detail mit einer Mini-Kamera zu filmen, einem unglaublich kleinen Apparat, mit dem du in eine Miniatur ‚hineingehen' kannst, als würdest du dich in einem Set in voller Größe bewegen."

Von zahlreichen Modellen – darunter auch Barad-dûr – wurden auch Großaufnahmen gemacht, doch schließlich mußten Versionen in einem größeren Maßstab gebaut werden. „Das hier sollte offenkundig ein großes Modell werden", erinnert sich Mary, „und wir standen unter starkem Zeitdruck. Nachdem wir eine Riesenarbeit geleistet hatten, war es fertig, und Peter kam, um einen Blick darauf zu werfen. *Katastrophe!* Irgendwie sei nicht das darin eingefangen, was er vor seinem geistigen Auge sehe: Ja, es halte sich genau an Johns Zeichnung, aber es sei nicht ganz sein Barad-dûr … Ich machte einen langen Spaziergang und schluchzte vor Verzweiflung: Wie konnte ich diesen ‚Faktor X' finden, nach dem Peter suchte?"

Die Zeit lief davon, doch mit Unterstützung des Weta-Bildhauers Ben Wootten fing Mary noch einmal mit der Arbeit an der Miniatur an. „Die Atmosphäre war spannungsgeladen. Wir waren nur einen Zoll weit von dem entfernt, was Peter wollte. Die Uhr tickte, und wir bosselten wie verrückt herum. Dann kriegten wir es irgendwie hin. Peter sah es und sagte bloß: ‚Das ist hübsch …' Und wir klappten zusammen."

Mary lächelt bei der Erinnerung und fügt hinzu: „Du weißt immer, wenn du noch Reserven in deiner Kunst hast, die rauskommen wollen – du mußt sie nur finden und freisetzen können. Und wenn es je einen Film gegeben hat, der den Leuten Reserven entlocken konnte, dann war es dieser."

Die Beweise dessen sind ringsum zu sehen: Die Steintrolle (4,5 m hoch), die riesigen Figuren der Argonath, unter denen die Gefährten nach dem Verlassen Lothlóriens hindurchfahren (nicht die

60

Die Welt ist klein!

Wolkenkratzer, als die sie im Film erscheinen, aber größer als eine normale Statue); die große, mit vielen Säulen versehene Halle von Zwergenbinge in Moria und ein unglaublich detailliertes Modell eines der Korsarenschiffe aus dem dritten Film. Dieses Schiff wurde ausschließlich von Wetas Modellbau-Cheftechniker John Baster gebaut, mit Winden und zusammengerollten Tauen, Armbrüsten, Haufen von Bolzen, tückischen Geräten an Backbord und Steuerbord, um die Takelage feindlicher Schiffe zu durchschneiden, und es hat sogar ein „Plumps-Klo", das gefährlich über das Heck des Schiffes hinausragt!

Als nächstes kommen wir an der Fabrik von Hobbingen vorbei, die Frodo in Galadriels Spiegel als Vision erblickt. Die einst so malerische Wassermühle, jetzt ein dunkles, unheilvolles Symbol der Industrialisierung, wurde ebenfalls nach einem Entwurf von John Howe gebaut. Die Gestaltung der Details ist faszinierend: Das einsinkende Dach ist geflickt; die Rohre, Essen, Träger und Leitern sind verrostet.

„Ich liebe dieses Gebäude", begeistert sich Richard. „Es hat das groteske Aussehen eines Hauses, das William Heath oder Dr. Seuss gezeichnet haben, vermittelt aber einen überwältigenden Eindruck von Bedrohung – *und einer schrecklichen Schönheit*." Er deutet auf die geschwungene Dachlinie. „Das ist der Strich von John Howe. Wie eine Rabenschwinge."

Unter den Miniaturen, die noch gefilmt werden, ist auch Grond (Bild oben), der gewaltige Rammbock, den die Orks beim Angriff auf die Tore von Minas Tirith einsetzten. Die Arbeit des Modellbauers David Tremont gibt ihm die Gestalt eines riesigen, die Zähne fletschenden Wolfs – sein Fell aus gehämmertem Metall trägt Zeichen in der Schwarzen Sprache; er ist in einem großen Käfig auf Rädern angekettet.

„Nach unserem Plan soll er von Trollen geschoben werden", erklärt Richard, „Ork-Bogenschützen sollen darauf sitzen, und aus brennenden Kohlepfannen werden blendende Wolken von schwarzem, öligem Rauch aufsteigen. Wenn Grond hin und her schwenkt und das Tor zertrümmert, wird es fast so sein, als versuchte die Kreatur verzweifelt seine Ketten zu sprengen."

Daneben stehen die Tore, aus Polyester und Balsa-Holz konstruiert, damit sie bersten und splittern können, und mit Angeln aus Blei, die sich beim fürchterlichen Ansturm Gronds leicht verbiegen.

„Die Zeit vergeht", sagt Richard, „es wird Zeit, die Pfade der Toten zu betreten!" Und wir gehen zwischen behauenen Felswänden aus schwarzem Styro-Schaum hindurch, in die kreuz und quer Bilder zerstörter Städte eingeschnitten sind – Treppen, Eingänge, Türme und Türmchen, alles hintereinander, und jedes Teil ist für die Arbeit mit der digitalen Kamera mit einem kleinen leuchtend gelben Sticker markiert.

Die Sequenz in *Die Wiederkehr des Königs* ist, wie Richard erläutert, ein gutes Beispiel für Wetas Findigkeit: „Es wäre furchtbar teuer gewesen, Miniatur-Sets dieser Pfade als Unikate zu bauen. Also versuchen wir, von jeder Kulisse Teile zu finden, die sich als Einheiten bauen lassen. Unsere Technik besteht darin, in Polyesterplatten verschiedene architektonische Details zu pressen, die wir dann benutzen, um Abgüsse herzustellen. Daraus lassen sich dann Teilstücke fabrizieren, die ‚ausgestochen' und in große Umfelder montiert werden können. Ein großer Teil dieser Arbeit wurde von jungen Leuten geleistet, die vielleicht nicht viel Erfahrung hatten, für die Arbeit jedoch jede Menge unermüdliche Begeisterung mitbrachten."

Kapitel 4

Am Ende der Pfade der Toten stoßen wir auf den Chef der Miniaturenbauer, John Baster. Hinter seinem Zeichenbrett ist eine Kinderzeichnung an der Wand befestigt, die auf einem strahlend grünen Hügel ein lachendes Mädchen unter einer riesigen gelben Sonne zeigt. Zu seiner Rechten hängt John Howes düstere Illustration eines Nazgûl, der an Barad-dûr vorbeirast ...

„Wir haben so viele verschiedene Stilarten durchprobiert", sagt John, „und alles läuft auf John Howe und Alan Lee hinaus. Diese beiden überragenden Illustratoren gaben uns die Vision, diese unglaublichen Orte mit der entsprechenden Intensität im Entwurf schaffen zu können."

John arbeitet zur Zeit an der Miniatur für die Grauen Anfurten im letzten Film: „Wir werden einen elbischen Architekturstil entwickeln, der sich viele Motive zunutze macht, die auch im Entwurf von Bruchtal zu finden sind, den wir aber auf Bauwerke zuschneiden werden, die nicht aus Holz, sondern aus Stein gebaut sind."

John arbeitet mit einem Blatt Pauspapier, das er über eine von Alan Lees Zeichnungen gelegt hat, und benutzt Buntstifte, um die verschiedenen zusammengehörigen Teile des Sets zu markieren: „Weder Alan noch John haben uns jemals maßstabgetreue Zeichnungen geliefert, aber ihre Fähigkeit, Dinge dreidimensional zu veranschaulichen, ist so ausgeprägt, daß eine Mappe mit Zeichnungen, die sie uns geben, so gut ist wie ein Plan."

„Ursprünglich", fügt Richard Taylor hinzu, „fertigten die Konstruktionszeichner, die die maßstabgerechten Pläne für die großen Sets zeichneten, auch die Pläne für die Miniaturen an, aber Peter machte dem ein Ende, denn es war ihm lieber, wenn unsere Modellbauer direkt nach den Originalskizzen arbeiteten, damit nichts von Alans oder Johns künstlerischer Interpretation verlorenging."

„In ihren Bildern gibt es immer genug, was man ausarbeiten kann", sagt John. „Ich brauche einfach nur das zu nehmen, was sie sichtbar gemacht haben, und muß es realisieren. Die Botschaft ist so eindeutig, daß ich das Stück genauso bauen kann, wie sie es gezeichnet haben."

Trotz der Bescheidenheit der Weta-Miniaturenbauer ist ihr Geschick, die künstlerischen Entwürfe mit solcher Detailtreue und in so kleinem Maßstab in Modelle umzusetzen, erstaunlich. Sie müssen auch dafür sorgen, daß die Stücke auseinandergenommen werden können, damit Beleuchter und Kameraleute Zugang zu diesen Miniatur-Welten haben, aber auch um zu gewährleisten, daß die größten Modelle von der Werkstatt ins Studio transportiert werden können.

„Es kam vor", erinnert sich Richard, „daß wir, selbst nachdem wir diese Sets in transportable Stücke zerlegt hatten, die Stromkabel hochheben mußten, um die Dinger durchzukriegen. Da fuhr ein riesiger Turm auf der Ladefläche eines Lastwagens, und wir hoben mit langen Stangen vorsichtig die Freileitung in die Höhe. Um jedes Risiko zu vermeiden, trugen wir Schuhe mit Gummisohlen und diese rosa Gummihandschuhe, die man zum Geschirrspülen anzieht."

Das Studio, wo noch immer Miniaturen gefilmt werden, ist unser nächster Halt nach einem kurzen Abstecher zu den Ruinen von Isengard, die auf einem Parkplatz hinter einem der Gebäude errichtet wurden.

Die Konstruktion dieses besonderen Modells begann damit, daß ein Betonring (von 20 m Durchmesser) auf-

Die Welt ist klein!

geschüttet wurde, der die Mauern Isengards tragen sollte, dazu in der Mitte eine Betonrampe als Grundlage für das maßstabgetreue Modell des Turms von Orthanc. Im Hintergrund ragt ein Gebirge aus Poly-Urethan auf, das mit großen Erdhaufen beschwert ist. „Wir haben hier viel Wind", erklärt Richard, „und darum mußten wir dafür sorgen, daß die Berge nicht plötzlich weggeweht werden."

Wir treten über die äußere Mauer (15 bis 20 cm hoch) und laufen wie Riesen durch die Ruinen von Sarumans Herrschaftsgebiet. Der vom Feuer versengte Boden ist mit den rußigen Kuppeln von Backsteinöfen übersät; gähnende Höhlen enthalten ein kompliziertes Labyrinth von Kranbrücken und Laufgängen, alle über winzige Leitern erreichbar. Es gibt Miniaturkräne, Winden und Hebegeschirr, alle ohne Bemannung, und doch bereit, sich zu drehen, zu heben und zu senken; und noch weiter unten befinden sich die winzigen flackernden Lichter der Feuer und Schmieden.

Jede dieser „Minen", stelle ich fest, wurde samt Inhalt als Miniatur-Set gebaut und dann in Löcher im Boden versenkt, zusammen mit einem Netzwerk von Röhren, die die erforderlichen Feuer- und Raucheffekte und den elektrischen Strom übertragen, den man für Lichter und zum Antreiben der Räder und Flaschenzüge braucht. Die Heere von Orks, die als Sklaven in den heißen, rauchigen Tiefen schuften, werden später durch Digitaltechnik hinzugefügt.

Plötzlich gebe ich nicht acht und gerate beinahe ins Stolpern. Ich blicke nach unten und sehe, daß ich mit dem Zeh im geschwärzten Stumpf eines abgesägten Baums hängengeblieben bin und ihn entwurzelt habe. Ich bin verblüfft und verärgert. „Machen Sie sich keine Sorgen", lacht Richard. „Das soll doch eine Ruinenlandschaft darstellen, und wir haben nur noch eine Einstellung zu drehen, und dann werden wir das Set ohnehin fluten."

Wir setzen unseren Rundgang fort, und als ich das Studio betrete, zwingt mich der überwältigende Anblick von Minas Tirith, stehenzubleiben, diese große Stadt von Gondor, die in den *Gefährten*, als Gandalf etwas über den Einen Ring erfahren will, und in der *Wiederkehr des Königs* eine Schlüsselrolle spielt.

Ein wenig nach vorn geneigt (für eine Luftaufnahme im dritten Film), sieht sie vollkommen unwirklich aus: eine Kreuzung zwischen einem mittelalterlichen Stadtstaat und einem Raumschiff in einem Science-fiction-Film …

Die kunstvolle Ausgestaltung der Details läßt mich einen Augenblick vergessen, daß ich ein Modell vor mir habe und mir einbilde, eine *wirkliche* Stadt zu überfliegen.

Auf einen Felsvorsprung des Bergs Mindolluin gelagert, ist die Stadt der Könige eine beeindruckende Zitadelle, auf sieben konzentrischen Ebenen errichtet, gekrönt vom Hohen Hof und dem stolzen Turm von Ecthelion (dem Weißen Turm), der vom Fuß bis zur Spitze 30 m mißt.

Die exakte Ausführung der Details ist erstaunlich: Auf jeder Ebene drängen sich Gebäude mit Brustwehren und Kuppeln – ohne Zweifel aus halben Tischtennis-Bällen gefertigt. Da sind abgezirkelte Plätze mit Bäumen, Büschen und Denkmälern von Helden; Höfe mit Pumpen und Brunnen; verzwickte Labyrinthe gewun-

Kapitel 4

dener Straßen; und Häuser mit an Leinen flatternder Wäsche; Hinterhöfe voller Tonnen und Fässer.

Hier überläßt mich Richard dem Visual Effects Director of Photography, Alex Funke (Bild unten), dessen glanzvolle Laufbahn Filme wie *The Abyss, Total Recall* –

Die totale Erinnerung, Starship Troopers und *Mighty Joe Young* aufzuweisen hat.

„In Los Angeles", sagt Alex, „gehen wir heutzutage hin und mieten das, was wir brauchen; in Neuseeland lösen wir die Probleme durch Erfindungsgabe. Hier nennen sie das die ‚Achter-Draht-Methode' – gib einem Neuseeländer ein Stück Draht Nr. 8, und er baut dir so ziemlich alles." Das ist eine Haltung, mit der sich Alex ohne weiteres identifiziert: „Bei den Effekten machen wir das dauernd: mit Phantasie und Improvisation aus einer Sache etwas ganz anderes machen."

Alex erinnert sich daran, wie es früher in seiner Branche zuging. „Es gab mal eine Zeit", sagt er, „da hatte jede Firma, die mit visuellen Effekten Geld verdiente, eigene Designer, Maschinenschlosser und baute die ganze Ausrüstung selbst, aber das ist mehr oder weniger vorbei – nur hier nicht. Also war es für mich eine wunderbare Gelegenheit, das Rad noch einmal zu erfinden."

Während er noch in Los Angeles war, überlegte er, was für die Ausrüstung eines Miniaturen-Teams erforderlich war, und Weta Digital-VFX-Kameramann Brian Van't Hul (der bei *Contact* und *Forrest Gump* mitgearbeitet hatte) begann mit der Einzelanfertigung von zwei Galgen zur Bewegungskontrolle. „Brians Anlagen", sagt Alex, „waren das Ergebnis eines Entwicklungsprozesses, und sie waren wunderbar elegant und effizient."

Gesteuert von Computern, die echte kartesische Achsen berechnen, verfügt die Bewegungskontrolle (motion-control oder „mo-con") über die Fähigkeit, jede Bewegung viele Male zu wiederholen; im Studio wird das Gerät „Kruzifix" und „großer Galgen" genannt und ist mit einer Reichweite von 10 m das größte seiner Art, das je gebaut wurde; es war unabdingbar, um die riesigen Modelle im *Herrn der Ringe* zu filmen.

Wir machen eine Pause in dem Bereich des Studios, wo ein Schild mit einem roten Totenkopf, zwei gekreuzten Knochen und der Warnung „NICHTS berühren!" hängt. Dort macht mich Alex mit Moritz Wassmann bekannt, einem Maschinenbauingenieur, der zudem Büchsenmacher und Tauchlehrer ist. Der Boden ist übersät mit silbrig glänzenden Metallkringeln und Moritz umgeben von Drehbänken, Bohrmaschinen und Regalen, deren Schubladen mit Schraubenmuttern und Bolzen, Schrauben und Nieten gefüllt sind.

„Es ist reiner Luxus", sagt Alex, „einen hauseigenen Ingenieur zu haben, dazu noch einen, der so wählerisch ist wie Moritz. Skizziere ihm eine Idee auf der Rückseite eines Briefumschlags, und ein paar Stunden später bringt er dir genau das, was du wolltest – nur, daß es viel besser ist, als du es dir vorgestellt hast."

Aus den Teilen für die Prototypen der beiden „mocons" hat Alex einen dritten Galgen gebaut, der im Augenblick benutzt wird, um die Miniatur-Sets der Schicksalskluft zu filmen. Passenderweise trägt der Ausleger ein Schild mit der Aufschrift „Frankenstein".

„Dieser Film", lacht Alex, „ist nichts als ein Flammenmeer! Khazad-dûm, die Minen von Moria und jetzt die Schicksalskluft – alles voller Feuer und Lava, ungeheuer schwer zu filmendes Zeug."

Dieses Modell, gebaut im Maßstab 1:14, ist mehr als das bloße felsige Innere eines Berges. Da sind Röhren, denen geschmolzene Lava entströmen wird, behauene Säulen und ein in den Raum hineinragender Felsvorsprung, der über eine gewölbte Backsteinbrücke erreichbar ist. Obgleich die Architektur unverkennbar alt und unfertig ist, strahlt sie Macht und Gewalt aus und dient dem Ausdruck eines Willens, der die Kräfte der Natur zähmen und beherrschen kann. An diesen Ort kam Isildur, und es gelang ihm nicht, den Ring zu zerstören, und hierher muß auch Frodo am Ende seiner Reise kommen.

DIE WELT IST KLEIN!

Darstellungen der Hölle von Bosch oder Doré kommen einem in den Sinn, selbst ohne den Einsatz von Spezialeffekten wie wallender Dampf und herabstürzende Lava, auf dem Set durch Streifen von orangefarbenem, reflektierendem Stoff dargestellt, wie er normalerweise für Sicherheitswesten verwendet wird.

„Um welchen Schauplatz es sich auch handeln mag", sagt Alex, „es läuft immer aufs gleiche hinaus: In einem Miniatur-Modell erzielt jede kleinste Veränderung enorme Wirkung – die kleinste Drehung eines Lichts kann entscheidend dafür sein, ob etwas zu hell oder zu dunkel ist. Darum haben wir massenweise kleine Stückchen Karton und endlose Stränge Drahtgeflecht, die Licht widerspiegeln oder ablenken."

Diese ganzen Utensilien am Set bringen ihre eigenen Probleme mit sich: „Alles muß so befestigt sein, daß es sich weder verschieben noch durchhängen kann, weil es vielleicht eine Woche lang an seinem Platz bleiben muß, während wir eine Einstellung drehen. Gleichzeitig geben Leute dem Set vielleicht noch den letzten Schliff, und der Ort, wo wir ein Licht anbringen, ist unweigerlich genau der, an dem sie arbeiten müssen. Aber so ist das nun mal!"

Neben den Miniatur-Sets werden verschiedene Effekte-Aufnahmen zusammengetragen. Ein Team zerschlägt gerade Schuttstücke mit Hämmern und filmt den Vorgang als Vorlage für die Techniker von Weta Digital, die Rauchwolken und Staubpartikel in die Szene einfügen werden, in der der Höhlentroll wild mit seiner Keule um sich schlägt.

Auf der anderen Seite eines schwarzen Vorhangs filmt ein weiteres Team eine brennende Fackel, die sich auf einer Spindel dreht und digital in eine Szene mit Boromir eingefügt werden soll; auf der zerbrochenen Treppe in Khazad-dûm verliert er fast das Gleichgewicht und läßt seine Fackel fallen, die dann in den Abgrund hinabtrudelt.

Schlürfende Geräusche in der Nähe verlocken mich, hinter einen anderen Vorgang zu blicken, wo sie emsig damit beschäftigt sind, Lavaströme zu filmen. Die Lava (produziert aus demselben Verdickungsmittel, das Burger-Läden zur Herstellung von heißem Apfelkuchen benutzen) wird mit unterschiedlicher Geschwindigkeit und Festigkeit ausgegossen – von ganz wäßrig bis ziemlich klumpig. Die verschiedenen Rinnsale werden mit der Kamera aufgenommen, werden digitalisiert und ersetzen später die leuchtenden Stoffstreifen des Modells.

65

Kapitel 4

"Ja", sagt Alex Funke, "wir nehmen es übertrieben genau, und das ist sehr frustrierend und ungeheuer ermüdend und ganz bestimmt kein Job für jemanden, der nicht von Natur aus gelassen ist."

Die Richtigkeit dieser Bemerkung erweist sich schon am nächsten Tag, als ich zuschauen soll, wie Miniatures Director of Photography Richard Bluck die Überflutung von Isengard filmt. Draußen geht starker Wind, und hinter den Hügeln ballen sich Sturmwolken zusammen. Richard muß neu planen. "Viel zu windig", sagt er zu mir. "Der Wind peitscht nicht nur das Wasser um den Orthanc zu Wellen auf, die bei der Miniatur nie überzeugend aussehen werden, sondern der große Blue-Screen, vor dem wir drehen müssen, hat sich gebauscht wie das Segel einer Hochseeyacht. Und da der Wetterbericht nicht gut ist, haben wir beschlossen, uns statt dessen Grond vorzunehmen."

Mit schallendem Gelächter antwortet Richard Taylor darauf, der mit einem Schraubenzieher in der Hand hinter dem Modell des Rammbocks hervorkommt. "Wir hatten gerade eine Besprechung mit Peter", erzählt er mir, "und wie es scheint, will er wirklich, daß Gronds Augen glühen und sein Maul zu öffnen ist. Das Dumme ist bloß", lacht Richard, "daß unser Modell beides nicht kann. Jedenfalls haben wir Löcher in den Kopf gemacht, sie mit Blei und Stanniolpapier ausgefüttert und Glühbirnen eingesetzt – das Kabel dafür muß durch den ganzen Körper der Kreatur verlegt werden – und jetzt setzen wir die Augäpfel wieder ein."

Ich frage, ob sie Peter nicht gesagt hätten, das Modell sei für diese Zwecke nicht gebaut worden. "Nein!" grinst Richard. "Wenn es das Filmen nicht aufhält, braucht man Peter nicht zu beunruhigen, indem man ihm von einem Problem erzählt. Wir blieben cool, behielten die Nerven und haben eine halbe Stunde gebraucht, es hinzukriegen. Das Öffnen des Mauls wird schwierig werden. Aber wir werden es schaffen. Peter wird nicht klüger sein als zuvor und sich hoffentlich über das Ergebnis freuen."

Als Richard Taylor mich zurück durch das Studio führt, bleiben wir bei der Miniatur von Helms Klamm (auf dem Bild oben rechts in letzter Minute noch einmal von Modellbauerin Verena Jonker bearbeitet) stehen, die ich gestern im Film gesehen habe. Nun gut, es ist ein Modell, aber aufgrund seiner Größe (oder sollte ich sagen Kleinheit) eindrucksvoll: die zerklüfteten Berghänge, die großen Mauern, Helms Tor, die Hornburg und davor die weite Ebene mit ihren Felsen, Brocken und Grasbüscheln, zwischen denen der Klammbach sich hindurchschlängelt.

Das Modell, konstruiert im 35er Maßstab, 5 m hoch und 5 m breit, wird mit einer "Schnorchel-Kamera" gefilmt, die nur wenige Zentimeter über der Modelloberfläche dahingleitet; doch auf der Leinwand wirkt es, als bewege sie sich etwa in Kopfhöhe eines Menschen oder eines Orks.

"Helms Klamm ist eine der letzten Miniaturen, die gefilmt werden", bemerkt Richard, "aber es war das erste Modell, das wir gebaut haben. Wir zerbrachen uns lange Zeit den Kopf, wie wir es hinkriegen sollten, daß diese riesigen Mauern aussahen, als wären sie aus echten Steinen gebaut." Die Lösung war ein Gerät, das man bei Weta "Fred-Feuerstein-Walze" nenne. Es enthält eine kleine Walze, deren Oberfläche mit reichlich Karosseriespachtelmasse eingeschmiert ist. Wenn man damit über die maßstäblich verkleinerten Steinblöcke aus Sty-

Die Welt ist klein!

ropor-Schaum rollte, rief man dadurch tatsächlich den Eindruck von verwittertem Gestein hervor.

So ist es mit vielen Dingen in dieser Miniaturwelt: Die Lösung eines Problems ist oft unwahrscheinlich, aber verblüffend einfach – die kleinen Grasbüschel zum Beispiel bestehen in Wirklichkeit aus Ziegenhaaren.

„Ich kann mir wirklich nicht vorstellen", sagt Richard, „daß irgendeine andere Firma so waghalsig gewesen wäre, Miniaturen in so kleinem Maßstab zu bauen, weil man, offen gesagt, dabei jeden Augenblick scheitern kann. Miniaturen zu bauen ist wie eine Prüfung in Mathematik: Löst man die Gleichungen richtig, bekommt man eine Eins. Macht man es falsch, fällt man durch."

Ich habe nicht den geringsten Zweifel, daß Weta die Prüfung bestehen wird.

Miniatur-Mythen

Jeder in der Modellbau-Abteilung im Weta Workshop machte früher oder später eine bittere Erfahrung: Glaube nie *irgend etwas,* was dir *irgend jemand* über das Modell, das du baust, erzählt! Mary Maclachlan hat eine Liste der gebräuchlichsten (und vertraulich erwähnten) Beispiele falscher Auskünfte zusammengestellt:

„Ich weiß, daß der Maßstab nur 1:166 ist, aber so dicht wird die Kamera nie herankommen …"

„Mach dir nicht die Mühe, diese Seite des Modells fein auszuarbeiten, du wirst sie nie zu sehen kriegen …"

„In das Ding machen sie keine Lichter rein, du kannst es aus Polyester machen …"

„Diesen Teil brauchst du nicht zu verstärken, da wird niemand stehen …"

„Es ist ein Modell für eine Totale, die Fuge wird man nicht sehen …"

„Zwischen diese Teile kommen keine Motoren, du kannst sie festleimen …"

„Diesen Teil muß man entfernen können, wir versprechen, ihn nicht zu verlieren …"

Berühmte letzte Worte!

Verirrt in Lothlórien

Ein Rascheln wie von herbstlichen Blättern, als ein Lichttechniker auf der erhöhten Plattform einer Kirschpflückmaschine zwischen die Zweige des Baumes greift, um eine Lampe in einen anderen Winkel zu drehen.

Dann beginnt die Plattform ihre geräuschvolle Abfahrt, und weitere Blätter rieseln zu Boden. Ich bücke mich und hebe eines auf: ein Stückchen grüne Plastikfolie, auf einer Seite sorgfältig gelb besprüht.

Dies ist Caras Galadhon, die „Elbenstadt in den Bäumen" in Lothlórien, von denen Tolkien schreibt, daß sie wie Türme bis zu einer Höhe aufragen, die sich kaum abschätzen läßt. Wenngleich im Maßstab 1:12 konstruiert, können die Miniaturkulissen nicht als zusammenhängendes Stück im Studio aufgebaut werden.

Folglich wird Caras Galadhon zweigeteilt: in Dach und Boden. An einem Ende der „sound-stage" stehen die gigantischen Baumstämme, erheben sich gut 7 m aus einem Gewirr riesiger Wurzeln und einem Teppich von Moos und abgefallenen Blättern, und plötzlich hören sie auf, mitten im besten Wachstum gekappt. Am anderen Ende der Rampe sind die Wipfel der Bäume, hoch über meinem Kopf, und ihre silbrige Rinde zeichnet verschwommene Muster in das weiche Blaugrau des elektrischen Lichts.

Wie in einer Art Tagtraum erblicke ich Hunderte kleiner Häuser mit anmutigen Gitterwänden; sie sitzen hoch oben zwischen den Zweigen und sind über mit Leisten versehene Treppen zu erreichen, die sich unter winzigen Säulendächern mit kunstvoll geschnitzten Säulen in Spiralenform um die Stämme nach oben winden.

Eine Stimme bringt mich plötzlich in die Realität zurück: „Wir nennen sie Raupen." Der Miniatur-Designer Jon Ewan brennt darauf, mir so viel wie möglich über die Geheimnisse von Caras Galadhon mitzuteilen

Offenbar trägt jedes Gesims dieser „Raupen"-Balken eine Jugendstil-Volute als Schmuck, die nach einer kleinen Gravur in Wachs modelliert worden ist. Das Dach der Häuser umfaßt fünf verschiedene Elemente; das Maßwerk besteht aus säure-geätztem Weißblech, das gebogen werden kann, damit es in die verschiedenen Öffnungen der Fenster und Türen paßt; all die unterschiedlich großen und verschieden konstruierten Gebäude haben im Studio Namen, wie der orientalisch aussehende „Chinesische Tempel" oder „Madonnas Haus", das von zwei großen Kuppeln gekrönt wird.

Mir fällt auf, daß die Fenster mit einem durchscheinenden, grünlich-goldenen Material eingefaßt sind, das in Regenbogenfarben schillert. „Polyester-Lamé", klärt John mich auf, „billiges Zeug für den Fasching, ‚Glamé' genannt, aber wir nennen es ‚Libellenflügel-Stoff'". Dann deutet er auf die vielen hundert blauen und weißen Lichter, die zwischen den Ästen und über den Astbrücken zwischen den Häusern aufgereiht sind. „Elbische Straßenlaternen! Als Miniaturen! Natürlich sehen Sie die Kabel nicht, bloß eine Wolke winziger Lichter." Die Anregung zu diesem Effekt stammt von Paul Lasaine, Visual Effects Art Director, dessen Entwurfgemälde von Caras Galadhon von winzigen Punkten vibrierenden blauen Lichts übersät waren.

Die Beleuchtung der Baumstadt war nicht einfach: „Im Idealfall stellst du eine große Lampe, die die Sonne darstellt, an das der Miniatur gegenüberliegenden Ende des Studios, aber bei dieser Größe der Bäume hast du dazu einfach nicht den Platz.

So kamen wir schließlich darauf, neun verschiedene Sonnen alle aus derselben Richtung leuchten zu lassen, achteten aber sehr sorgfältig darauf, keine mehrfachen, sich überlappenden Schatten zu erzeugen, denn die hast du bei Sonnenlicht niemals."

David Harberger, der zuletzt bei *Dante's Peak* und *Disneys Dinosaurier* mitgearbeitet hat, erlernte sein Handwerk, als er mit dem legendären Hexenmeister der Spezialeffekte, Douglas Trumbull, an Filmen wie *Unheimliche Begegnungen der Dritten Art* und *Star Trek: der Film* zusammenarbeitete. Er kennt die Probleme sehr genau, wenn man mit Modellen arbeitet: „Normalerweise hat ein Film in einer Sekunde vierundzwanzig Aufnahmen, aber wir machen nur alle fünf Sekunden eine Aufnahme. Bei dieser Geschwindigkeit ist es schwierig, genug Licht und alles scharf zu kriegen, besonders bei den Nachtaufnahmen in Lothlórien. Peter Jackson wollte Bilder, die an die Kupferstiche Albrecht Dürers erinnerten, also nahmen wir einen fast schwarzen Vordergrund und stellten ihm aufgehellte Aussichten in der Mitte und im Hintergrund gegenüber, die in neblige Tiefen zurückweichen."

Vor allen Dingen mußte das Endergebnis glaubwürdig sein: „Wie viele Leute haben ein Raumschiff gesehen?" fragt David. „Abgesehen von ein paar Menschen in Mississippi, die sie dauernd sehen, keiner von uns. Aber jeder hat schon einen Wald gesehen oder ein Bild davon. Die Leute wissen, wie ein Wald aussieht. Die Kunst besteht darin, von Dingen auszugehen, die die Leute ihr Leben lang gesehen haben, sie als Miniaturen neu zu erschaffen und sie glaubwürdig zu machen."

Die Erschaffung des Glaubwürdigen schließt oft das völlig Unerwartete ein: Als wir Lothlórien verlassen, deutet Jon Ewan auf das Gras zwischen den Baumwurzeln. „Ausgetrocknete Kokosnuß", erklärt er, „grün gefärbt." – „Kokosnuß?" – „Ja, aber nur die feine Sorte, nicht das grobe Zeug."

Hoch oben wird eine weitere Lampe ausgerichtet, und wieder fallen Blätter. Ich grüble darüber nach, wie viele tausend Blätter wohl gewissenhaft grünlich-gelb angemalt werden mußten, als ich ein Mitglied der Crew bemerke, das ein T-Shirt mit einem Slogan trägt, der alles ausdrückt: „Nix KUNST – Ausdauer".

69

Bruchtal im Licht

„Wir nennen sie Göttliche Strahlen." Chuck Schuman (Bild unten), Miniatures Director of Photography, spricht von Streifen strahlenden Lichts, die über den Giebeldächern und zwischen den Türmen von Bruchtal spielen, hier einen Balkon, dort eine Balustrade erfassen …

Chuck hat das Auge eines Illustrators: „Alles dreht sich um das Spiel von Licht und Schatten", sagt er, „und dies ist die Morgendämmerung über Bruchtal: tiefe, satte Farben; die ersten Strahlen des frühen Sonnenlichtes vergolden die Türme, überziehen die Hauswände mit Silber, einem Hauch von Morgennebel und Tau."

In Chucks Büro ist an einer Wand eine faszinierende Folge von Fotos befestigt: Beleuchtungseffekte für Bruchtal – wie es in den matten Farben der frühen Morgendämmerung aussehen könnte, in dem verwirrenden Augenblick eines orangeroten Sonnenaufgangs, in der glühenden blauen und gelben Heftigkeit des Mittags, den zarten Goldtönen des späten Nachmittags und den violetten Schatten des Abends.

Beim Betrachten der Fotos fühle ich mich an die Gemälde von Maxfield Parrish, dem amerikanischen Maler und Illustrator aus dem 20. Jahrhundert, erinnert. Als ich das ein wenig zögernd anmerke, lächelt Chuck erfreut: „Das ist der richtige Mann!" Und er greift nach einem dicken Band mit Parrish-Bildern und blättert darin. „Diese ungewöhnlichen, atemberaubenden ‚Traum-Räume' haben mich unter anderem inspiriert."

Chuck Schuman ist heute zufällig ein Jahr beim Projekt *Der Herr der Ringe* tätig: „Meine Begeisterung für dieses Projekt begann mit Alan Lees und John Howes Vision von Mittelerde, die großartig, doch vertraut ist. Es gibt unglaubliche Landschaftspanoramen, doch wenn du dich der Erde selbst zuwendest, hat jeder Pfad seine Bestimmung, jeder Felsen seine Geschichte, jeder Baum verdient den Namen, den er trägt. Du kannst so eindringlich hinschauen, wie du willst, immer erschließen sich neue Einzelheiten – da ist Makro im Mikro …"

Eine Möglichkeit zu finden, diese Qualität in dreidimen-

sionalen Miniaturen zum Ausdruck zu bringen, nimmt eine Menge der Kunstfertigkeiten Chucks in Anspruch, der für seine visuellen Effekte in Filmen wie *The Abyss, Total Recall – Die totale Erinnerung, Terminator 2: Tag der Abrechnung* den Academy Award erhielt: „Es ist unser Ziel, eine überzeugende Atmosphäre zu schaffen, manchmal nur durch kleinste Andeutungen, die die Realität verfremden und dem Zuschauer dabei helfen, sie als eine vollständige Illusion zu akzeptieren. Um das zu erreichen, setzen wir viele Techniken ein – genaugenommen so gut wie jede Art von ‚Rauch-und-Spiegel'-Trick, den Sie sich denken können."

Der Hinweis auf Rauch ist angebracht: „Fügen Sie ein bißchen Rauch hinzu, und er zerstreut das Licht und ruft den Eindruck großer Tiefe hervor; dieses Miniatur-Set ist nur 4 m lang, aber der Rauch bildet so viele Schichten, daß die Gebäude sich eine Meile oder weiter in die Ferne zu erstrecken scheinen."

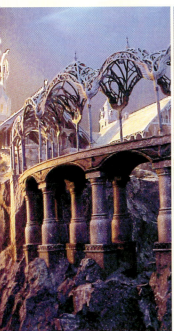
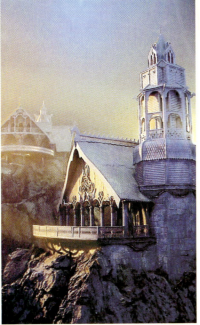

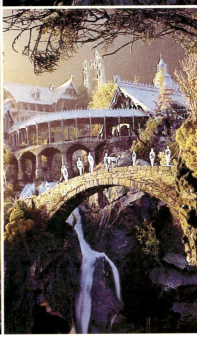

Rauch kann überdies einen Punktscheinwerfer in eine Sonne verwandeln: „Wir könnten das Licht direkt in der Aufnahme plazieren, so daß die Gebäude als Silhouetten erscheinen, fügen einfach den richtigen Grad an Rauch hinzu, und die Lampe selbst wird in ihrer eigenen Helligkeit magisch verhüllt."

Das Problem besteht jedoch darin, daß der Rauch während des langen, langsamen Aufnahmeprozesses gleichmäßig über das Set verteilt bleibt. Die Kamera bleibt nämlich, um ein Einzelbild aufzunehmen, bis zu zwei Sekunden geöffnet und dann genauso lange geschlossen, so daß jede Art von Rauch, der auf das Set gepumpt wird, anfangen würde zu treiben und sich zu zerstreuen, was im Film eine absonderliche pulsierende Wirkung hätte.

„Wie bei jedem Problem", lacht Chuck, „schaffen wir es immer, etwas aus unserer Trickkiste zu ziehen! Einer unserer Techniker, Chris Davison (der sich selbst ‚Mo-Con-Forscher' nennt), hat sich ein Gerät ausgedacht, das ich ‚Rauch-Schnüffler' nenne. Es ist ein hochkomplizierter Rauch-Sensor, der einen Infrarotstrahl benutzt, um präzise den Grad des Rauchs, der dem Miniatur-Set zugefügt wird, zu ermitteln und zu regulieren."

Die Dreharbeiten von Bruchtal sind abgeschlossen, und Chuck arbeitet an einem Miniatur-Set für das Innere der Schicksalskluft in der *Wiederkehr des Königs*: „Hier gibt es jede Menge Gelegenheiten, mit Farbe zu experimentieren. Es ist Hades, der Höllenschlund, Dantes *Inferno*; alles, was Ihnen an Bildern von Höllenfeuer und Verdammnis einfällt: Explosionen von Lava, Eruptionen von Feuerkugeln; Rauch und Dampf und schädliche Ausdünstungen, die in einem katastrophalen Erdbeben gipfeln, ‚shake-rattle-and-roll'-Zeit!"

Er hält inne und wirft einen Blick auf seine friedlichen Bilder des Letzten Heimeligen Hauses: „Bruchtal hat etwas von einem theatralischen Abschied vom übrigen Film; die Hobbits finden sich meistens in der Wildnis wieder, in der Dunkelheit, von Furcht bedrängt. Angesichts so vieler ungastlicher Orte wollte ich, daß Bruchtal ein sicherer Hafen war, eine Oase der Schönheit und Ruhe."

KAPITEL 5

Warenhaus für Mittelerde

Tote Pferde! Es ist ein grotesker und beängstigender Anblick und sicherlich keiner, mit dem ich gerechnet hatte, als Art Department Manager Chris Hennah (Bild unten) sich erbot, mit mir einen Rundgang durch das Requisitenlager des *Herrn der Ringe* zu machen. Aber diese Pferdeleichen – gruppenweise in Regalen aufgestapelt, die Glieder in der Todesstarre – sind bloße Requisiten.

„Du liebe Güte", sagt Chris, die plötzlich bemerkt, daß ein paar Pferde aus dem Regal gerutscht sind und ein weißes unter sich begraben haben, so daß es wirklich zerquetscht aussieht. „Das da sieht ein bißchen übel aus! Sei's drum, schließlich soll es ja tot sein."

Wozu all diese Pferde? Chris erklärt es mir: „Peter hatte sich alte Kupferstiche der Napoleonischen Kriege angeschaut, die mit einem Gewirr von Leibern bedeckte Schlachtfelder zeigten. Das verstärkte sein Gefühl, daß Schlachtszenen in Filmen so gut wie nie ein wahres Bild der damit verbundenen menschlichen und tierischen Opfer zeigen, also wollte er im Film Schlachtfelder, die voll von toten Menschen und Pferden waren. Nun ja, du kannst Schauspieler dazu bringen, für eine Einstellung still zu liegen, aber bei Pferden ist das schwerer – also machten wir sie einfach."

40 Stück ... Aufgefordert zu werden, 40 tote Pferde anzufertigen, hört sich vielleicht ein wenig ungewöhnlich an, aber für das Art Department war das nur eine von Hunderten merkwürdiger Aufgaben und viel weniger schwierig als viele andere. „Immerhin", sagt Chris, „wußten wir wenigstens alle, wie ein totes Pferd aussehen soll – viel schwieriger war die Herstellung von elbischen Glaswaren und Hobbit-Töpferwaren."

Bei Filmen mit zeitgenössischer Ausstattung können die Requisiten einfach gekauft oder geliehen werden, während es bei einem historischen Film oft möglich ist, historische Gegenstände als Leihgaben von Museen oder Sammlungen zu bekommen. Wenn man jedoch eine Geschichte verfilmt, die in der imaginären Welt Mittelerde angesiedelt ist, bedeutet das, daß buchstäblich jeder einzelne Gegenstand speziell angefertigt werden muß. Schließlich kannst du nicht in das erste beste Warenhaus latschen und dir einen Palantír kaufen, wenn du einen brauchst.

Wie es nun so geht – und das überraschte vielleicht gar nicht so sehr, weil ein „Sehender Stein" ein relativ ungewöhnliches Objekt ist –, stellte sich heraus, daß die Herstellung von Sarumans Palantír schwierig war. Da Tolkien ihn als eine Kristallkugel beschrieb, experimentierte das Art Department mit einer Anzahl von Versionen aus Glas (einige enthielten geheimnisvolle milchige Wirbel), bevor man sich schließlich auf eine dick mit Lack überzogene Kugel aus Holz einigte; hinzu kamen ein paar Effekte aus der Computer-Hexenküche.

Neben gelegentlichen Seltenheiten wie dem Palantír gab es Hunderte auf Bestellung angeforderte Gegenstände aus Haus und Garten: Eimer, Körbe, Besen und Bürsten und eine Sammlung von Leitern, sorgfältig beschriftet: „Gewöhnliche Leitern aus Hobbingen" oder „Ork-Belagerungsleitern", wobei die letzteren erheblich schludriger aussahen und die Sprossen nicht mit Nägeln gesichert, sondern mit Seilen festgebunden waren.

73

Kapitel 5

Für jeden Fan des *Herrn der Ringe* ist dieses Lager eine echte Schatzkammer. Kisten und Truhen aus Balins Grabkammer (von Kobolden geplündert), die Blasebälge und der Amboß, die die Elben benutzen, um Narsil, Aragorns zerbrochenes Schwert, neu zu schmieden.

Jeder Kasten lädt zum Öffnen ein: „Greifhaken (Helms Klamm)"; „Ketten (massenweise)"; „Totenschädel (allgemein)"; und was sind in Mittelerde „Mordor-Topf-Halter"?

Eine große Kiste mit „Büchern (nur die Rücken)" veranlaßt Chris zu einer Erklärung. „Wir brauchten regalweise Bücher, also machten wir Abdrücke von einer Vielzahl echter Buchrücken, fertigten Gußformen an und produzierten so viele Bücher, wie wir brauchten. Ein bißchen farbiges Spray und ein paar dekorative Zutaten, und schon haben Sie eine Bibliothek!" Es gab auch jede Menge echter Bücher und Hunderte von Schriftrollen, die auf handgemachtem Papier mit der Hand beschrieben waren. „Da die Schauspieler imstande sein mußten, die Schriftrollen zu entrollen und die Bücher aufzuschlagen", erläutert Chris, „waren diese besonderen Requisiten ein fortwährender Albtraum! Aus einigen Bänden schauten Notizen und Papierstreifen heraus, und auf dem Tisch in Beutelsend oder in der Bibliothek von Minas Tirith waren viele weitere verstreut. Da viele davon in Elbisch geschrieben waren, mußte man sich nicht nur merken, an welchen Stellen alle diese Schnipsel und Zettel am Set plaziert waren, sondern auch wie die Schrift verlief."

Als ich einen Kasten mit den Einladungen Bilbos zu seinem Fest bemerke (was wären das für Sammlerstücke!), stelle ich Chris die naheliegende Frage, wie sie es anstellten, einen solchen außergewöhnlichen Haufen von Gegenständen zusammenzubringen – einige so einzigartig wie Galadriels Spiegel, andere so alltäglich wie der Kessel aus der Küche von Beutelsend.

„Vor allen Dingen", erwidert sie, „braucht man einen selbstbewußten und unerschütterlichen Chef-Requisiteur." Als diese Person erwies sich Nick Weir, ein erfahrener Art Director, der – unterstützt vom Requisiten-Einkäufer Nick Riera – die gewaltige Aufgabe übernahm, die verschiedenen Kunsthandwerker zu finden und zu verpflichten, deren vereinte Kompetenz für die wichtigsten Dinge des Alltagslebens in Mittelerde sorgen sollte.

WARENHAUS FÜR MITTELERDE

„Danach", setzt Chris hinzu, „braucht man Listen. Jede Menge Listen, alle doppelt und dreifach gecheckt!"

Der Ausgangspunkt mußte das Drehbuch sein: Zuerst wurde es von Chris und Nick durchgeackert, und auch von Dan Hennah, Chris' Ehemann und Supervising Art Director des Films. Jeder las es und notierte sorgfältig jeden Hinweis auf „persönliche Requisiten", Dinge, die einer Figur gehören oder von ihr benutzt werden: Boromirs Horn, Frodos Rucksack, Sams Kochgeräte und natürlich der Ring …

Das waren, nach Chris' Worten, die „Muß-Reqisiten", diejenigen, die da sein *mußten*. Die zweite Kategorie umfaßte Gegenstände, die für bestimmte Umgebungen nötig waren, wie die Wetterspitze, Sarumans Gemach, die Goldene Halle und die Häuser der Heilung.

Dann begann das Kalkulieren: Wie viele Komparsen brauchte man für die Szene des geschäftigen Marktplatzes vor dem „Grünen Drachen"? Wie viele davon sollten Waren verkaufen? Wie viele brauchten Sitzgelegenheiten oder Körbe zum Tragen? Man mußte die Anzahl der Requisiten mit der Zahl der Leute multiplizieren und eine weitere Liste anlegen …

„Am Ende", sagt Chris, „war die einzige Lösung Vertrautheit mit dem Drehbuch. Nachdem wir es ein paar hundertmal gelesen hatten, bekamen wir den Dreh raus." Sie denkt einen Augenblick nach und verbessert sich mit einem ironischen Lächeln. „Ich will sagen, nachdem wir *drei* Drehbücher ein paar hundertmal gelesen hatten!"

Während sie Entwürfe für Kulissen, Waffen und Ungeheuer skizzierten, produzierten Alan Lee und John Howe Hunderte von Ideen für Dinge aus Mittelerde. Diese erschienen zuweilen in Form fertiger Vorlagen, wie die detaillierte Zeichnung der geschlängelten Eisenhalterungen, an denen die reichverzierten Kochgefäße über dem Herd in der Goldenen Halle aufgehängt sind; es gab aber auch Zeichnungen, die nicht mehr waren als vorbereitende Skizzen, die dann von den Requisiten-Designern Gareth Jensen und Adam Ellis entwickelt wurden.

Da fast alle Dinge von Hand gefertigt wurden, und das oft in beträchtlichen Mengen, richtete das Art Department hauseigene Werkstätten ein, darunter ein Glasbläser-Atelier, wo Glasbläser Robert Reedy im Lauf von sechs Monaten zarte, gewundene Glaskelche für Bruchtal und verschiedenartige Krüge, Flaschen und Becher für die Leute aus Hobbingen anfertigte.

Es gab auch die Werkstatt eines Grobschmieds („primitiv, aber praktisch"), die über Angeln, Schlösser und Türgriffe bis hin zu den Bestecken für des Königs Tafel in Minas Tirith alles produzierte, nicht aber, wie mir auffiel, diese riesigen Zinnkrüge, aus denen Merry und Pippin im „Tänzelnden Pony" trinken. „Es wäre entschieden zu teuer gewesen, sie aus Metall fertigen zu lassen", erklärt Chris, „darum mogelten wir. Wir machten sie aus Keramik und überzogen das Material dann mit Metall, so daß es aussah wie Zinn."

Das Geschirr von Beutelsend wurde eigens von dem renommierten Töpfer Mirek Smíšek angefertigt, der, statt die gängigen Muster zu verwenden, jedes Stück mit Dekorationen nach Originalentwürfen versah.

„Wir machten sogar unser eigenes Tauwerk", sagt Chris, „und falls sich das nach harter Arbeit anhört, ver-

75

Kapitel 5

gessen Sie dabei nicht, daß wir nicht bloß Taue und Seile herstellten – wir machten Tauwerk in verschiedenen Maßstäben!"

Für jeden, der an diesem Film mitarbeitete, erwies sich die Frage des Maßstabs als fortdauernde Zerreißprobe.

Die Herstellung von Requisiten, die vom Aussehen her paßten, jedoch in verschiedenen Größen gefertigt wurden, die wiederum davon abhingen, ob sie von normal großen Schauspielern oder von größeren oder kleineren Doubles benutzt wurden, war gelinde gesagt, verwirrend: „Wir brauchten einige Zeit, um es zu begreifen, und selbst als uns endlich vor Augen stand, was wir brauchten – und in welchen Maßstäben –, mußten wir immer noch Leute finden, die so etwas wirklich fabrizieren konnten!"

Doch sie fanden diese Leute. Die Teppichweber Vita Cochran und Hugh Bannerman, die imstande waren, die gemusterten Teppiche in Beutelsend in großem und kleinem Maßstab neu zu schaffen; den Böttcher David D. Bain in Christchurch, der für Bree extragroße Wein- und Bierfässer machte; und Neuseelands führenden Silberschmied Jens Hansen, der sich mit der Aufgabe herumschlug, den Einen Ring in überraschend vielen verschiedenen Versionen anzufertigen.

Es war eine Herausforderung, die sich bei wirklich jeder Requisite und jedem Detail der Kulissenausstattung stellte, von Teppichstoffen (in verschiedenen Maßstäben gewebt), zu den Bechern und Tellern, die in den Szenen benutzt werden, in denen Gandalf mit Bilbo und Frodo in Beutelsend speist und zu denen normal großes Steingut und Bestecke für die Hobbit-Darsteller an einem Ende des Tisches gehören, sowie maßstabgerecht verkleinerte Versionen für das andere Ende, um Gandalf größer erscheinen zu lassen.

Als wir um eine Ecke biegen, stoßen wir auf einen Gegenstand, der ein Musterbeispiel für die Schwierigkeit ist, Probleme des Maßstabs zu meistern. Dort stehen Seite an Seite zwei Karren für Gandalf: in jeder Hinsicht identisch, außer daß jeder so aussieht, als würde er durch das andere Ende desselben Fernrohrs betrachtet. Einer ist der Karren, den Ian McKellen allein oder in Einstellungen lenkt, in denen er zusammen mit Elijah Woods kleinerem Double auftritt, während der andere für Aufnahmen benutzt wurde, in denen Elijah neben Ians großem Double zu sehen ist. „Ja", stimmt Chris zu. „Der Karren hatte es in sich: Die Verkleidung aus Weidengeflecht mußte aus zwei unterschiedlich dicken Weidenruten geflochten werden; der Stellmacher mußte zwei Paar absolut maßstabgetreue, metallbeschlagene Räder anfertigen, und von allen Gegenständen, die auf dem Karren verstaut waren, wie zum Beispiel Gandalfs abgenutzte Truhe und die Raketen-Bündel, mußte es zwei Ausfertigungen geben."

WARENHAUS FÜR MITTELERDE

Lothlórien verlassen: Alle Requisiten, die in Sequenzen mit Hobbits, Zwergen, Elben und Menschen benutzt wurden, mußten in normaler und in halber Größe gebaut werden."

Wir setzen unseren Rundgang fort. Jetzt befinden wir uns in einem kuriosen Tolkienschen Möbelladen: eine hölzerne Sitzbank mit hoher Rückenlehne aus der Diele von Beutelsend; Schemel und Bänke in großem Maßstab von der Theke im „Tänzelnden Pony", Elronds Thron mit verschlungenem Schnitzwerk; Arwens Ruhelager; und verschiedene Schränkchen, Kronleuchter und Kerzenständer. Es gibt keine zwei Stücke, die auf die gleiche Art hergestellt oder verziert sind; bei näherer Betrachtung zeigt sich, daß Einzelheiten mancher Möbelstücke mit Hilfe von Formhölzern gestaltet wurden, während andere – wie die Stühle für Elronds Rat in Bruchtal – allesamt handgeschnitzt sind.

Als wir die Karren verlassen, bleibt Chris stehen, weil ihr plötzlich noch etwas anderes einfällt: „Oh ja! Wie konnte ich das vergessen? Zwei verschieden große Karren – und zwei verschieden große Karrengäule!"

Ich schüttle erstaunt den Kopf. „Wir haben immer diesen einen Grundsatz befolgt", setzt sie hinzu. „Was immer wir machten, niemals ließen wir ein Detail weg, bloß weil es zu schwierig war. Nehmen Sie das Problem, die elbischen Boote zu bauen, in denen die Gefährten

Als nächstes entdecken wir ein Bündel von Gandalfs Stäben. Mittlerweile rechne ich damit, sie in verschiedenen Größen vorzufinden (zweifellos wird der Stab, den Bilbo nach der Ankunft des Zauberers in Beutelsend von diesem erhält, beträchtlich größer sein als Gandalfs eigener), aber warum sind es so viele? „Wir hatten acht Stäbe", setzt mir Chris auseinander, „denn während Ian

77

Kapitel 5

McKellen an einem Ort Szenen drehte, filmten andere Crews Meilen entfernt und brauchten einen Stock für einen Gandalf-Vertreter oder ein Double."

In dieser Hinsicht war an Gandalfs Stab nichts ausgesprochen Besonderes, denn jeder einzelnen Film-Crew stand – auch wenn es verblüffen mag – ein vollständiger Satz von Haupt- oder „Helden"-Requisiten zur Verfügung. Der Chefrequisiteur hatte alle Hände voll zu tun, dem Drehplan vorauszubleiben. Acht „Gandalf-Stäbe" werden fast bedeutungslos, wenn man bedenkt, daß es zum Beispiel 139 „Gefährten-Beutel" gab (und von den Gefährten nach ihrem Aufbruch von Bruchtal getragen werden), nicht nur in unterschiedlichen Maßstäben angefertigt, sondern auch in dem Zustand, der dem Verschleiß durch die Reise entsprach. „Wir mußten jede Möglichkeit voraussehen", sagt Chris, „wir konnten es uns nicht leisten, für eine Unterbrechung der Dreharbeiten verantwortlich zu sein – alles mußte einkalkuliert werden –, und fertig sein zum Gebrauch."

Zu uns gesellt sich Dan Hennah (rechts), der den Bau eines kleinen Kulissenteils für die Tore zu den Minen von Moria überwacht hat, das für eine Pick-up-Szene gebraucht wurde, in der Aragorn Ausschau hält und den Wächter im Wasser erblickt, der Frodo angreift.

In der Zwischenzeit wird meine Aufmerksamkeit durch einen weiteren Haufen von Kisten gefesselt. „Grünzeug (vor allem Eiche und Efeu)"; „Kirschzweige (hauptsächlich mit Blüten)", „Birnen und Äpfel (rot und grün)", „Pfirsiche, Pflaumen und Mandarinen". Chris, die mein Interesse bemerkt, sagt: „Das sind nur einige der künstlichen Requisiten; es gab auch eine Menge wirkliches Grünzeug, darunter riesengroßes Gemüse für die Gärten, den Markt in Hobbingen und für die Szene, wo sich Merry und Pippin über Bauer Maggots Feldfrüchte hermachen."

„Die Speisen", fügt Dan hinzu, „die waren nun ganz bestimmt echt!" Das scheint bemerkenswert; immerhin wurde bei dem üppigen Mahl, das es zur Feier von Bilbos einundelfzigstem Geburtstag gab, nicht nur Spanferkel serviert, sondern die Tische bogen sich unter Bergen von Pasteten, Scones und Muffins, alle von Harriet Harcourt zubereitet.

„Wir überprüften die örtlichen Bäckereien", sagt Chris, „und stießen oft auf interessante Brotlaibe, aber wir konnten keine Aufnahmen von Hobbits riskieren, die Gebäck verzehrten, das offensichtlich im Laden gekauft war."

Die Hobbit-Komparsen beim Fest brauchten nicht gebeten zu werden, bei den selbstgemachten Speisen zuzugreifen. „Es gab eine Zeit", grinst Dan, „da konnte man die Statisten nur davon abhalten, die Requisiten aufzuessen, indem man ihnen sagte, sie seien mit Insektenvertilgungsmittel eingesprüht. Aber die Schauspieler haben das spitzgekriegt, und außerdem war es in diesem Film wichtig, daß man sah, wie die Speisen gegessen wurden – und daß sie schmeckten."

Die einzige Ausnahme war *lembas,* das Elben-Brot, von dem sich Frodo und Sam auf ihrer Reise nach Mordor ernähren. *Lembas* wurde dauernd in so großen Mengen benötigt, daß Harriet Harcourt neben anderen appetitlichen Speisen mächtige Berge von *lembas* produzierte, die zum späteren Gebrauch eingefroren wurden. Es war dünn und ähnelte ein wenig unserem Pizzabrot, doch

78

WARENHAUS FÜR MITTELERDE

von den Schauspielern wurde es ebenso wie von den Figuren des Buches als Plage empfunden, es essen zu müssen. „Ich denke, man kann mit Recht sagen", lacht Chris, „daß Elijah und Sean nach Abschluß der Dreharbeiten kein *lembas* mehr sehen konnten."

„Von den Speisen abgesehen", bemerkt Dan, „gab es eine andere Gruppe von Requisiten, die Sie hier im Lager nicht finden werden – die Tiere. Um die Illusion zu erzeugen, daß Hobbits klein sind, forschte der Chef der Tiertrainer Dave Johnson in ganz Neuseeland nach übergroßen Kühen, Schafen, Schweinen und sogar Hühnern."

Die vielleicht ungewöhnlichste Requisite war jedoch ein Insekt: das Nachtpfauenauge, das dem Adler Gwaihir die Nachricht von Gandalfs Gefangenschaft in Orthanc überbringt. „Aus Gründen des Tierschutzes", erklärt Dan, „mußte die Szene in Übereinstimmung mit dem Lebenszyklus des Falters gedreht werden. Also bewahrten wir die Larve in einem Schrank mit einem Heißwassertank auf, bis sie zum Ausschlüpfen bereit war, und in nur wenigen Stunden hatten wir die verblüffenden Nahaufnahmen des Insekts in Gandalfs hohler Hand im Kasten und ließen es fliegen."

Das Art Department hatte auch die Verantwortung für die Pferde und setzte bei den Aufnahmen lebendige und tote Tiere ein. Tim Abbot, ein Sattler in Vollbeschäftigung, fertigte sowohl 70 kunstvoll gestaltete und verzierte Sättel für Nahaufnahmen an als auch 250 Sättel für den Hintergrund, während ein Team von Hufschmieden dafür zu sorgen hatte, daß die Pferde richtig beschlagen wurden – in einem Fall sogar mit Hufeisen aus Gummi.

79

Kapitel 5

Dan erklärt: „Wir hatten eine Sequenz zu drehen, in der am Set von Minas Tirith galoppierende Pferde Betonrampen hinauf- und heruntergeritten werden mußten; also baten wir, uns Gummi-Hufeisen zu schicken, wie sie die amerikanische berittene Polizei verwendet. Sie kamen pünktlich an, und am Aufnahmetag standen die Hufschmiede um 6 Uhr in der Frühe auf, um dafür zu sorgen, daß rechtzeitig zum Drehbeginn um 11 Uhr 150 Pferde beschlagen waren."

An diesem Punkt muß ich wieder an die Modellpferde denken. Ich schaue sie noch einmal an, und obwohl ich weiß, daß sie nicht echt sind, sehen sie dennoch erstaunlich real aus.

„Sie hätten sie am Set sehen müssen", sagt Chris, „ein paar entsetzte Mitglieder der Crew, die am Drehort für die Schlacht auf den Pelennor-Feldern eintrafen, fragten wirklich ‚Wer hat die Pferde umgebracht?' Wir nahmen es als Kompliment!"

Es begann mit zwei Skulpturen in voller Größe, angefertigt von Brigitte Wuest, der Leiterin der Bildhauererwerkstatt im Art Department: Ein Pferd lag auf seiner linken, das zweite Pferd auf der rechten Flanke.

Diese Muster dienten zur Herstellung von Gußformen, mit denen vierzig Pferde gegossen, mit Leim bemalt und mit künstlichen Pferdehaaren überzogen wurden. Die Pferde wurden kunstvoll arrangiert (ihre Beine konnten in verschiedene Stellungen gebogen werden) und mit Sätteln und Zügeln und unterschiedlilch gefärbten Mähnen und Schwänzen „zurechtgemacht".

„Leider", erinnert sich Dan, „büßten wir eines dieser Pferde auf ziemlich spektakuläre Weise ein. Wir filmten den Brand eines Dorfes in Rohan, und das Gebäude, das wir ansteckten, brannte erheblich dramatischer, als wir gedacht hatten; eine große Flammenzunge schoß heraus und setzte eines unserer künstlichen

80

WARENHAUS FÜR MITTELERDE

Pferde in Brand! Es war eine einmalige Einstellung, und fünf Kameras versuchten die Szene einzufangen. Während sich alle anderen Sorgen machten, ob sie die Szene im Kasten hatten, konnte ich nur daran denken, daß wir ein Pferd im Wert von 2000 Dollar verloren hatten!"

Während er spricht, stopft Dan eine langstielige Tonpfeife, wie sie die Hobbits rauchen. Auch sie ist bloß eine weitere Requisite, die das Art Department entworfen und angefertigt hat.

„Diese Tonpfeifen", sagt Dan und zündet sie an, „sind sehr schwer aufzutreiben. Als Pfeifenraucher wußte ich, daß ich für die Hobbits traditionelle Tonpfeifen haben wollte, aber sieht man von ein paar Spezialfirmen in England ab, sind sie nicht leicht zu bekommen. Also beschloß ich, daß wir sie selbst herstellen sollten, was leichter gesagt war als getan, weil sie so leicht zerbrechen. Am Anfang konnten wir bloß zehn Prozent unserer Produktion gebrauchen, aber im Lauf der Zeit wurden wir besser. Eine perfekte kleine Pfeife zu machen, die ein Schauspieler am Set rauchen konnte, war eine der vielen Freuden bei der Arbeit an diesem Film. Von Zeit zu Zeit mußten wir einfach mal innehalten und all die Dinge bestaunen – große und kleine, bombastische und bescheidene –, die wir ganz neu entworfen und hergestellt hatten. Es war großartig!"

Zufrieden stößt er eine Wolke wohlriechenden Tabakrauchs aus. „Sie werden ein bißchen heiß", fügt er hinzu, „und beim Ausklopfen mußt du sehr vorsichtig sein, aber sie rauchen sich prima …"

„Freitagabends", sagt Chris, „wenn wir die Arbeit der Woche endlich erledigt haben, holt Dan oft seine Hobbit-Pfeife raus und pafft …"

„Das Dumme ist", ergänzt Dan, „daß sie ein wenig unpraktisch sind; es sei denn, du trägst wie Gandalf deine Pfeife in der Spitze deines Stabes mit dir herum!"

81

Ein Ring, der allen paßt

Auf dem Schild über der Tür zur Werkstatt in Nelson, Neuseeland, steht: „Jens Hansen, Gold- und Silberschmied". Jens Hoyer Hansen starb 1999, doch so wie sein Silber-Stempel (ein von einem senkrechten und einem diagonalen Kreuz durchschnittener Schild) hat auch sein Name weiter Bestand; er steht für den grundlegenden und revolutionären Einfluß, den er auf die zeitgenössische Goldschmiedekunst in Neuseeland ausübte.

Mehr als dreißig Jahre lang entwarf und fertigte der in Dänemark geborene Jens Hansen exquisiten Silberschmuck: Anhänger, Ringe, Broschen und Armbänder. Ob ein Pokal oder ein Kommunionsbecher, seine Arbeit zeichnete sich immer durch gestalterische Eleganz und klare Linienführung aus. Ein Hinweis im Ladenfenster informiert Passanten, daß Jens Hansen *auch* den Einen Ring gemacht hat.

Das ist etwas, worauf Jens' Sohn, Thorkild Hansen (rechts oben) – selbst ein begabter Silberschmied –, ungemein stolz ist: „Mein Vater kannte und liebte den *Herrn der Ringe* und war sehr aufgeregt, daß Peter Jackson das Buch in Neuseeland verfilmen würde. Dann kam ein Anruf, und man erkundigte sich, ob er den Einen Ring anfertigen wolle, und er war entzückt und fühlte sich geehrt."

Tatsächlich machte Jens *fünfzehn* Ringe: Prototypen, aus denen der Eine Ring schließlich ausgewählt wurde. Ich fragte, ob es schwierig gewesen sei, 15 Variationen eines Gegenstandes anzufertigen, der im Grunde bloß ein schlichtes Goldband war. „Überhaupt nicht", sagt Thorkild, „schließlich hat eine Tonleiter auch bloß acht Töne, und schauen Sie sich die Musik an, die sich damit komponieren läßt. Die Variationen kamen nicht durch Hinzufügen von Spielereien oder Kinkerlitzchen zustande; jeder der Ringe hatte dieselbe Schlichtheit – die Vielfalt rührte von unterschiedlichen Umfängen, Gewichten und Ausführungen her."

Eine der sonderbaren Eigenschaften des Rings (beinahe so eigentümlich wie die Unsichtbarkeit, die er seinem Träger verleiht) ist seine Fähigkeit, seine Größe zu verändern: Er wird – zu verschiedenen Zeiten in seiner Geschichte – von seinem Schöpfer Sauron ebenso getragen wie von Menschen und Hobbits. Folglich mußte Jens eine Anzahl von Ringen machen, zugeschnitten auf verschiedene Szenen: ob von Frodo an einer feinen Kette um den Hals getragen oder über Saurons eisernen Panzerhandschuh gestreift – wofür ein großer Durchmesser von 5 cm erforderlich war.

„Es war nicht immer einfach",

82

lacht Thorkild, „und es brauchte seine Zeit, bis die Berechnungen stimmten." Gemeinsam fertigten Jens und Thorkild Hansen bis zu 30 spezielle Varianten des Rings an, viele davon so gestaltet, daß sie besonders groß und kraftvoll wirkten, so als wäre er ein Spiegel der sehr unterschiedlichen Protagonisten am Ratstisch in Bruchtal.

„Am schwierigsten", sagt Thorkild, „war die Herstellung des Rings, den man im Vorspann sieht, der kreiselt und sich in der Luft dreht. Bei einem Durchmesser von 20 cm konnte er gewiß nicht aus reinem Gold gemacht werden, also benutzten wir Stahl, bearbeiteten ihn auf einer Drehbank und überzogen ihn dann mit Gold."

Später wurde eine maßstabgetreue Kette für den besonderen Ring gebraucht, den Boromir in der Szene an den verschneiten Hängen von Caradhras aufhebt. „Die Kette machten wir ebenfalls aus Stahl", fügt Thorkild lächelnd hinzu, „und sie war so stabil, daß man sie wahrscheinlich dazu hätte benutzen können, ein Auto abzuschleppen."

Es betrübt Thorkild, daß sein Vater es nicht mehr erleben durfte, den Ring, den er geschmiedet hatte, auf der Leinwand zu sehen. Aber er tröstet sich mit dem Wissen, daß der allererste Prototyp sicher im Safe der Werkstatt verstaut ist und daß Jens' handwerkliche Meisterschaft im *Herrn der Ringe* weiterlebt.

In einem Artikel über eine Ausstellung von Jens Hansens Schmuck war die Rede von der Art, wie er seine Kunstwerke „liebevoll formte und schliff", um „die besten Qualitäten des Metalls herauszuholen, so daß es glüht, als hätte es ein Eigenleben". Angemessener kann man das Aussehen wohl kaum beschreiben, das Jens später dem Einen Ring verlieh.

Kalligraph in Mittelerde

Die gebündelten Feuerwerkskörper sahen nicht nur *real* aus, sie schienen auch von einem Zauberer hergestellt worden zu sein. Jetzt sind sie in der Requisitenkammer verstaut, immer noch auf Gandalfs Karren aufgestapelt, und auch die roten und gelben Papierhüllen waren mit kunstvollen Wirbeln in elbischer Schrift verziert: „Mögen die Himmel widerscheinen von einem Feuer großer Pracht".

Dieses erstaunliche Detail war, wie ich entdeckte, das Werk des Kalligraphen Daniel Reeve. „Zum erstenmal las ich Tolkiens Bücher", erinnert er sich, „als ich ein Teenager war, und auf der Stelle fesselten mich die verschiedenen Schriften und Runen, und ich machte mich daran, mir Tolkiens Elbenschrift, Tengwar, anzueignen."

Zwanzig Jahre später arbeitete Daniel als Computer-Programmierer für eine Bank, als er hörte, daß Peter Jackson den *Herrn der Ringe* verfilmen würde. In der Annahme, bei dem Film könnten sie die Dienste eines Kalligraphen brauchen, der Elbisch schreiben konnte, packte Daniel ein Paar Muster seiner Arbeit zusammen und schickte sie an Jacksons Produktionsfirma.

„Beinahe umgehend", sagt Daniel, „läutete das Telefon, und binnen Stunden war ich an die Küste zum Produktionsbüro in Miramar gefahren und hatte auf dem Heimweg meinen ersten Auftrag im Gepäck – elbische Etiketten auf Gandalfs Feuerwerkskörpern."

Als nächstes kam die Aufforderung, *Das Rote Buch* zu schreiben, das Journal, in dem Bilbo seine Abenteuer aufzeichnet. Aber wie könnte Bilbos Handschrift ausgesehen haben? Daniel bereitete Musterschriften vor, die von einem dreiköpfigen Komitee und natürlich von Peter Jackson begutachtet wurden. Man einigte sich schließlich auf einen spinnwebartigen Stil, verziert mit vielen charakteristischen Schnörkeln.

„An diesem Punkt kam ich zu dem Schluß", sagt Daniel, „daß das Buch, wenn es aussehen sollte, als wäre es mit einem Federkiel geschrieben worden, *wirklich mit einem Federkiel* geschrieben werden mußte."

Nach allerlei Experimenten mit dem Schneiden von Federn und mit Tintenfüllungen, nahm Daniel sein Exemplar des *Hobbit* zur Hand und begann die Geschichte in seinen eigenen Worten niederzuschreiben – oder besser, mit Bilbos Worten, wie er sie sich vorstellte. „Ich füllte die Seiten", sagt er, „mit Karten und Illustrationen, Liedern und Versen, fügte Randnotizen hinzu und strich sogar einiges aus."

Gestützt auf Material aus dem *Silmarillion*, schuf Daniel die Schriftrollen, in die sich Gandalf in der Bibliothek von Minas Tirith vertieft, schrieb sie in unterschiedlichen Formen von Elbisch und Englisch nieder und bezog speziell erfundene Buchstabentypen im Stil von Gondor und Rohan ein.

Seine Kalligraphie ist auf den Buchrücken in der Bibliothek von Bruchtal zu sehen, in einem Buch elbischer Verse für Arwen und in einem alten Band über

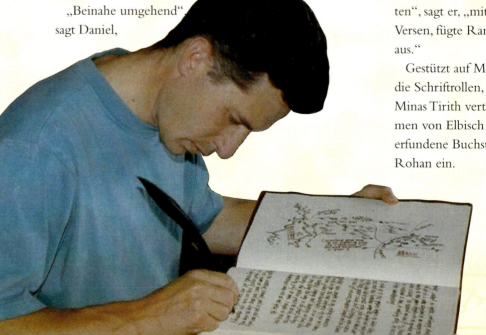

Kräuterkunde in den Häusern der Heilung in Minas Tirith.

Für Saruman entwarfen die Requisiteure einen unheimlichen Folianten: Er enthielt Alan Lees Gemälde eines Balrogs im Stil von William Blake und Seiten aus der Feder von Daniel, die mit „Zeichnungen und Diagrammen, Gedankensplittern, Kritzeleien, Phrasen und Schwulst" bedeckt waren, geschrieben in einer ungefüge aussehenden Westron-Variante von Tengwar.

Eine besonders reizvolle Aufgabe war die Herstellung des Buches von Mazarbul, dem alten Zwergentagebuch, das Gandalf in den Minen von Moria im Schutt entdeckt. Im Jahr 1940 hatte Tolkien akribisch Faksimile-Seiten des Buches gezeichnet – das von Orkwaffen beschädigt und halb verkohlt war. „Ich wetteiferte mit Tolkiens Seiten", erinnert sich Daniel, „fügte dort, wo das Original unleserlich ist, geeignete Texte ein und schrieb für die eingeschobenen Seiten Runen in einer Vielzahl von Handschriften und Stilen."

Dieses Dokument wie auch Thorins Landkarte in Beutelsend mußten alt und verschlissen aussehen. „Meine Technik bestand hauptsächlich darin, reichlich Wasserfarben zu verwenden, mit denen ich das Papier tränkte, benetzte, bespritzte oder sie darauf verlaufen und einsickern ließ. Unter den benutzten Werkzeugen waren Bürsten, Putzlappen, Schwämme, Schwammtücher, Taschentücher und Jerseystoff."

Für die Mauern von Moria und Cirith Ungol erfand Daniel sogar kritzelige Ork-Graffiti, die die Kinobesucher – wie so viele andere, vom Art Department sorgsam ausgearbeitete Details – zweifellos nicht bemerken werden. „Eine ungeheure Menge Arbeit", sinniert Daniel, „endet auf dem Boden des Schneideraums, erscheint auf der Leinwand nur ganz flüchtig im Hintergrund oder ist nicht einmal gefilmt worden."

Daniel versuchte verzweifelt, seine bisherige tägliche Arbeit beizubehalten, verbrachte jedoch Abende, Nächte und Wochenenden damit, an Büchern, Schriftrollen, Landkarten und Inschriften zu arbeiten („Einmal entwarf ich sogar ein elbisches Fernglas!"), bis er sich entschloß, nach 15jähriger Tätigkeit die Bank zu verlassen und freischaffender Künstler zu werden.

„Ich habe immer gewußt, daß ich das Zeug zu einem Künstler habe", stimmt Daniel zu. „Für mich war das völlig selbstverständlich, und ich habe es nie als Beruf in Betracht gezogen." *Der Herr der Ringe* hat das alles geändert, und inzwischen ist er mit seinen Federn emsig an der Arbeit – erschafft kunstvolle Buchstaben für eine gravierte elbische Schale oder entwirft einfach für die Partys bei Filmpremieren Schilder mit der Aufschrift *Garderobe*. „Ich bin davon überzeugt, daß es sich als gut erweisen wird", sagt er. „Und überhaupt, ein bißchen Unsicherheit ist gar nicht so verkehrt."

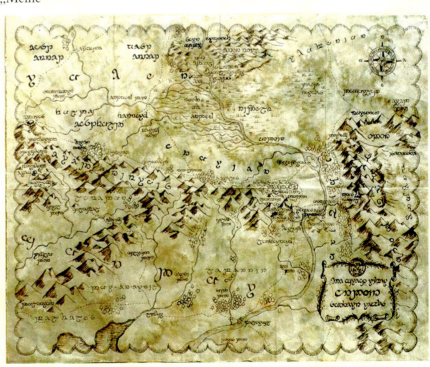

KAPITEL 6

Prachtgewänder und Damenroben

„Es gibt zwei Dinge, die ich liebe: Ich liebe Anproben, und ich liebe den Augenblick, wenn die Schauspieler am Set zum erstenmal in ihren Kostümen auftreten und alles zusammenpaßt."

Der Film ist im wesentlichen abgedreht, und ich unterhalte mich mit der Kostümbildnerin Ngila Dickson (Bild rechts unten) in dem Raum, der vorübergehend zum Kostümlager des Films geworden ist. Wohin ich auch schaue, sehe ich Kleiderregale, die unter dem Gewicht von Jacken, Westen, Prachtgewändern und wallenden Röcken ächzen.

Diese überwältigende Ansammlung von Kostümen – 10 800 Stücke allein für die Statisten –, die jetzt in Plastiksäcken verstaut und sorgfältig beschriftet sind: „Théoden (altersschwach in Edoras): Unterhemd mit Goldlitze gesäumt; Mantel aus Samtstoff; Wollmantel mit Pelzkragen; Fußwärmer aus Fell; Krone und Gürtel."

Hier: ein Paar rosarote, perlenbesetzte Pantoffeln für Arwen; dort: ein Beutel „Koboldslips" – das klingt eigentlich wie eine Designermarke für Unterhosen, eine kunstvolle Umschreibung für einen zerfetzten Lendenschurz!

Ngila Dickson ist elegant und rätselhaft; gesammelt, konzentriert und mit einem Lächeln, das sich in den Mundwinkeln verbirgt und ihre leicht zusammengekniffenen Augen umspielt.

„Ich werde Ihnen erzählen, wie es anfing", sagt sie in Erinnerung an die Zeit, bevor jeder Gegenstand dieser riesigen Sammlung aus einer Idee hervorging und zu einem wirklichen Kleidungsstück zusammengenäht wurde. „Am Anfang gibt es bloß eine Skizze und eine Idee und eine Attrappe des Kostüms, angefertigt aus meterweise Kaliko, und die irgend jemandem übergestreift wird. Es sieht gespenstisch aus, und der Schauspieler kann gar nichts damit anfangen: Es hat keinerlei Verzierungen, nicht die richtige Farbe – es ist nicht einmal der richtige Stoff. Nichts deutet auf das endgültige Kostüm hin, aber in diesem Augenblick kann ich sagen, ob es funktionieren wird oder nicht. Ich gehe in den Anproberaum und sage (aber nicht laut) ‚Oh, mein Gott!' oder ‚Aha!' Und von da an ist es bloß eine ausgedehnte Unterhaltung mit dem Schauspieler."

Wie viele dieser Unterhaltungen Ngila mit den Schauspielern aus dem *Herrn der Ringe* geführt hat, wird erst deutlich, wenn man sich zwischen den Regalen voller hinreißender Kleider (wahre Wolken von Seide und Bahnen von schwerem mit Edelsteinen besetzten Samt) umsieht; märchenhafte silbrig-graue Umhänge für das Elbenheer, abstoßende, von Blut und Schweiß befleckte lederne Wämser für die Uruk-hai.

Die Ausarbeitung der Details – ob exquisit oder häßlich – ist außergewöhnlich: In die Knöpfe an Aragorns Obergewand ist der Baum von Gondor eingeprägt, oder

KAPITEL 6

Sarumans Gürtel ist geflochten aus weißer Wolle und mit Golddrähten durchwoben.

Wir bleiben bei dem Kostüm stehen, das Merry als Hauptmann von Rohan trägt: es ist aus einem schweren dunkelgrünen Stoff geschneidert, die Biesen sind tief-kastanienbraun; der Gürtel und der Kragensaum peinlich genau mit ausgeklügelten Pferdekopf-Motiven verziert. „Ich mache keine halbe Sachen", sagt Ngila erfrischend direkt, „was sein muß, muß sein. Ich muß die Kostüme so realistisch machen wie möglich – unabhängig davon, wie klein die Szene ist –, weil ein Kostüm den ‚Zugang' des Schauspielers zu der Figur darstellt. Ob es eine königliche Aufmachung ist, die unglaublich kunstvoll und bedeutend ist, oder irgendein schreckliches, zusammengewürfeltes Kleidungsstück aus Wolle für einen Bauerntrampel, die Schauspieler, die diese Kostüme tragen, werden genau wissen, welche Figur die verkörpern."

Natürlich hat auch der Regisseur ein Wörtchen mitzureden: „Es ist von entscheidender Bedeutung, daß es an der Kleidung nichts gibt, was nicht gefilmt werden kann – besonders wenn es Peter betrifft! Du weißt niemals, was er tun wird: Wenn im Script steht, eine Szene würde ‚von der Hüfte aufwärts' gedreht, kannst du darauf wetten, daß Peter von vorn, von hinten und aus jeder erdenklichen Richtung aufnehmen wird."

Kostümen ein „reales" Aussehen zu geben bedeutet, große Mühe darauf zu verwenden, sie nicht neu erscheinen zu lassen. Kostüme sind Kleidungsstücke, die getragen werden, verschleißen, und schmuddelig, alt und abgenutzt aussehen. Eine Nahaufnahme von Bilbos Westentasche, als er mit dem Ring spielt, zeigt durch eine leichte Ausbeulung, daß sie offensichtlich als Tasche benutzt worden ist. Das Geheimnis? Fülle sie einfach mit Steinen und laß sie eine Weile drin.

Bei Ngilas Kunst ist Erfahrung das Entscheidende: „Wenn du ein Kostüm älter oder ‚unordentlicher' machen willst, lautet die goldene Regel: Wenn du glaubst, du hast den Punkt erreicht, wo es richtig aussieht – dann geh noch einen Schritt weiter! Doch der *wirkliche* Trick ist, nicht zu weit zu gehen. Das ist die große Versuchung; und wenn du mit 35 mm-Filmmaterial arbeitest, ist dein Auge alles: Was du siehst, ist genau das, was du auf der Leinwand bekommen wirst – *mit Zins und Zinseszins.*"

Wir kommen an dem Kostümsack für „Gandalf den Grauen" vorbei, der laut angefügter Liste enthält: „1 Beutel; 1 Gürtel; 1 Kästchen mit Tabak und Schriftrollen; 1 Paar Stiefel; 1 Paar Gummistiefel; 2 Halstücher; 1 Hut; 1 silbernes Gewand und Umhang; 2 grüne Gewänder; 3 Unterhemden; 3 Hosenröcke; 2 Capes aus Öltuch." Ich bemerke, daß am Kleiderbügel ein kleiner Beutel mit grauer Stopfwolle für laufende Ausbesserungen befestigt ist.

„Ich verehre Gandalfs Kostüm!" sagt Ngila. „Der Stoff wurde speziell für uns in Indonesien gewebt, und wenn das Kostüm vielleicht aussieht wie ein Haufen alter grauer Lumpen, kann ich Ihnen versichern, daß eine ungeheure Arbeit darin steckt, das Kostüm so herzurichten, damit es so aussieht."

Es begann mit gründlichem Waschen. „Im Grunde genommen wurde das Tuch mehrere Male gründlich gewaschen. Als nächstes färbten wir den Stoff ein, bis er die Farbe annahm, auf die wir uns geeinigt hatten, und dann wuschen wir den Stoff noch einmal – um die Farbe stumpfer zu machen. Danach zogen wir ihn durch ein weiteres Färbebad und wuschen ihn *abermals.* Dann fingen wir *erst richtig* an!"

Die Oberfläche wurde mit Sand aufgerauht, und in die Falten des Stoffes wurden Oxide eingerieben, um die Farbschattierungen zu erzielen, die nur beim Ausbleichen entstehen. Dann wurde das Kostüm einem „Ian McKellen-Ersatz" übergezogen, damit die natürlichen Verschleißzonen markiert werden konnten – Ellenbogen, Knie, Säume und die Vorderseite, „wo sich Hände und Leben bewegen!" –, und die dann intensiv weiterbearbeitet wurden: Sie bekamen Flecken, Löcher, abgerissene Fäden.

„Als wir all das getan hatten", sagt Ngila mit einem

PRACHTGEWÄNDER UND DAMENROBEN

Lächeln, „traten wir einen Schritt zurück und warfen einen ziemlich langen prüfenden Blick auf das Kostüm. Darauf steckten wir es vermutlich abermals in den Waschzuber und fingen mit der ganzen verdammten Geschichte noch mal von vorn an."

Bis zu drei Tage waren nötig, um ein überzeugend „ruiniertes" Kostüm zu schaffen, und dann mußte dieselbe mühsame Arbeit auf die anderen Versionen des Kostüms verwendet werden, die für die Aufnahmen gebraucht wurden – im Falle Gandalfs etwa 15 –, und alle mußten auch in ihren Abnutzungserscheinungen passen.

Identische Kostüme wurden auch hergestellt für Stunt-Doubles, Reit-Doubles und die Doubles, die – wie im Fall des großen Schauspielers, der Gandalf vertrat, wenn Elijah und die anderen Hobbit-Schauspieler klein aussehen mußten – alle ein Kostüm aus demselben Stoff, aber in einem *größeren Maßstab* brauchten.

Die Frage des Maßstabs erwies sich bei dem Projekt als eines der schlimmsten Probleme. „Es war", sagt Ngila, „wie ein Puzzle – gerade hast du gedacht, du hättest es gelöst, da taucht plötzlich ein weiteres Stück auf, das du irgendwie übersehen hast."

Das bestätigt Emma Harre, eine Mitarbeiterin Ngilas, die gerade mit einem Sack voller Schuhe vorbeikommt („Gondor-Stiefel: Größe 10 und 11; Ork-Stiefel: Größe 12 und 13"): „Es hätte uns fast umgebracht", lacht sie. „Immer wenn wir am Set waren, machten wir Polaroidfotos, damit wir auf dem laufenden waren, welche besondere Version eines Kostüms die Figur auf jeder Etappe der Reise trug. Unglücklicherweise filmten sie die Etappen nicht in der genauen Reihenfolge …"

Auf der Grundlage der Drehbücher fertigten Emma und ihre Kolleginnen Diagramme, Tabellen und Landkarten an. „Das war die einzige Möglichkeit. Wenn Frodo und Sam zum Beispiel in Mordor sind, verändert sich ihre Bekleidung 27mal."

Ngila nickt zustimmend. „Ehrlich, hätte ich damals gewußt, was ich jetzt weiß, glaube ich wirklich, ich hätte die Arbeit hingeschmissen und wäre nach Hause ins Bett gegangen."

Zum Glück tat sie es nicht. Ngila nahm den Auftrag an, als sie im April 1999 aus ihrer Heimatstadt Auckland in Wellington eintraf – dazu auch noch am 1. April, wie sie betont.

Ngila war für die Aufgabe die bestmögliche Wahl, hatte früher mit Peter Jackson bei *Heavenly Creatures* zusammengearbeitet und war eine alte Freundin von Richard Taylor, denn sie hatte die Kostüme für Wetas Fernsehserien *Hercules* und *Xena* entworfen.

Von Anfang an war Ngila klar, daß das Projekt *Der Herr der Ringe* unter Zeitdruck stehen würde: Bis zum Drehbeginn waren es nur noch sechs Monate, und sie würde drei Monate brauchen, um ein Team zusammenzubekommen, mit dem sie mit der Arbeit an einer Garderobe beginnen konnte, die unzweifelhaft anspruchsvoll war.

Doch schon weinige Stunden nach ihrer Ankunft dämmerte ihr eine ernüchternde Erkenntnis. „Ich sah, daß das Design des Films bereits durch Alan Lee und Weta Workshop vorgezeichnet war. Alle eigenen Design-Ideen konnte ich getrost vergessen. Ich wurde unglaublich pragmatisch, kam zu dem Schluß, daß ich bestenfalls hoffen konnte, ausführendes Organ zu sein, und darauf vertrauen mußte, daß guter Wille und Naivität mir irgendwie durchhelfen würden."

Doch wie sich herausstellte, durchlief der Film während der Dreharbeiten so viele Entwicklungsphasen, daß sich Ngilas Beitrag als weit größer erwies, als sie anfänglich gedacht hatte. Sogar gleich zu Beginn gab es für sie einen Ausgleich: Da ein Stil für die Hobbits noch nicht festlegt war, fiel diese Aufgabe umgehend in Ngilas Verantwor-

KAPITEL 6

tung. Trotzdem war es ein problematischer Auftrag, mit dem sie beginnen mußte. Die Hauptschwierigkeit bestand darin, die Hobbits in einem Reich anzusiedeln, das eine bunte Mischung von Kulturen einschloß und folglich viele unterschiedliche Arten, sich zu kleiden. Man stelle sich vor, die Figuren eines Dickens-Romans würden auf eine Reise geschickt, die sie in die Skakespeare-Zeit versetzt. „Die Hobbits", sagt Ngila, „wandern durch die Zeit, und man muß wirklich glauben, daß sie diese Landschaft durchqueren und all den anderen verschiedenen Leuten begegnen können, ohne daß jemand sie anschaut und sagt: ‚Was hast du für komische Kleider an.' Ich glaube, am Ende ist es nur die liebliche Poesie dieser kleinen Kerle, die uns das alles begreifen läßt."

Ngila arbeitete gegen die Uhr und entwarf ein Hobbit-Bild: „Ich sah sie als ein ländliches, ungeschliffenes, wunderbar farbiges und kindliches Völkchen, das in eine Welt aufbricht, die zunehmend schwärzer und öder wird. Ich beschloß also, sie im englischen Stil auszustaffieren – zeitlich irgendwo zwischen dem späten 17. und dem frühen 18. Jahrhundert angesiedelt –, die Kleidung aber gerade so nachlässig, daß sie ein wenig verpfuscht wirkte: zu kurze Ärmel und Hosenbeine und hochangesetzte Taschen."

Der Prozeß des Entwerfens begann, wie bei allen Kostümen, mit den Schauspielern selbst. „Zuerst zeichne ich die Darsteller. Ich muß sie alle kennen, und ich muß eine Vorstellung davon haben, wie sie ihre Figuren darstellen werden. Wenn ich die Körperlichkeit eines Schauspielers vollkommen begriffen habe, dazu das, was diese Person in ihre Rolle einbringen wird, dann kann ich mir das voll und ganz zunutze machen."

Der Einkauf des Materials war nicht einfach: „Die Entfernungen machen das in Neuseeland schwierig. Natürlich hatten wir eine Liste von allem, was wir brauchten; wir wollten zum Beispiel Seiden- und Seidensamtstoffe für die Elben, Wollstoff von hoher Qualität und echten Samt für die Leute von Edoras, aber andererseits suchten wir nach vielen anderen für uns interessanten Materialien."

Was von diesen ursprünglichen Stoffen übrigblieb („weniger als fünf Prozent von allem, was wir kauften"), ist jetzt säuberlich in Regalen verstaut: Silber-Crêpe-Stoffe; goldfarbene Polyesternetze; Brokat; Wolle; Gingan für Hobbitkinder; farbigen Samt für Bilbos Westen und unzählige Ballen glitzernden, schimmernden Stoff. „Wir kauften ziemlich viel weißen Samt", erklärt Ngila und deutet auf eine besondere Stoffrolle. „So konnten wir den Stoff färben, wie wir wollten. Doch wir fanden auch grauen Samt, dem wir durch Färbung eine wunderbar intensive nachtblaue Farbe verleihen konnten. Wir färbten so ziemlich alles: Wir wuschen in mehreren Arbeitsgängen die ursprüngliche Farbe aus, fügten neue Farben hinzu und ließen sie ausbleichen – im Grunde nahmen wir *neue* Materialien und ließen sie *antik* aussehen."

Nachdem der ursprüngliche Entwurf gebilligt war, machte sich die Kostümabteilung – anfangs ein Team von acht Personen, das aber rasch auf 50 anwuchs – daran, von jedem Kostüm drei Variationen anzufertigen, damit Peter, Fran und Philippa sie begutachten konnten.

PRACHTGEWÄNDER UND DAMENROBEN

Eines von Frodos Kostümen zum Beispiel bestand aus einer Jacke, einer Weste und einer Hose aus weichem grauen Tuch („gedeckte, aber satte Farben"), eine zweite Version wies blaue und kastanienbraune Töne auf („kräftiger und heiterer"), eine dritte verwendete ganz andere Stoffe und hatte einen anderen Farbton, irgendwo zwischen grau und blau. „Die Unterschiede", sagt Ngila, „waren oft minimal, aber für Peter immer wahrnehmbar. Das war die Herausforderung: etwas zustande zu bringen, das zu den Ideen paßte, die er im Kopf hatte. Um meiner selbst willen achtete ich strikt darauf, daß ich mit allen Wahlmöglichkeiten glücklich sein konnte. Mit welcher auch immer er übereinstimmte, sie war für mich ‚1. Wahl' – eine ‚2. Wahl' kam für mich nicht in Frage. Und die ausgeschiedenen Kleidungsstücke landeten am Ende (entsprechend geändert) bei einem der Statisten."

Die Anforderungen waren hoch – zuerst mußten mehr als 100 Hobbitkostüme angefertigt werden: nicht bloß für die Hauptdarsteller und ihre verschiedenen Doubles (eine Schablone für die Verkleinerung der Hobbit-Knöpfe war bloß eine winzige Hürde), sondern auch für alle Bewohner Hobbingens und alle Besucher des Festes.

Die Zeit drängte. Garderobenchefin Janis MacEwan, die unser Gespräch mitanhört, setzt den Kasten (mit der interessanten Beschriftung „Galadriel-Ersatzunterwäsche"), den sie trägt, ab. Sie durchlebt den Horror noch einmal: „Die Vorbereitungszeit, ehe die Dreharbeiten begannen, sollte ursprünglich zwölf Wochen betragen; dann wurde sie auf sieben Wochen verkürzt, und jetzt fing die Hetzerei wirklich an. 50 Leute arbeiteten auf Hochtouren und hatten nicht mehr als zwei Tage, um ein Kostüm fertigzustellen, an dem alles stimmte. Alle stickten wie verrückt, steppten und flochten, bezogen Knöpfe, machten Ösen, umnähten Riemen …"

„Wissen Sie", sagt Ngila, „ich kann jetzt, da wir darüber reden, die Hysterie förmlich spüren."

Während Emma und andere zusammen mit Ngila anfingen und dem Projekt bis zum Ende treu blieben, gab es auch Leute, die dem Tempo einfach nicht gewachsen waren. In der hektischsten Phase der Dreharbeiten verlor Ngila 10–15 Prozent ihrer Mitarbeiter: „Zuerst waren es die Männer, die zum Aussteigen neigten. Ich glaube, Frauen arbeiten härter als Männer, sie haben ungeheure Kraftreserven; aber bei ihnen herrscht immer eine Atmosphäre emotionaler Hochspannung: es gibt mehr Gelächter, aber auch viel mehr Tränen."

Es war eine verrückte Zeit – 1500 Statisten an drei verschiedenen Drehorten in Queenstown auszustatten und, was vielleicht das Schlimmste war, der 36 Stunden lange Tag, an dem sich die Abteilung damit herumschlug, für Legolas ein Kostüm zu entwerfen, anzufertigen – und noch einmal zu machen.

„Das bereitete allen großen Kummer", erinnert sich Ngila. „Die Dreharbeiten sollten beginnen, und man war sich noch nicht einig, wie Legolas aussehen sollte. Wir arbeiteten die Nacht durch und den halben folgenden Tag; Leute gingen nach Hause, um ein paar Stunden

KAPITEL 6

zu schlafen, kamen wieder, irgendwie ging es weiter. Das war kein Ort, an dem man sich gern aufhielt, aber manchmal mußt du dich einfach im Meer treiben lassen und versuchen, nicht an die Haie zu denken, die dich umkreisen ..."

Die Elben waren wirklich problematisch. „Sie sind großgewachsen, androgyn, Jahrhunderte alt, doch alterslos! Wie überträgst du das alles auf einen Film? Da tanzte, Gott sei dank, Cate Blanchett herein, gefolgt von Hugo Weaving, und plötzlich wußten wir, daß wir ein Paar perfekter Elben gefunden hatten. Diese beiden lieferten uns endlich die Definition des Typus ‚Elb' und wir konnten uns einen Design-Stil ausdenken, kostbar und verschwenderisch, und von dem wir wußten, daß er stimmig war."

Dieses Aussehen beeinflußte auch den Kostümentwurf für Aragorn, der zwar kein Elb, aber von Elrond unter den Bruchtal-Elben aufgezogen worden war.

„In völligem Gegensatz zu Boromirs Kostüm", bemerkt Ngila, „das die strengen Sitten und Bräuche Gondors ausdrückt, wollte ich, daß Aragorns Kostüm eine Spur von der ‚Leichtigkeit' der Elben aufwies – als wäre das eine Eigenschaft, die sich im Lauf der langen, unter Elben verbrachten Jahre auf ihn selbst übertragen hätte."

Als Viggo Mortensen – der sich tief in die Figur des Aragorn versenkte – fragte, ob er sich selbst um sein Kostüm kümmern dürfe, war die Abteilung überrascht. „Es war eine ungewöhnliche Bitte", sagt Ngila, „aber für Viggo war es wichtig und damit auch wichtig für uns. Wer weiß, vielleicht lag es daran, daß er Aragorns Kostüm selbst wusch und flickte, daß er auf so vollkommene Weise hineinschlüpfte – wirklich in einem Maße, daß sein Kostüm fast mit seinem Körper verwachsen zu sein schien." Ngila hält einen Augenblick nachdenklich inne. „Wissen Sie", fährt sie schließlich fort, „ich glaube wirklich, daß ein individuell geprägtes Kostüm unglaublich schön ist. Es erscheint vielleicht komisch, etwas, das so abgetragen und zerschlissen, so zusammengenäht und geflickt ist, als schön zu bezeichnen – aber für mich ist es das ..."

Für einen Kostümbildner liegt die wirkliche Qualität der Schönheit vielleicht im Stoff – Ngila spricht zumindest sehr viel davon. „Es ist unglaublich, was ein Stoff bewirken kann", sagt sie und greift nach einem Bündel von Sarumans weißen Gewändern. „Schauen Sie sich das an: Moiré-Seide, gewebte Seide, bestickte Seide, Stoff auf Stoff auf Stoff, bis das Ganze fast unterschiedliche Färbungen annimmt."

Um durch Verwendung mehrerer Stoffqualitäten solche Effekte zu erzielen, waren verschiedene Techniken und handwerkliche Präzision erforderlich: Einige Stoffe wurden mittels Siebdruck mit Mustern, andere mit Cornelli verziert; bei dieser Technik werden vorgezeichnete Muster mit Fäden überstickt, um den Eindruck üppiger, erhabener Stickerei hervorzurufen.

Prachtgewänder und Damenroben

Als mit dem Film *Die zwei Türme* die Kultur von Rohan hinzukam, sahen sich Ngila und ihr Team neuen Herausforderungen gegenüber, vor allem in der Person von König Théoden, gespielt von Bernard Hill. Théoden, ein gebrochener Herrscher, ist der Sklave des bösen Gríma Schlangenzunge, bis er von Gandalf dem Grauen erlöst und wieder eingesetzt wird.

„Wenn wir Théoden zum erstenmal begegnen", sagt Ngila, „sehen wir ihn als einen verschrumpelten alten Mann, der unfähig ist, irgendeine Entscheidung zu treffen. Ich wollte, daß er wie ein Mann aussah, der nie aus seinem Bademantel rauskam. Also machten wir ihm eine Robe aus drei Lagen Stoff, alle in ausgebleichten Farben – so wurden dunkelbraune Töne senffarben und kräftiges Gold kränklich-gelb, während die kunstvollen Stickereien vom Alter so vergilbt waren, daß nur noch ein winziger Hauch ihrer früheren Pracht erhalten war. Und als Höhepunkt verpaßten wir ihm einen weiten Mantel mit einem Kragen, der aussieht, als wäre er aus Rattenfell."

Jasmine Watson, in der Kostümabteilung für Schmuck zuständig, machte ihm eine schöne Krone, die dann rücksichtslos von der Patina befreit wurde. „Wir hatten nur eine Krone", erklärt Ngila, „mußten also sehr darauf achten, daß wir alles, was wir benutzten, später entfernen und die Krone so polieren konnten, daß sie bei Théodens Verwandlung in vollem Glanz erstrahlte. Am Set gab es eine Schrecksekunde, als die winzigen Pferde-Embleme auf der Krone unerwartet zu schwinden begannen."

Nachdem er von dem Zauber erlöst ist, der ihn so lange beherrschte, ist Théoden, ein Mann mittleren Alters, wie neugeboren und voller Kraft, wirft seine langen, staubigen Roben ab und kleidet sich statt dessen in ein kürzeres Gewand mit einem Cape, deren Zuschnitt Tatkraft signalisieren und die aus farbenfrohen, kostbar geschmückten Stoffen gefertigt sind, dem Kriegerkönig angemessen, zu dem er wieder geworden ist.

Die Aufgabe, ein Kostüm für Gríma zu entwerfen, Théodens doppelzüngigen Ratgeber (dargestellt von Brad Dourif), bereitete Ngila Vergnügen. „Ich wollte, daß er wie eine kriecherische, barbarische Kreatur aussah, die elegant gekleidet war, sich aber nie wusch. Sein Leinenhemd war verschmiert, schmutzig und äußerst abstoßend – ich bin froh, sagen zu können, daß es ein fast perfektes Beispiel für ein katastrophales Kostüm war."

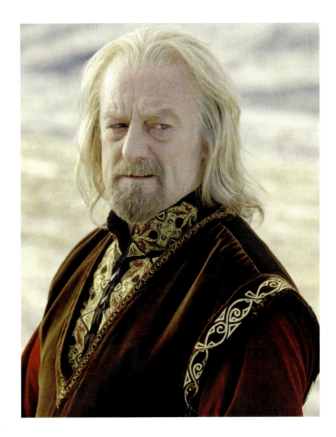

Alle Details an Grímas Kostüm trugen dazu bei, die Monstrosität seines Charakters zu vermitteln. „Die Ärmel des Untergewandes stauchten sich auf seinen Händen, verstärkten den Eindruck böser Absichten, während das Obergewand – schwarzer, goldgefleckter Samt – ein fischschwanzartiges Anhängsel hatte, das hinter ihm über den Boden schleifte. Dazu kam ein hoher gerüschter Samtkragen, so daß sein Hals in seinen Schultern zu verschwinden schien; das erzeugte die Illusion einer buckligen Mißbildung."

Trotz der Raffinesse und Feinheit, mit der die Stoffe verwendet werden, sind diese Kostüme kennzeichnend für Ngilas Entschlossenheit, über-komplizierten Entwürfen zu widerstehen.

„Ich gehöre nicht zu den Designern", sagt sie mit Nachdruck, „die wollen, daß ihre Arbeit auf der Leinwand alles aussticht. *Außer …*" Sie bricht mitten im Satz ab und lacht. „*Außer* natürlich, wenn es um eine *Damenrobe* geht!"

Mochte das Gewand Galadriels die Lösung des „Elben-Problems" gewesen sein, so war das Entwerfen der Kostüme für Liv Tyler als Elbenprinzessin Arwen eine fortdauernde Suche, ein Schwanken zwischen verschiedenen Möglichkeiten, weil man nicht genau wußte, wie diese

Kapitel 6

Figur im Film dargestellt werden sollte. Zu Anfang sah das Drehbuch sie als Kriegerprinzessin in einer langen fließenden Robe. „Das Kleid begrub sie fast unter sich", erinnert sich Ngila. „Liv war mit all diesen Waffen beladen, und jedesmal wenn sie sich umdrehte, trat sie auf den Rocksaum, oder ein langer Ärmel schlug ihr ins Gesicht."

Als sich ihre Rolle zu der entwickelte, wie sie schließlich auf der Leinwand zu sehen ist, gelang der Kostümabteilung das, was Ngila eine „Erfolgskette" nennt. Man griff nämlich zu einer Farbgebung, die weniger mit dem Grau, Grün und Gelb harmonierte, die man für die Elben verwendet hatte (Farben, die Liv weniger gut standen), sondern benutzte ein kräftiges Rot und ein tiefes Blau. „Wenn sie diese Kostüme trägt", sagt Ngila, „ist die Wirkung – bei diesem wunderbaren Gesicht mit den strahlenden Augen – einfach verblüffend!"

Die Entscheidung erwies sich als zentraler Punkt. „Es war phantastisch und andererseits *schrecklich*, weil Peter, als er schließlich an unseren Ideen Gefallen fand und sich immer mehr mit diesen Prachtroben anfreundete, sogleich damit begann, mehr Szenen mit Arwen zu planen – was wiederum weitere Kostüme erforderlich machte."

Ähnliche Entscheidungen mußten auch für Éowyn, dargestellt von Miranda Otto, getroffen werden, die sowohl das feminine als auch das heroische Element verkörpert. „Miranda war ein Traum", begeistert sich Ngila. „Sie schlüpfte in diese Roben und verwandelte sich sofort in die Figur der Éowyn. Ich sehe sie noch dieses riesige grüne Kleid anziehen und ihr unverstelltes Entzücken darüber, sich schön zu fühlen und zu spüren, wie sie die Persönlichkeit Éowyns annahm."

Das ist eine Erfahrung, die Ngila sehr vertraut ist. „Schauspieler sind nervös, wenn sie zum erstenmal bei mir erscheinen: Sie meinen sich am äußersten Ende der Welt zu befinden und wissen nichts mit mir anzufangen. Habe ich sie aber erst einmal in ein Kostüm gesteckt, kann ich ihnen die Erleichterung von den Gesichtern ablesen, wenn ihnen klar wird, daß sie in diesen Kleidern arbeiten, die Figur sein können. Das versetzt mir meinen Adrenalinstoß!"

Im Rückblick auf zwei Jahre Arbeit am *Herrn der Ringe* ist es nicht ganz leicht, die Zeit der Anspannung und Wut zu vergessen. Da waren Woche für Woche die ermüdenden Anforderungen, wie zum Beispiel der Umweg zu einer Wäscherei am anderen Ende der Studiogebäude, weit weg von der Garderobe. Da gab es diese Gott sei Dank seltenen Augenblicke absoluter Katastrophen, etwa ein Anruf mitten in der Nacht, der meldete, das Kostümzelt am Drehort Helms Klamm sei weggeweht worden und Ork-Geräte lägen überall in der Umgebung herum.

Aber es gibt auch eine Menge schöner Erinnerungen: „Cate, die das Kostüm Galadriels, aber Plateauschuhe (um größer zu wirken) und Ringelsocken trägt (um es wärmer zu haben) und in Lothlórien herumtrödelt; Ian McKellen, der sich mit diesem verrückten Hut abplagt; Elijah morgens um 5 Uhr in der Garderobe, jeden Morgen, sechs Tage die Woche; erschöpfte Färber, die zum hundertsten Mal Stoffe aufs neue ins Färbebad tauchen …

Und jeder tut es für Peter! Es ist außergewöhnlich!"

Ngila lacht leise „Und - siehe da! – wir haben es überlebt!"

Der Hut im Mülleimer

Der schwarze Mülleimer trägt die freche Aufschrift: „GANDALFS HUT. OBERSEITE UNTEN!"

„Wo, bitte schön, soll man einen solchen Hut aufbewahren?" fragt Ngila Dickson. „Schließlich fiel uns die endgültige Lösung ein: in einem Mülleimer, verkehrt herum, mit Zeitungspapier ausgestopft! Die Aufschrift ist das Symptom eines immerwährenden Albtraums, daß jemand genau das tun wird, was man mit einem Mülleimer machen soll – ihn *ausleeren!*"

Den Hut nachzubilden, den Gandalf auf Illustrationen von John Howe trug, war eine problematische Kreation. „20 Variationen, bevor wir ihn richtig hinkriegten", schaudert es Ngila, „und danach gab es eine Menge ‚Schlechte Hut-Tage'! Wie Ian McKellen es schaffte mit dem Ding auf dem Kopf zu spielen, werde ich nie wissen."

„Ich *liebte* den Hut!" lacht Ian. „Er mußte aussehen, als hätte man ihn rückwärts durch eine Hecke gezerrt – eigentlich durch mehrere Hecken –, und als wir fertig waren, sah er auch exakt so aus."

Der Hut war erstaunlich vielseitig verwendbar: „In Bilbos Party-Szene vollführte ich damit ein paar Zauberkunststücke und zog wie ein Hexenmeister ein paar Dinge daraus hervor, um die Hobbit-Kinder zu unterhalten; in den Schneeszenen dagegen erwies er sich als ein sehr nützlicher Schirm. Tatsächlich, mir kamen eine Menge Ideen, wie ich ihn nutzen konnte, wenn ich ihn trug – ich dachte sogar daran (da er ja ein Zauberhut sein konnte), ihn als bodenlosen Rucksack zu tragen und allerlei Zeug darin aufzubewahren – wie Mary Poppins in ihrer Reisetasche."

Ich erwähne, John Howe habe angemerkt, Gandalfs Hut sei das letzte Überbleibsel von des Zauberers Persönlichkeit, wie sie von Tolkien ursprünglich im *Hobbit* beschrieben worden sei; in den Minen von Moria, so der Künstler, habe Ian ihn weggeworfen, als wollte er endlich den alten Gandalf abwerfen.

„Nun ja", antwortete Ian, „es war klar, daß ich den Hut nicht tragen würde, wenn ich in die Klauen des Balrogs geriet, also mußte ich ihn irgendwann loswerden, und der Augenblick vor Gandalfs hitzigem Kampf in den Minen erschien mir so geeignet wie jeder andere."

Er wirft einen liebevollen Blick auf den Mülleimer und fügt hinzu: „Es stand natürlich außer Frage, daß der Hut, hätte Gandalf der Weiße ihn je getragen, wirklich nicht zu seiner übrigen Aufmachung gepaßt hätte."

95

Die weiße Herrin von Rohan

Als Ngila die Kostüme für Éowyn, Schildjungfrau von Rohan, entwarf, griff sie auf Tolkiens Beschreibung der Gestalt zurück – mit goldenem Haar, gekleidet in Weiß mit einem silbernen Gürtel und „schön und kühl" aussehend. Das Ergebnis: ein schlichtes, doch aufregend eindrucksvolles weißes Gewand, in dem Miranda Otto in den *Zwei Türmen* zum erstenmal auf der Leinwand erscheint, vom hoch über dem Hof von Edoras kreisenden Hubschrauber aus mit einem Schwenk gefilmt.

„Von da an", sagt Ngila, „verliehen wir diesem ein wenig ausgelassenen, lebhaften Geschöpf das volle Maß königlicher Würde, wie sie es bei der Beisetzung ihres Vetters Théodred zeigt, indem wir sie in mehrere Lagen kostbarer prächtiger Stoffe hüllten. Schleier, Schmuck und Krone machten ein Ensemble komplett, das Tradition und rituelle Form ausdrückte."

Für Miranda waren diese Kostüme der Ausgangspunkt für das Suchen und Begreifen ihrer Figur. „Ich kam in Neuseeland an, belastet mit verschiedenen persönlichen Problemen, und fragte mich, wie ich es schaffen sollte, diese emotional komplizierte, furchtlos entschlossene Figur darzustellen. Ganz einfach. Ngila verwandelte mich. Sie wendete viel Zeit auf, um die Halslinien und Ärmellängen, jede erdenkliche Einzelheit zur Vollendung zu bringen, damit sie exakt auf mich zugeschnitten waren. Es war mitten in der Garderobe und im Schwertkampfunterricht, als ich in einem sehr körperlichen Sinn zu begreifen anfing, wer diese Frau war."

Schauspielerin und Kostümbildnerin stellten rasch fest, daß sie ähnliche Vorstellungen hatten: „Nach einer Anprobe", erinnert sich Miranda, „ging ich fort und dachte, es wäre vielleicht gut, auf einen Stoff zurückzugreifen, den

wir uns bereits früher angeschaut hatten – doch als ich zur nächsten Anprobe kam, stellte ich fest, daß Ngila genau das bereits getan hatte."

Es war die Wahl der Farben und Stoffe, durch die Éowyn und Arwen voneinander abgegrenzt wurden. „Wir kamen zu dem Schluß", sagt Miranda, „daß man bei Éowyn, da sie ein sterblicher Mensch war, das Gefühl haben mußte, man könne die Hand ausstrecken und sie berühren; das ist bei Arwen und Galadriel anders, die Elben sind und die man darum eher als unwirklich oder wie eine Täuschung durch das Licht empfindet."

Ngilas Verwendung von natürlichem Material (Wolle, Nessel, Samt und Brokat) signalisierte Wärme, Erdverbundenheit und Herrschertum ebenso wie ein Gefühl der Gefangenschaft – eine Frau, die unlösbar an ihre Pflicht gebunden ist.

„Das Kleid zur Beerdigung", sagt Miranda, „war *sagenhaft*. Es hatte eine eigene Persönlichkeit – dunkel und schwer, schön, aber erstickend – und gab mir Haltung; es ließ mich aufrecht stehen, drückte mich aber auch gleichzeitig nieder, voller Tradition und Leid. Im Gegensatz dazu schien das weiße Gewand Éowyns Gemüt eher zu entsprechen: rein, kalt, erdverbunden – doch im Inneren ungezügelt."

„Als Kind", erinnert sich Miranda, „malte ich mir immer aus, ich wäre eine mittelalterliche Prinzessin, und dann, wie Sie wissen, ging dieser Wunsch in Erfüllung – dank Ngilas Schöpferkraft."

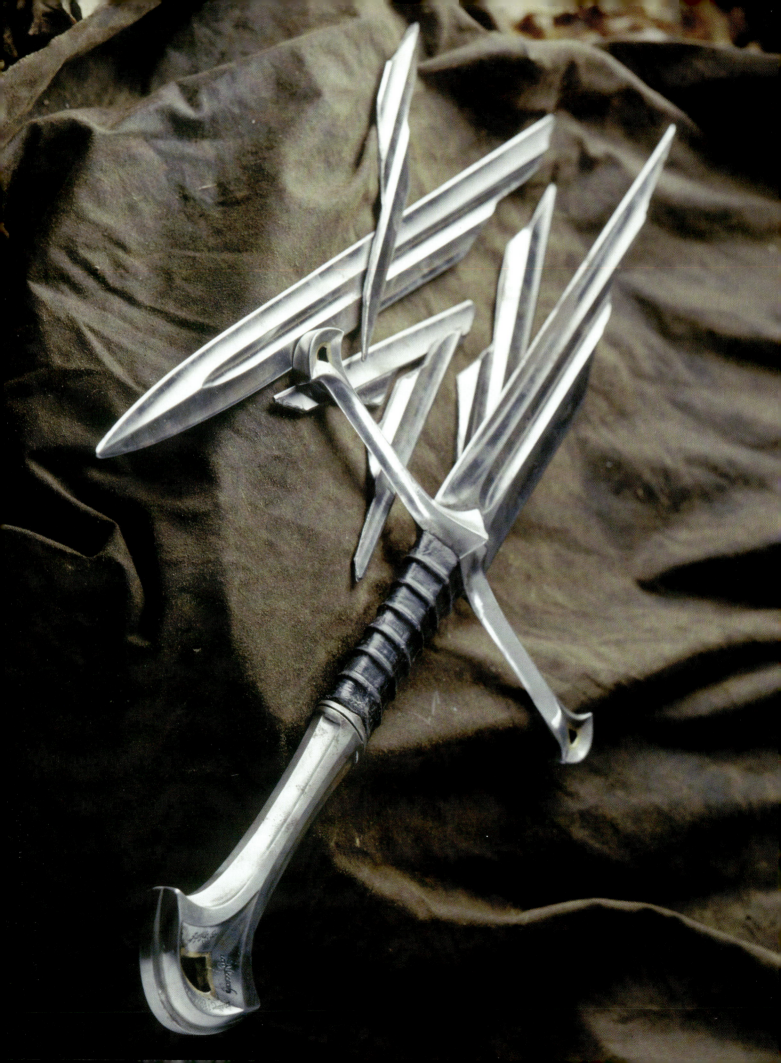

KAPITEL 7
Rüsten für den Ringkrieg

„Das ist ‚das Schwert, das zerbrochen wurde'", sagt Richard Taylor, „und zerbrochen, zerbrochen und *wieder* zerbrochen!" Wie es scheint, hat Weta nicht weniger als fünf Versionen von Narsil angefertigt, dem Schwert Elendils, das von Sauron zertrümmert und dann von Isildur benutzt wurde, um den Einen Ring von der Hand des Dunklen Herrschers zu schneiden. Richard erklärt: „Wir mußten fünf Versuche machen können, das Schwert zu zerbrechen, ohne die Kamera-Crew warten zu lassen."

Wir sind umgeben von Rüstungen und speziell angefertigten Kisten, die einen kleinen Teil der für den Film benötigten Waffen enthalten und die jetzt alle in einem der 28 begehbaren Container im Hof verstaut sind.

Das ist eine Menge Stauraum, aber es ist auch schrecklich viel unterzubringen: „Wir entwarfen und produzierten 48 000 Rüstungen und hatten vier Leute, die zehn Stunden am Tag bloß Kettenpanzer herstellten. Wir produzierten auch 2000 Waffen, darunter Schwerter, Speere, Piken und Keulen, Langbogen, Armbrüste, Dolche, Messer und Äxte."

Wie alles bei Weta sind auch hier die nackten Zahlen überwältigend, die Philosophie hingegen ist eindeutig. „Die Anforderungen waren unglaublich komplex – was die nötigen Mengen angeht und die verschiedenen Maßstäbe, die wir zugrunde legen mußten –, aber wir hatten beschlossen, daß unsere Arbeit nicht wie ein üblicher Fantasy-Film aussehen sollte, wie er dutzendweise in den Studios von Hollywood produziert wird. Dies sollte kein Film im Stil von *Conan der Barbar* sein: Wir wollten die Zuschauer spüren lassen, daß das Leben in Mittelerde real und ernst war, wenn es um Krieg ging. Ein Schwert ist in erster Linie etwas, mit dem man sich gegen einen Feind verteidigt; darum muß es, unabhängig von Verzierungen oder Schnörkeln, absolut funktionsfähig sein."

Die Aufgabe war schwierig: „Ich würde es als einen heiklen Balance-Akt beschreiben", sagt Richard, „einerseits zu versuchen, Gegenstände zu schaffen, die wirklich individuell aussehen, andererseits sie kostengünstig und in unglaublichem Tempo in großen Mengen herzustellen. Verblüffenderweise gelang uns das, obwohl wir täglich massenhaft Gegenstände produzierten, Erzeugnisse vieler sehr verschiedener Kulturen, die allesamt authentisch wirkten."

Man traf früh die Entscheidung, eine Gießerei einzurichten, die moderne Energiequellen einsetzte, um die von Blasebälgen betriebene Schmiede zu ersetzen, die von mittelalterlichen Waffenschmieden benutzt wurde. Und dann suchten sie nach geschickten Handwerkern, die mit Hammer, Amboß und rotglühendem Metall arbeiten konnten.

Richard brauchte nicht lange, bis er Peter Lyon fand, einen Waffenschmied, der Waffen für Gruppen herstellte, die historische Stücke aufführten, und erst kürzlich unweit des Weta-Geländes eine eigene Werkstatt eröffnet hatte.

Dann stieß Richard auf *Heathen Irons,* den Katalog eines anderen neuseeländischen Waffenschmieds, Stu

Kapitel 7

Johnson, und lud ihn zu einem Besuch ein. Er war ein wenig überrascht, daß Stu und seine Freundin in vollständigen Plattenpanzern aus dem Auto stiegen. „Ich nahm sie auf einen zweistündigen Rundgang mit", lacht Richard, „und sie schepperten in ihren Rüstungen, daß ich ernsthaft Angst bekam, sie könnten vor Erschöpfung umkippen. Aber nichts davon, und ich brauche wohl nicht zu sagen, daß ich Stu auf der Stelle engagierte."

Peter und Stu fingen an – in Zusammenarbeit mit Art Director Kayne Horshan, dem Chef für Rüstungen und Waffen Gary Mackay, dem Waffenschmied Warren Green und dem Sattler Mike Grelish –, Entwürfe und Prototypen herzustellen. An diesem Punkt stieß John Howe als künstlerischer Designer zum Projekt.

Nicht nur, daß John mit der Überlieferung Mittelerdes gründlich vertraut ist, er spielt auch in der Companie von Saynt George eine aktive Rolle, die in seiner Schweizer Heimat wieder mittelalterliche Stücke auf die Bühne bringt.

„Johns Ankunft", erinnert sich Richard, „war für Weta ein fundamentales, alles veränderndes Ereignis. Denn alle aus unserem Team, die wir in Neuseeland aufgewachsen waren – einem jungen Land mit einer Kultur, der alle Traditionen der europäischen Geschichte und Literatur fehlten –, konnten kaum mehr tun, als unsere Inspiration aus Büchern, Museumsfotos und der Art von Filmen beziehen, die man in der Vergangenheit drehte. Da trat John in unser Leben – wie ein Abgesandter aus dem Mittelalter."

„Wir wußten nichts über Schwertkampf", bemerkt Richard ruhig, aber aufrichtig. „Wir wußten überhaupt nichts – wir kannten nur das, was sie in den Filmen machen. Alles Historische erscheint genauso uninteressant, bezaubernd und schick wie in einem Hollywood-Film. Für die meisten Filmemacher ist Geschichte *langweilig*." Folglich, glaubt John, hätten wir die Realitäten der mittelalterlichen Kriegführung nicht begriffen: „Wir stellen uns vor, daß ein Zweikampf darin besteht, mit stumpfen Prügeln aufeinander einzudreschen. Zum Beispiel kannst du nicht zwei Schwerter aufeinanderprallen lassen, ohne daß beide schwer angekratzt werden; auch wird die eine Klinge nicht an der anderen abgleiten, so schräg du sie auch hältst – statt dessen werden zwei zakkige Kerben zurückbleiben. In Filmen siehst du Krieger die ganze Zeit herumspringen, sich hin- und herdrehen! Das macht mich verrückt! Du würdest dich niemals umdrehen, wenn du mit jemandem kämpfst, einfach weil dir der andere Bursche dann das Schwert von hinten auf den Schädel hauen würde."

Über solche Fragen wurde bei Weta sofort mit John diskutiert: „Wir sprachen darüber, was historische Dinge interessant macht und was Phantasie – besonders Film-Phantasie – so schrecklich macht. Wir konzentrierten uns auf den Versuch, Waffen zu entwerfen, die eindeutig dazu bestimmt waren, sie jemandem in die Eingeweide

RÜSTEN FÜR DEN RINGKRIEG

zu stoßen, und Rüstungen herzustellen, die dazu bestimmt waren, deine eigenen Eingeweide davor zu schützen, durchbohrt zu werden."

Für die Handwerker war es eine erfrischende, wenn auch schwierige Erfahrung, ihr handwerkliches Geschick Johns kompromißloser Prüfung auszusetzen. Doch jede Befürchtung erwies sich als gegenstandslos: „Es gibt eine Methode, um festzustellen, ob ein Waffenschmied gut ist", bemerkt John. „Bitte ihn, dir die Stücke zu zeigen, die er für den Unterschenkel angefertigt hat. Es ist eine schwierige, nahezu *unmögliche* Aufgabe, die Form der Wade, des Schienbeins und des Knöchels zu kennen und dann etwas zu schaffen, das sich alldem anpaßt – aus Metall! Wenn er das schafft, kann er vermutlich alles machen. Peter Lyon zeigte mir Muster seiner Arbeit, und ich wußte sofort, daß er sich darauf verstand."

Die Weta-Handwerker freundeten sich mit John an

und waren für seine Anleitung dankbar. „Wir kamen gut miteinander aus, und sie begriffen rasch, daß der *wirkliche* Gebrauch von Schwertern genauso aufregend sein konnte wie das verrückte Zeug, das sie in Filmen damit anstellen. Tatsächlich begriffen sie derart schnell, daß sie in mein Studio kamen, sich ansahen, was ich zeichnete, und sagten: ‚Bist du sicher, daß das funktioniert?' oder ‚Das sieht ein bißchen albern aus!' Das war wirklich aufregend."

Mit Johns Hilfe, der für wertvolle und herausfordernde Inspirationen sorgte, begann Weta, eine außerordentliche Vielzahl von Rüstungen und Waffen herzustellen: Viele der aus Stahl geschmiedeten Stücke wurden dann mit komplizierten Mustern verziert oder mit Runen und Elbenschrift graviert.

Um genügend Waffen und Rüstungsteile für die gro-

ßen Heere, die im Film gezeigt werden, zur Verfügung zu haben, wurden anschließend von den ursprünglichen handgeschmiedeten Gegenständen Gußformen hergestellt, damit sie massenweise aus Polyurethan produziert werden konnten. Ebenso wurden die für die Hauptfiguren charakteristischen Waffen für die Stunt-Darsteller als Replikate hergestellt und – aus Gründen der Sicherheit und des geringeren Gewichts – auch von den Darstellern in langen Einstellungen benutzt. Die einzige Ausnahme von dieser Regel bildete Viggo Mortensen, der darauf beharrte, Aragorns „Heldenwaffe" *die ganze Zeit* während der Dreharbeiten zu tragen. „Wir freuten uns sehr", sagt Richard, „daß Viggo sich seiner Darstellung des Aragorn so sehr verschrieben hatte, daß er sein Schwert so behandelte, als hinge sein Leben davon ab."

Kapitel 7

Richard mißt der Beziehung eines Schauspielers zu der Waffe, die er tragen muß, große Bedeutung bei. So wurde zum Beispiel ein Schwert für Denethor hergestellt, dem Statthalter von Gondor und Vater Boromirs und Faramirs, obwohl er es nie vor der Kamera ziehen würde. „Natürlich", sagt Richard, „hätten wir Denethor einfach eine Scheide mit einem Griff daran geben können, aber Sie wissen genau, was passiert, wenn der Schauspieler den Griff packt, *und das Schwert kommt nicht raus:* Er wird das Gefühl haben, bloß ein Statist zu sein. Weil wir wollten, daß John Noble, der in der *Wiederkehr des Königs* den Denethor spielt, die Autorität seiner Stellung im Schwert des Statthalters verkörpert sieht, haben wir es für ihn gemacht."

Richard zieht Denethors Schwert und schwingt es, daß sich das Licht darin fängt, und steckt es wieder in die Scheide. „Abgesehen von John Noble und den Leuten von Weta sind Sie wahrscheinlich die einzige Person, die diese Klinge je sehen wird."

Die Reihe von Schwertern ist eindrucksvoll, die für die Filme angefertigt wurden, und reicht vom Schwert, das Aragorn als Waldläufer trägt (Richard beschreibt es als „schlichtes, funktionales Design, leicht genug, um über größere Entfernungen getragen werden zu können, aber sehr, sehr kraftvoll"), bis hin zu den feinen Elben-Messern, die die Hobbits in Lothlórien geschenkt bekommen. Sie hängen an Gürteln, die mit einem Motiv verschlungener Blätter verziert sind und Schließen in Form sich öffnender Blüten haben, während die Hefte aus südafrikanischem Holz mit edlen metallenen Intarsien versehen sind; im Fall von Merry und Pippin bleiben die Messer erhalten und werden von Aragorn in der Asche des Scheiterhaufens gefunden, auf dem die Rohirrim Ork-Leichen verbrannten.

„Unsere Design-Philosophie für alle Waffen war", sagt Richard, „das Phantastische zu vermeiden, jedoch gleichzeitig Neues auszuprobieren, so wie die Dolche, die wir für Gríma Schlangenzunges Handlanger machten."

Da in Théodens Goldener Halle in Edoras Waffenverbot herrscht, sind diese Waffen gebogen, um sich der Form des Armes anzupassen und in den Ärmeln der langen, kuttenähnlichen Gewänder der Handlanger versteckt werden zu können. „Sie sind wie Tigerkrallen", sagte Richard. „Der Griff ist in die Klinge integriert und hat ein Loch für den Daumen, um eine Bewegung zu ermöglichen, mit der man das Messer von hinten führen kann." Er führt es recht überzeugend vor. „Im Grunde sind sie so konstruiert, daß man jemanden von hinten festhalten und ihm rasch und wirksam die Kehle durchschneiden kann."

Die mögliche Wirksamkeit dieser unangenehmen Geräte ist völlig klar. „Ob häßlich oder schön", merkt Richard an, „eine Waffe ist ein alltäglicher Gegenstand, der fast ebenso vielen Strapazen standhalten muß wie eine Filmkulisse auf einem Schlachtfeld. Darum sahen wir dem Eintreffen des Fechtmeisters mit einiger Beklommenheit entgegen."

Sie hätten sich keine Sorgen zu machen brauchen ...

„Eine Arbeit wird nur so gut wie die Werkzeuge, die man benutzt; ein Kampf ist nur so gut wie die Waffen." Fechtmeister Bob Anderson (auf dem Bild rechts beim

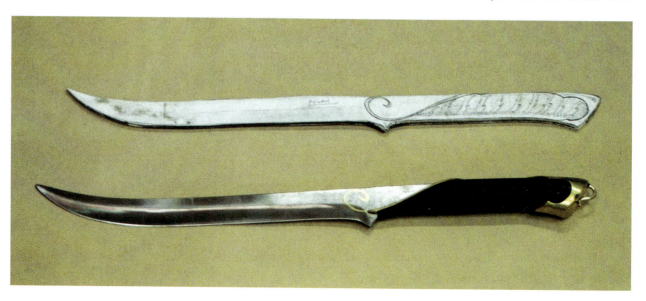

Rüsten für den Ringkrieg

Trainieren mit Sean Bean) denkt über seine Arbeit beim *Herrn der Ringe* nach. „Zum Glück", fährt er fort, „sind Richard Taylor und die Burschen von Weta ganz einfach geniale Typen. *Absolut genial!"*

Das ist die Ansicht eines Experten; er war Coach von Fechtern bei den Olympischen Spielen und für die Kampf- und Stunt-Szenen in James-Bond Filmen (1963 bei *Liebesgrüße aus Moskau* oder bei dem neuen *Die Another Day*) und anderen Filmen (*Barry Lyndon, Highlander, Der erste Ritter, Die Maske des Zorro* und den ersten von drei *Star-Wars*-Filmen) verantwortlich.

„Weta machte bessere Schwerter als alle, für die ich je gearbeitet habe", bemerkt Bob. „Ich sagte ihnen, was ich haben wollte, und sie gaben es mir. Schöne Kampfschwerter und grobe zum Draufhauen, Schwerter wie Sägeblätter oder welche mit Widerhaken – alle Arten von erstaunlichen, aber möglicherweise nützlichen Waffen."

Bob war nicht nur von der Machart, sondern auch von der Haltbarkeit der Waffen beeindruckt. „Ich bin daran gewöhnt, daß im Lauf eines Films 15 bis 20 Klingen zerbrechen. Beim *Herrn der Ringe,* der aus drei Filmen besteht, brach nur ein Schwert. Und das nur, weil es so zerhauen und verbogen war, daß es schließlich auseinanderfiel."

Unabhängig von der Qualität müssen Waffen aber auch von Leuten gehandhabt werden, die so aussehen, als wären sie an den Umgang mit ihnen gewöhnt. Ich frage, ob die Hauptdarsteller also selbst gefochten hätten. „Sie folgen dabei *meinen* Vorstellungen!" erwidert Bob mit Nachdruck. „Die Tatsache, daß ich immer das Beste will, scheint in anderen die besten Eigenschaften zu wecken: Sean Bean arbeitete schwer an seiner Fechtkunst und sah gut dabei aus. Und warum? Weil ein Schauspieler immer ein persönliches Interesse daran haben wird, wie er in einem Film aussieht, und wenn du ihn im Fechten ausbildest – spielen kann er ja bereits –, wird er es viel besser machen als jedes Double."

Bob macht besonders Viggo Mortensen Komplimente: „Er kam spät zur Crew, war sofort mit Leib und Seele bei der Sache, hatte alles im Nu begriffen und hörte nie auf zu üben. Sein erster Kampf fand auf der Wetterspitze statt – er war nicht allzu schwierig –, aber als er nach Helms Klamm kam, Junge, da war er in Schwierigkeiten. Umgeben von Horden von Orks, die alle nach ihm schrien, kämpfte Viggo wie ein erfahrener Soldat!"

Gleichwohl gibt es Gelegenheiten, wo man auf einen Stuntman zurückgreifen muß. „Im Grunde wird man niemals etwas riskieren, wenn es für den Schauspieler zu gefährlich wird. Dann nimmt man einen Stuntman, dessen Job es ist, Risiken einzugehen."

Und die wichtigsten Eigenschaften eines Stuntman? „Dieselben, über die auch ein Schauspieler verfügen muß: Beweglichkeit, Koordination, schnelle Reaktionen, Timing und ein gutes Gedächtnis. Das Erinnerungsvermögen ist von größter Wichtigkeit – man muß sich nicht nur daran erinnern, wie man etwas richtig macht, sondern daran, was man wann tun muß. Obwohl die neuseeländischen Stuntmen wenig oder gar keine Erfahrung mit einem Film dieser Art hatten, lernten sie rasch und machten ihre Arbeit großartig."

Bob Anderson war entschlossen, den Fechtszenen ein besonderes Aussehen zu verleihen. „Ich habe etwas, das ich nur als ein Gefühl fürs Dramatische umschreiben kann, und darum kann ich nüchterne, automatische Fechtszenen nicht gutheißen – eine Szene muß *real* aus-

103

KAPITEL 7

sehen, und sie muß *mich* überzeugen. Ich wollte für den *Herrn der Ringe* eine Stimmung erzeugen, die etwas von Mittelalter hatte: Es war eine wilde Zeit, in der brutal und unbeholfen gekämpft wurde. Also verwendete ich viel Zeit darauf, den Schauspielern und Stuntmen das richtige Fechten beizubringen, und dann sagte ich ihnen, sie sollten es vergessen und so bestialisch werden, wie sie konnten."

Das war eine Anweisung, zu der auch die Tatsache beitrug, daß die Orks und Uruk-hai schwere künstliche Polster trugen: „Das Tragen solch dicker Anzüge und Lederpanzer hat den Gebrauch von Waffen vielleicht schwierig und ermüdend gemacht, aber angesichts so vieler Schutzschichten konnten sie wirklich fast ohne Hemmungen aufeinander einschlagen. Das hat gewiß zum Tempo des Films beigetragen."

Bei der Choreographie einer Kampfsequenz benutzte Bob Doubles und hielt die Aktion, die nach Möglichkeit bereits am Drehort stattfand, auf Video fest. Das Video wurde dann mit Peter Jackson diskutiert und, falls er einverstanden war, mit den Schauspielern gründlich geprobt.

„Du wiederholst die Szene immer wieder", erklärt Bob, „bis jede einzelne Bewegung ein Reflex wird. In einem Kampf passieren die Dinge immer schneller, als du denken kannst, und zum Nachdenken ist sowieso keine Zeit, denn dann sähe es langsam und schwerfällig aus. Wenn diese Reflexe jedoch einmal in Fleisch und Blut übergegangen sind, ist es zu gefährlich, noch etwas zu verändern: Du kannst es aus den unterschiedlichsten

Perspektiven filmen, aber wenn du es mit Schwertern zu tun hast, machst du das, was du geprobt hast. Wohlgemerkt", setzt Bob hinzu, „Peter schafft es immer, etwas hinzuzufügen, wie die Pfeile im Kampf zwischen Boromir und den Orks am Ende der *Gefährten*. Das sind Ausschmückungen von Jackson."

„Wir fertigten nicht weniger als 10000 Pfeile an", sagt Richard Taylor. „Allein 2000 für die Rohirrim, von denen wegen Verlust und Bruch nur noch 78 übrig sind."

Richard öffnet einen Sack und nimmt einen von vier Bogen heraus, die für Arwen entworfen wurden. „Bogen sind unglaublich schwer herzustellen, und wir probierten viele verschiedene Techniken aus. Zuerst machten wir sie aus Holz, aber das klappte nicht, weil der Bogen einer massiven Spannung ausgesetzt ist; die Schauspieler wurden oft aufgefordert, sie ohne Pfeil zu spannen, damit später digitale Pfeile hinzugefügt werden konnten. Wenn man einen Bogen ohne Pfeil spannt, wird die Energie durch das Holz und nicht durch den Pfeil aufgenommen, und das Holz splittert. Aus diesem Grund – und wegen der raffinierten Formen, die wir entwarfen – kamen wir darauf, sie mit einer Einspritztechnik aus Gummi herzustellen."

Mit dieser Methode wurden 500 Bogen mit handgedrehten Bogensehnen gefertigt, die, wenn sie auch aus Gummi bestehen, tödliche Waffen sein können. „Gott, ja!" ruft Richard. „Nicht nur, daß sie echte Pfeile verschießen – die könnten, wenn sie richtig gezielt und abgefeuert werden, durchaus töten!"

Abgesehen von den digitalen Pfeilen gab es diese 10000 echten; einige wurden wirklich abgeschossen, andere waren in Köchern oder in feindlichen Leichen steckend zu sehen. Richard reicht mir einen von Legolas' Pfeilen; er hat einen hölzernen Schaft, der von Hand in den Tönen dunkelgrün bis hellbraun eingefärbt ist, eine Plastikkerbe (die „Rille" für die Bogensehne) mit einer Holzstruktur, damit es nicht nach Plastik aussieht, und eine gehärtete Metallspitze. Wie alle Pfeile, die man in Nahaufnahmen sieht, wurde er in Handarbeit mit grünlich-gold gefärbten Truthahnfedern versehen.

Wie bei den Waffen schenkte man auch den für die Filme angefertigten Rüstungen intensive Aufmerksamkeit, entwickelte ähnlich viele Entwürfe, vom Grotesken bis zum Schönen: eine häßliche Rüstung für den Ork

Rüsten für den Ringkrieg

Grischnách aus Leder mit Warg-Zähnen verziert und von struppigem Tierhaar gesäumt, ekelhaft verklebt mit getrocknetem Blut; und im Gegensatz dazu edle „Blatt-Rüstungen" für die Elbenkrieger; jedes Blatt der Panzerung wurde aus PVC ausgeschnitten, handbemalt und gefaltet, um den Blattnerv sichtbar zu machen.

„Das hier", verkündet Richard triumphierend, „ist meine Lieblingsrüstung!" Sie wurde für König Théoden aus Stahl gefertigt und mit Ornamenten aus gehämmertem Kupfer verziert; dazu ein Kettenhemd. „Ich mag sie sehr", sagt Richard und deutet auf die verzierten Nietabdeckungen, die die modernen Nieten verbergen, „und Bernard Hill mochte sie auch. Jede Rüstung muß nicht nur passen und bequem sein, sondern sie muß dem Schauspieler auch das Gefühl geben, die Persönlichkeit zu sein, die diese Rüstung tragen würde."

Alles war eine einzige Herausforderung, weil der größte Teil der Rüstungen lange vor der Ankunft der Schauspieler in Neuseeland hergestellt wurde. „Wir gingen von den Maßen der Schauspieler aus, ließen die Modelle von ähnlich großen Weta-Technikern tragen und testen, und dann, wenn wir schließlich die Schauspieler hineinsteckten, oft nur ein paar Tage vor dem Dreh, nahmen wir eine oder zwei kleine – oder manchmal massive – Korrekturen vor."

Richard fördert eine Trophäe nach der anderen zutage, als grabe er den Schatz eines alten Grabhügels aus: Dies ist Théodens Schild mit einer Gravur von ineinandergreifenden Blumenmustern und von Männern auf der Eberjagd; und dies ist Éomers Helm, mit einem Nasenschutz in Gestalt eines Pferdekopfes, hinten außerdem mit einem Helmbusch aus weißem Pferdehaar versehen, als verleihe das Emblem der Reiter von Rohan dem Träger symbolisch Schutz.

„All diese Bilder von Pferden", bemerkt Richard, „erinnern daran, daß im *Herrn der Ringe* als Schauspieler nicht nur Menschen, sondern auch eine große Zahl von Pferden mitwirken."

„Pferde mit Höchstgeschwindigkeit eine sehr steile Rampe heruntergaloppieren zu lassen war gewiß interessant!" Mark erinnert sich an eine Sequenz aus der Schlacht bei Helms Klamm. „Wenn du Pferde trainierst, gibt es immer jemanden, der glaubt, es besser zu wissen. Bei diesem Galopp beschloß ein Pferd, sich von der Spitze abzusetzen, und ging auf halbem Weg zu Boden, kurz bevor es am Fuß der Rampe eine scharfe Kehrtwendung zu machen hatte. Es gab so gut wie keinen Spielraum mehr, und dieses Pferd hat es bis zum Äußersten getrieben."

Ich treffe drei Leute aus dem Pferde-Team: Mark Kinaston-Smith, Pferdetrainer und für Make-up zuständig (ja, sogar Pferde brauchen ein Make-up), Stephen Old, Koordinator für die Pferde, und Len Baynes, ein Farmer im Ruhestand, der sich als Reiter für den Film verdingt hat.

Als Len im Kostüm eines Ringgeistes (ohne Sicht nach links und rechts) durch das Gelände donnerte, war er das Double für Bernard Hill und ritt König Théodens Pferd Schneemähne, das zufällig von einem Pferd namens *Schneeträne* gespielt wurde.

„Im Kostüm und mit Make-up herumzureiten war etwas anderes als das, was ich in den 20 Jahren als Farmer erlebt hatte", lacht Len. „Zum Glück schienen sie zu denken, ich wäre ein passabler Doppelgänger, also trug ich meinen eigenen Bart (was viel einfacher war, als sich einen ankleben zu lassen), und immer, wenn's ums Reiten ging, waren zwei Könige gleichzeitig am Set. Am Anfang sprang ich oft für Bernard ein, aber er trainierte dauernd und wurde schließlich so verdammt gut, daß ich – von gefährlichen Szenen abgesehen – mehr Zeit damit zubrachte, auf einem Stuhl als im Sattel zu sitzen."

Einige andere Hauptdarsteller, darunter Orlando Bloom und Karl Urban, waren genügend ausgebildet, um einige Reitszenen selbst spielen zu können. Wie zu erwarten, war Viggo Mortensen bereits ein tüchtiger Reiter, als er eintraf, und daß er alle seine Reitszenen wirklich allein bewältigte, übte auf die jüngeren Darstel-

Kapitel 7

ler einen unwiderstehlichen Reiz aus – ein Antrieb, den die Spezialisten ein wenig fürchteten.

„Bei einer schnelleren Gangart als dem Trab", erklärt Stephen Old (Bild rechts unten), „kann es gefährlich werden. Den besten Reitern kann etwas zustoßen, und ein Sturz kann gebrochene Glieder bedeuten. Einen Schauspieler auf einem Pferd kannst du durch ein Double ersetzen, nicht aber in einer dramatischen Nahaufnahme, wenn er mit gebrochenem Bein im Krankenhaus liegt."

„Offen gesagt", meint Mark, „war es eine ziemliche Erleichterung, wenn ein Schauspieler nicht reiten *wollte*."

Die gesamte Abteilung wurde vom Chef der Tiertrainer Dave Johnson geleitet, und dazu gehörten Trainer, Reitlehrer, Tierärzte, Rennreiter, Zirkus- und Rodeoreiter. Als erfahrene Reiter und Reiterinnen übernahmen sie allerlei riskante Aufgaben. So ist zum Beispiel Legolas zu sehen, der im Galopp reitet, während Gimli hinter ihm sitzt – für diese Einstellung verwendete man ein Zwergen-Dummy, das am Sattel und an Legolas' Reit-Double befestigt war.

Auch Gandalf, der Schattenfell in hohem Tempo ohne Sattel reiten und in einer Hand seinen Stab halten sollte, war ein Problem. In diesem Fall wurde das Reit-Double mit einem kleinen Sattel ausgestattet, der sich unter dem wallenden Gewand des Zauberers verstecken ließ, und dem weißen andalusischen Pferd (und seinem Double, denn auch Pferde brauchen Doubles!) brachte man bei, auf den tief um den Hals geschlungenen Kontrolldraht zu reagieren.

Nie zuvor wurden für eine Film- oder Fernsehproduktion so viele Pferde benötigt wie für den *Herrn der Ringe*; also unterwarf das Team unter Führung von Pferdetrainer Don Reynolds, den Technischen Ratgebern John Scott und Lyle Edge und dem Pferde-Stunt-Koordinator Casey O'Neill die 76 Pferde, die im Film zu sehen sind, einem speziellen Training.

Unter Verwendung ähnlicher Techniken, wie sie auch die berittene Polizei benutzt, wurden die Pferde darauf trainiert, nicht auf plötzliche und laute Geräusche, flatternde Fahnen und Banner und die unwahrscheinlichen Kreaturen zu reagieren, denen sie auf einem Schlachtfeld in Mittelerde begegnen konnten. „Es geht um Wiederholung", sagt Mark, „einige Pferde kapieren es binnen weniger Tage, und du bist sicher, daß du sie auf das Set schicken kannst; andere brauchen vielleicht zwei oder drei Wochen, und du kannst trotzdem nicht voraussagen, wie sie reagieren, wenn der Regisseur ‚Action!' ruft."

Schwierig war es, wie Stephen Old erläutert, so gut trainierte Pferde zu haben, daß nicht einmal eine Kleinigkeit wie ein Ork-Angriff sie aufregen konnte. „Wir konnten sie nicht herumstehen lassen, völlig unberührt von der Tatsache, daß rings um sie herum eine Schlacht tobte, und doch war es genau das, was wir ihnen antrainiert hatten! Also mußte der Reiter so tun, als hielte er sein Pferd, das in Wahrheit völlig gelassen war, nur mühsam im Zaum. Je mehr Drehs, desto schlimmer: Nach zehn Drehs konnte sie nichts mehr aus der Ruhe bringen."

Pferde zu finden war nicht schwer; Pferde zu finden, die gut unter Druck arbeiten konnten, war schwieriger; dazu kam abermals das Problem des Maßstabs. Es gab zum Beispiel zwei Ponys für Sam: ein echtes Shetland-Pony für Sams kleineres Double und ein kleines Pferd

RÜSTEN FÜR DEN RINGKRIEG

für Szenen mit Sean Astin, damit Hobbit und Pony immer im richtigen Verhältnis zueinander blieben.

Auch Gandalfs Karrengaul gab es in zwei Größen: ein walisisches Bergpony, das den normalen Wagen zog, der von Ian McKellen gelenkt wurde, und ein reinrassiges Kutschpferd für den größeren Wagen, auf dem Ians größeres Double Paul Randall saß.

„Beide Karrengäule", erklärt Mark, „hatten buschige Mähnen, weiße Blessen und zwei weiße Flecken an den Hinterläufen. Solange sie einigermaßen zueinander passen, kann man ein Pferd in der Regel so zurechtmachen, daß es wie ein anderes aussieht."

Dieser Vorgang, bei dem Marks Fähigkeiten als Makeup-Künstler gefragt waren, schloß Haarverlängerungen an Mähne und Schwanz ein, sogar die Erschaffung eines Pferdes – im wahrsten Sinne des Wortes – „von anderer Farbe" durch die Verwendung spezieller Färbemittel und Shampoos, die man in der Regel bei Zirkuspferden einsetzt. Bei den Pferden der Schwarzen Reiter wurde Make-up benutzt, um den Eindruck zu erwecken, Saurons Gesandte pflegten ihre Reittiere nicht.

„Ich fand heraus, wie wirksam unser Make-up war", erinnert sich Mark, „als ich am ersten Drehort die Pferde der Ringgeister vom Transporter führte. Unser Tierarzt, Ray Lenaghan, dem das Wohl der Pferde sehr am Herzen lag, blickte sie entsetzt an und rief: ‚Um Gottes willen, was ist geschehen?', weil er glaubte, es sei etwas mit den Tieren passiert."

Der Tagesplan für die Pferdetrainer war hart: Sie begannen um 3 oder 4 Uhr morgens, nach einer einstündigen Fahrt zu den nördlich von Wellington gelegenen Ställen, einem 32 Hektar großen Gelände. Dann trieben sie 30 oder mehr Pferde auf den Weiden zusammen, verpaßten ihnen ein Make-up, machten sie fertig für den Transport (versahen sie mit Gurten und Hufschützern), damit sie um 8 Uhr zum Drehort fahren konnten. Am Ende des Tages waren die Pferdetrainer gewöhnlich die letzten, die in ihre Betten kamen.

Für die Schlacht auf den Pelennor-Feldern in der *Wiederkehr des Königs* mußten 54 Pferde mit Lastwagen und Fähre – zusammen mit einer Anzahl Schafe und Ziegen – zum Drehort auf der Südinsel transportiert werden. Für dieselbe Sequenz wurden unter 700 Reitern (und ihren Pferden) 250 Komparsen für die Schlachtszenen ausgewählt. „Das war ein schweres Stück Arbeit!" erinnert sich Stephen Old. „Es machte Spaß, aber es war

anstrengend: So vielen Leuten – von denen noch niemals jemand für den Film gearbeitet hatte – ein Make-up und ein Kostüm zu verpassen, zu versuchen, sie ruhig und bei Laune zu halten und dafür zu sorgen, daß die als Männer verkleideten weiblichen Reiter nach Drehschluß nicht ihre falschen Bärte und Schnurrbärte wegwarfen … Anstrengend!"

„Das ist etwas, das man im Film nie sehen wird", sagt Richard Taylor. „Auf der Innenseite von König Théodens Brustpanzer ist das Pferdemotiv des Hauses Rohan eingraviert. Ich wollte, daß es das letzte war, was Bernard Hill sah, als er seine Rüstung anlegte und in die Rolle des Königs schlüpfte."

Richard ist in seinem Element und öffnet einen Kasten nach dem anderen. „Wissen Sie, wir hatten einen Mann, der praktisch rund um die Uhr solche Kästen zimmerte, in denen wir all diese Dinge lagern und transportieren konnten …" Wie zum Beispiel Gimlis Mehrzweck-Rucksack, Sams Bratpfannen; und eine Sammlung von Brenneisen, angefertigt für die Ork-Arbeiter, um ‚Saurons Auge' in Lederrüstungen einzubrennen, die am Ende überhaupt nicht verwendet wurden.

„Da sind alle Arten von kleinen Kuriositäten drin", sagt Richard, „so wie diese hier: ein toter aufgespießter Uruk-hai!" Er schwenkt die verkohlten Überreste eines abgetrennten Kopfes, die totemgleich auf einem Rohan-Speer stecken. Er öffnet einen anderen Kasten. „Und das

107

Kapitel 7

ist die Keule des Hexenkönigs, Handarbeit aus Aluminium und ziemlich schwer." Ich versuche sie zu heben, und sie ist in der Tat außergewöhnlich schwer. „Man konnte sich verletzen, wenn man sie schwang", sagt Richard, kramt wieder im Kasten und holt eine zweite, gleich aussehende Keule hervor. „Also machten wir diese leichte Stunt-Version" – er wirft mir einen schelmischen Blick zu – „aus *Gummi*."

Bei einem Film, der so viele Stunts erforderte, waren solche Überlegungen allerdings nötig.

„Wir machten alles! Kämpfe, Schlachtsequenzen, Drahtseilakte, Stürze aus großer Höhe und Stunts mit Feuer und Wasser. Das Problem war, uns nicht von Film zu Film zu wiederholen." Stunt-Koordinator George Marshall Ruge ist ein alter Hase, der in mehr als 60 Filmen mitgewirkt hat, zum Beispiel in *Zorro*-Filmen, *Mars Attacks! George der aus dem Dschungel, Perfect Storm* und *Ocean's Eleven*.

„Keine meiner Aktionen soll jemals unbegründet sein", erklärt George, „und ich wollte sie schichtweise auslegen wie ein Mosaik. Wenn Sie eine Schlachtszene machen, gibt es in der einen Geschichte 100 weitere Geschichten. Ich entwickelte viele solcher Szenarios und glaube, daß jeder Quadratzentimeter innerhalb des Rahmens genau in das Mosaik paßt, so daß der Zuschauer weiß, daß er Zeuge einer ‚Augenblicks-Erfahrung' ist, mit Dutzenden von Begegnungen, Kollisionen, Kämpfen auf Leben und Tod, die einfach als Hintergrund für das größere Drama des Ringkrieges dienen."

Georges Einstieg in das Projekt war, gelinde gesagt, entmutigend: „Als ich in Neuseeland ankam, hatte ich weder ein Script noch ein Storyboard gesehen und fing nach zwei Tagen mit den Nachtaufnahmen für die Schlachtsequenz von Helms Klamm in den *Zwei Türmen* an, die neun Wochen dauerten. Bevor ich mich versah, arbeitete ich 20 Stunden am Tag, nicht nur, um die Stunts zu machen, sondern ich mußte auch künftige Aufnahmen planen, choreographieren und proben. Die wenigen Stunden, in denen ich zu schlafen versuchte, verbrachte ich unweigerlich in einer Traumwelt mit Orks, Elben und Uruk-hai."

Abgesehen von der Schwierigkeit, drei Filme gleichzeitig zu machen, gab es zusätzliche Befürchtungen. „Ich fing mit einem Team von bloß 20 Stuntmen an, die für das Projekt trainiert hatten, die aber mit wenigen Ausnahmen wenig oder keine Film-Erfahrung hatten. Einige hörten auf, andere kamen dazu, aber es gab eine Kernmannschaft, die bei der Stange blieb. Was ihnen an Erfahrung fehlte, machten sie durch Mut und Hingabe mehr als wett – besondere Leute, die sich unter ungewöhnlichen Umständen zusammengefunden hatten."

In Zusammenarbeit mit Bob Anderson, assistiert von Daniel Barringer und Paul Scott, brachte George Sequenzen zustande, die aus den vorhandenen Talenten das Beste herausholten.

„Es ist nicht einfach, eine epische Bilderwelt mit begrenzten Mitteln zu realisieren. Es gelang uns, die durchschnittliche Anzahl von Stuntmen auf etwa 30 zu erhöhen, aber in Wirklichkeit brauchte ich 300! Für eine bestimmte Sequenz mögen 30 Stuntmen ja genügen, aber oft gab es drei oder mehr Aufnahmeteams, die alle um 30 Leute baten! Für eine oder zwei Hauptsequenzen kamen wir auf 65 Stuntmen, und das war wirklich Luxus! Trotzdem, indem wir jeden für viele Aufgaben trainierten und unsere Zahl größer erscheinen ließen, als sie war, kamen wir irgendwie zurecht …"

Ungeachtet der Schwierigkeiten, mit denen George Marshall Ruge bei der Arbeit am *Herrn der Ringe* zu kämpfen hatte, war sie für ihn eine Erfahrung, die er nicht missen möchte. „Immer wenn die Stunt-Leute am Set auftauchten, wußte die Crew, daß wir die Sache schaukeln würden. Eine Menge unsichtbarer Arbeit wurde geleistet, aber ich war der Ansicht, daß Peter Jackson sein Leben in dieses Projekt investiert hatte, und ich fühlte mich geehrt, einfach einen Speer aufzuheben und ihn so weit zu tragen, wie ich konnte, um seiner Vision zum Leben zu verhelfen."

RÜSTEN FÜR DEN RINGKRIEG

„Woher stammt der Speer, den Aragorn in Moria benutzt, um den Höhlentroll anzugreifen?" fragt Richard Taylor, „und der, den der Troll gegen Frodo benutzt?" Er hält die tückische dreizackige Waffe in die Höhe (die es, wie zu erwarten war, in großen und kleinen Versionen gibt) und fährt zur Erklärung fort: „Es handelt sich um einen alten Zwergenspeer, der im Abfall Morias herumlag, und wenn er Frodo treffen würde, sollte jeder denken, er habe den Hobbit durchbohrt. Tatsächlich war er jedoch so geformt, daß die zwei äußeren Spitzen seitlich am Körper entlangglitten und der kürzere Mittelzacken beim Aufprall auf das Mithril-Hemd zerbrach."

Andere, in einer Ecke aufgestapelte Speere gehören zu den Rohan-Waffen, die Merry und Pippin zum Durchhauen ihrer Fesseln benutzen, als sie den Uruk-hai entfliehen. „Aus naheliegenden Sicherheitsgründen waren nur sehr wenige unserer Waffen scharf", enthüllt Richard, „da man aber diese eine Klinge beim Durchtrennen des Seils sehen mußte, warteten wir bis zum Drehtag und schärften sie am Set, so wie mittelalterliche Waffenschmiede am Tag der Schlacht vermutlich Klingen schärften."

Da ist auch ein eleganter, doch todbringender Speer, der für Gil-galad (Bild links) entworfen wurde: aus Federstahl angefertigt, mit filigranem Rankenwerk aus gehämmertem Kupfer verziert, und in seine Spitze sind elbische Schriftzeichen eingraviert. Daneben ein Duplikat, mit Blut bedeckt! „Wenn eine Waffe oder eine Rüstung einmal mit Blut beschmiert ist", erklärt Richard, „müssen wir sie in diesem Zustand belassen, damit dieselben Blutflecken noch vorhanden sind, wenn die Szene aus irgendeinem Grund noch einmal gedreht werden muß."

„Blut" ist ein Thema, über das Richard gern spricht. „Wir hatten Leute, deren Aufgabe darin bestand, sich um das Blut der Schauspieler zu kümmern. Sie hatten alle eine ‚Blut-Ausstattung', entweder feindosiert oder massiv – so wie alte Schlachtnarben, die nicht abgewaschen worden sind. Es war enorm wichtig, daß die Schauspieler so aussahen, als lebten sie in einem Jahrhundert, in dem es eigentlich unmöglich war, sich selbst oder ihre Kleidung zu waschen. Also gruben wir, wenn wir am Drehort angekommen waren, Erde aus, mischten sie mit Speisestärke und Tapetenkleister und schmierten sie auf die Kostüme und Rüstungen."

Es gibt noch viel zu sehen, und wir sind erst mit einem von 28 Containern fertig. „Aufregend, wie?" begeistert sich Richard. „Sie können sich wohl vorstellen, was die anderen Container enthalten. Noch mehr Kästen! Noch mehr verrücktes Zeug. Es gab so viele Sonderanfertigungen und Teile, die wir da reingeworfen haben … Wir machten zum Beispiel Reisetaschen für alle Figuren, in denen sie ihre persönlichen Dinge unterbringen konnten, welche auch immer …" Er denkt einen Augenblick nach, dann lacht er: „Sie wissen schon: Kleingeld, Kreditkarten, so etwas."

Aus mehreren für Arwen angefertigten Helmen, die sie aber nie trug, sucht Richard einen heraus und wird für einen Augenblick nachdenklich: „Wir fabrizierten eine Menge Zeug, das nie zu sehen gewesen ist – und nie zu sehen sein wird … Das ist immer ein bißchen entmutigend, aber es gibt so viel anderes, an dem man Freude haben kann: nicht zuletzt an dem verblüffenden Prozeß, bei dem sich flache Stahlbleche in zwei oder drei Wochen in wunderbare Rüstungen verwandeln. Natürlich wurde das nur durch handwerkliches Können und schwere Handarbeit erreicht, aber es steckt auch ein bißchen mehr dahinter … etwas, das man nur magisch nennen kann … vielleicht sogar mystisch …"

109

Komparsen aller Art

„Gegen Ende war ich kurz davor, mein Telefon in den Mülleimer zu werfen." Miranda Rivers durchlebt noch einmal den Streß der Zeit, als sie für das Casting der Komparsen beim *Herrn der Ringe* verantwortlich war. „Jeder Komparse in Neuseeland hatte meine Nummer und das Gefühl, mich vierundzwanzig Stunden lang, sieben Tage in der Woche, anrufen zu können. Das Telefon riß mich aus dem Schlaf: ‚Hallo, hier ist Grant! Braucht ihr am Montag einen Komparsen?' Und ich knurrte: ‚Grant, es ist Sonntagmorgen, 7 Uhr! Laß mich zufrieden!'"

Die laufende Aufgabe, während der fünfzehnmonatigen Dreharbeiten 20 000 Komparsenrollen zu besetzen, war schwierig. „Wir setzten 3000 bis 4000 Leute aller Altersgruppen ein, von Kindern aufwärts und aus allen möglichen Lebensbereichen. Am Ende verfügten wir über eine wunderbare Kerngruppe von dreißig bis vierzig, die wirklich von Anfang bis zum Ende mit uns arbeiteten und reisten."

Einige Komparsen spielten so viele verschiedene Rollen, daß man sich ernstlich Sorgen um die Kontinuität machen mußte. „Es kam so weit", lacht Miranda, „daß wir zu vermeiden suchten, jemanden als gondorischen Soldaten einzusetzen, wenn er erst vorige Woche einen Krieger aus Rohan gespielt hatte. So mußten wir ein paar Leute enttäuschen, die sich in den Kopf gesetzt hatten, einmal alle Rassen Mittelerdes verkörpert zu haben. ‚Bitte, setzt mich als Elb ein!' baten sie, und ich mußte sagen: ‚Tut mir leid, aber Elben sind groß und schlank! Du bist zu kräftig!' Oder öfter: ‚Du bist zu klein!'"

Wenn sie für einen Elben die richtige Statur, aber braunes oder schwarzes Haar hatten, unterzogen wir sie einer möglicherweise unangenehmen Verwandlung: „Sie wußten nicht, was ihnen bevorstand, als wir sie als Elb anheuerten! Nachdem wir ihnen Perücken verpaßt hatten, bearbeiteten wir die Gesichter, und oft kehrten sie mit ihrem eigenen dunklen Haar und einem phantastischen Paar weiß gebleichter, frisch angeklebter Augenbrauen zur Arbeit zurück!"

An manchen Tagen, wenn große Massenszenen gedreht

wurden, brauchte die Casting-Abteilung so viele Komparsen wie möglich und war gezwungen, völlig gegen den Typ zu besetzen. „Als uns die blonden, blauäugigen Komparsen für die Männer von Rohan ausgingen, mußten wir auf braunhäutige, braunhaarige, braunäugige Maori-Jungen zurückgreifen, denen wir Perücken aufsetzten und versuchten, sie im Hintergrund zu verstecken. Wir nannten sie scherzhaft ‚Die Bro'han.'"

Es zeigte sich, daß von allen Völkern Mittelerdes die Rollen der Hobbits am leichtesten zu besetzen waren. „Einen Hobbit konnten wir auf den ersten Blick erspähen", sagt Miranda, „warmherzige, rundliche, temperamentvolle Leutchen mit fröhlichen Gesichtern, großen Augen und, wenn möglich, rosigen Wangen. Man könnte eine Doktorarbeit über die verschiedenen Persönlichkeitstypen schreiben, die im Film von den Darstellern verkörpert werden. Die Elben waren im allgemeinen schön, aber reserviert; die Uruk-hai waren große, kräftige ‚Haudrauf-Burschen', und die Hobbits waren echte Plaudertaschen! Prächtige Leute, aber so entnervend geschwätzig, daß man rufen wollte: ‚Könntet ihr bitte mal – bloß fünf Minuten lang – den Mund halten?'"

Es gab sogar etwas, das man als Stammesbindungen bezeichnen könnte. „Es war ein Grund, stolz zu sein, wenn man zu den Männern von Rohan oder Gondor gehörte, und die Uruk-hai pflegten eine entschiedene, wenn auch gutmütige Rivalität mit den Elben, die sie abschätzig als ‚Napfkuchen' bezeichneten."

Trotz solcher Konkurrenz herrschte eine überwältigende Kameradschaft: „Sie hatten sich der Sache so sehr verschrieben, daß sie klaglos unter härtesten Bedingungen arbeiteten. Wir hatten jedes erdenkliche Wetter; es gab Zeiten, in denen Leute, von der Hitze erschöpft, ohnmächtig wurden, und andere, da sie fast an Unterkühlung zugrunde gingen."

Dazu kamen die besonderen Belastungen durch Kostüme und Terrain: „Wir ließen Komparsen gefährlich unebene Bergflanken rauf- und runterrennen, wobei sie Rüstungen trugen, die ihnen die Sicht nahmen, bewaffnet mit schweren Schwertern, die sie kaum tragen konnten, und sich trotzdem bemühen mußten, nicht über Baumwurzeln zu stolpern! Ab und an fiel ein Ork hin, der an den Beinschienen seiner Rüstung Stacheln trug, bohrte sich in den Boden und konnte nicht wieder aufstehen. Dem Wesen eines Orks völlig unangemessen, hörte man den flehentlichen Ruf: ‚Kann mir bitte jemand helfen?' Und wir schrien zurück: ‚Improvisiere! Spiel einen Toten!'"

Die Besetzung der Komparsen wurde für Miranda und ihre Mitarbeiter mehr als ein Job. „Wir waren eine Familie: es gab Geburten, Todesfälle, Hochzeiten, Trennungen, Zusammenbrüche und Selbstmordversuche; gute Zeiten und schlechte, aber wir standen sie zusammen durch."

Wenn man es mit so vielen tausend individuellen Menschen zu hat, stößt man unweigerlich auf einen oder zwei, mit denen umzugehen schwierig ist. „Wir hatten unsere eigene Methode, mit ihnen fertig zu werden: Wir schrieben einfach einen abgekürzten Vermerk auf ihre Bewerbungsbögen, und sie wurden nicht mehr eingesetzt. Es gab so viele phantastische Leute, daß wir diese Sorte nicht brauchten."

Und wie lautete der Vermerk für diese Störenfriede?

„Wir benutzten den Buchstaben ‚N' – ‚N' für ‚Nervensäge'".

111

Kapitel 8

Hobbit-Haare und Zauberer-Bärte

„Wir hatten zwei Leute, deren Job es war, Schlamm herzustellen. Wir hatten immer ein paar Eimer Schlamm zur Hand." Ein solches Thema erwartet man nicht unbedingt, wenn man sich mit einem Make-up-Spezialisten unterhält, aber wenn man Mittelerde verfilmt, gehört Schlamm zu den Dingen, die man wirklich einkalkulieren muß.

Ich unterhalte mich mit Peter Owen in den Studios von Owen, King und Turner, versteckt in einer schmalen gepflasterten Straße in Bristol, England. Er und sein längjähriger Partner Peter King sind die Männer, die die Haare und das Make-up für den *Herrn der Ringe* machten: von Gandalfs Bart und Galadriels goldenen Flechten bis hin zu all diesen Wagenladungen voll Schlamm.

„Schlamm wird fast auf dieselbe Weise hergestellt wie Blut", erklärt Peter Owen, „aber während niemand erwartet, daß man in einem Film echtes Blut verwendet, mußte ich ein paar Leute, die für uns arbeiten, über Schlamm aufklären. Wenn sie noch nie beim Film gearbeitet hatten, konnten sie sagen: ‚Warum wollen Sie Schlamm machen? Gehen Sie hin und graben Sie sich ein bißchen davon aus!' Sie hielten mich für verrückt. Aber Sie können natürlich die Gesichter von Schauspielern nicht mit echtem Schlamm einreiben; es muß *sterilisierter* Schlamm sein – also müssen wir ihn herstellen."

Peter King mischt sich ein: „Natürlich kann man ihre Überraschung verstehen; schließlich war meistens an den Drehorten, wo wir filmten, reichlich Schlamm vorhanden."

Um Verwirrungen durch die zwei „Peters" zu vermeiden, wird im folgenden von Peter Owen als „Peter" (der linke auf dem Bild rechts) und von Peter King als „PK" (rechts außen auf dem Bild) gesprochen werden.

PK fährt fort: „Das Wetter machte den Job für niemanden leicht, und hin und wieder hörte man Stöhnen und Fluchen. Aber man muß die Leute dazu bringen, über die Schwierigkeiten zu lachen, weil es die einzige Möglichkeit ist, sie bei Laune zu halten. Ich sagte zum Beispiel: ‚Hört mal, ihr könntet ja auch stempeln gehen; ihr könntet in einem Studio an einer wirklich nervtötenden Autowerbung arbeiten; oder ihr könntet auch durch Schnee und Regen von diesem Berg gespült werden, während ihr den *Herrn der Ringe* macht! Nun, was macht mehr Spaß – *ehrlich?*'"

Der Spaß begann – auch wenn es tatsächlich zu jener Zeit ziemlich wenig zu lachen gab – mit einem Anruf, weniger als zwei Monate vor Beginn der Dreharbeiten. PK war unterwegs, arbeitete mit Kate Winslet an *Quills – Macht der Besessenheit,* Peter Owen war zufällig frei.

„Andere Jobs standen in Aussicht", erinnert sich Peter, „und als sie mir erzählten, wie lange das Projekt dauern und wann es anfangen würde, bekam ich offen gesagt kalte Füße. Ich holte tief Luft und sagte: ‚Nun, es wird besser sein, wenn ich nach Neuseeland komme – *sofort!*'"

113

Kapitel 8

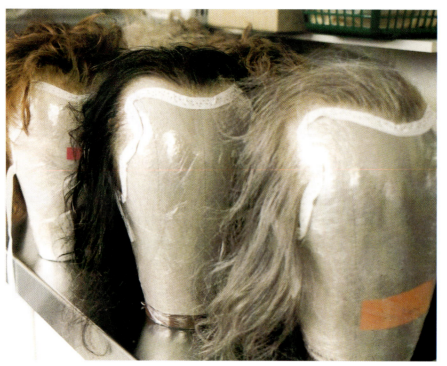

Er hatte keine Zeit, einen Blick ins Drehbuch zu werfen, und Peter gibt zu (wenn auch flüsternd), daß er das Buch nicht gelesen hatte: „Als ich in den späten sechziger Jahren auf der Universität war, rauchte man Haschisch. Und jeder las Tolkiens *Der Herr der Ringe* – nur ich nicht."

Caroline Turner, Peters und PK's Partnerin, flitzte los und kaufte ein Exemplar von *Die Gefährten* und ein CD-Set der BBC-Radioversion mit Ian Holm als Frodo. Am nächsten Tag saß Peter in einem Flugzeug nach Wellington und machte während des 27-Stunden-Fluges einen Schnellkurs in Mittelerde.

Die nächsten Tage waren wie ein Wirbelwind: Unmittelbar nach der Ankunft unterhielt sich Peter mit möglichen Mitarbeitern, ohne sich völlig sicher zu sein, was er oder sie zu tun haben würden. „Ich traf Peter Jackson", erinnert sich Peter, „und dann kam Schwung in die Sache. Tolkien nahm es sehr genau damit, wie etwas auszusehen hatte, und das galt auch für Peter. Es war weniger meine Aufgabe, Ideen zu produzieren, als dafür zu sorgen, daß die Ideen aus dem Text auf den Gesichtern der Leute sichtbar wurden."

Dazu kam die strikte Vorgabe des Regisseurs, dies solle ein Film über wirkliche Leute, nicht über Fantasy-Figuren werden. „Nehmen Sie Gandalf – er ist vielleicht ein Zauberer, aber weil er auch ein Reisender ist, muß er ein bißchen schmuddelig aussehen; er hat wer weiß wie lange auf diesem Pferdekarren gesessen, und er benutzt weder Haargel noch Handcreme."

Als nächstes traf sich Peter mit „einer Menge Hobbits", machte Kopfabdrücke für Perücken, flog zurück nach England und fragte sich, ob sie wohl alles rechtzeitig fertigkriegen würden.

Bei allen ihren Filmprojekten – wie *Gefährliche Liebschaften, Portrait of a Lady, Ein perfekter Ehemann, Sleepy Hollow* und *Velvet Goldmine* – benutzen Peter und PK nur Perücken, die in ihrem eigenen Studio angefertigt wurden. „Wenn irgendwas nicht richtig ist", erklärt Peter, „haben wir niemanden, den wir anschreien können, außer uns selbst." Doch es war sicherlich problematisch, für eine so gewaltige Produktion Perücken zu entwerfen und anzufertigen.

„Obwohl ich sicher war, daß unsere Perückenmacher es schaffen würden, unsere Anforderungen zu erfüllen", sagt Peter, „auch wenn sich diese Anforderungen dauernd zu verändern schienen. Glücklicherweise fingen wir ‚klein' an – mit den Hobbits."

„Klein" ist in Wirklichkeit gehörig untertrieben, weil Owen, King und Turner, von den Hobbit-Darstellern abgesehen, noch weitere 110 Perücken für die Hobbit-Statisten bei Bilbos Fest herstellen mußten.

Als Peter wieder in Bristol war, hatte er bereits eine „Farbsprache" (so nennt er es) ausgearbeitet: „Man beschreibt sie am besten als ‚tweedy', d. h. ländlich-englisch; in Anbetracht dessen, daß sie ein fröhliches Völkchen sind, angemessen gut genährt und sich gern im Freien aufhalten (wir wissen, daß sie ihr eigenes Obst und Gemüse anbauen), beschloß ich, ihnen eine frische, ein wenig ins Rötliche spielende Gesichtsfarbe zu geben und Haare in allerlei braunen Tweed-Tönungen. Von den vier jungen Hobbits waren Frodos Haare die dunkelsten, die der anderen unmerklich heller." Er hält inne, dann fährt er fort: „Sam natürlich ausgenommen. Da er Gärtner ist und im Freien arbeitet, ist sein Haar eher sonnenge-

HOBBIT-HAARE UND ZAUBERER-BÄRTE

bleicht. Tatsächlich ist es eine Art …", er sucht nach dem richtigen Ausdruck, „ja, man könnte sagen, eine Art von lustigem Orange mit dunklen Haarwurzeln."

Versionen aller Hobbit-Perücken mußten auch für die verschiedenen Stuntmen und die Doubles gemacht werden.

„Wir bestehen immer darauf, daß die Doubles Perücken derselben Qualität tragen. Andere Leute benutzen für die Doubles billigere Acryl-Perücken, aber das sieht man immer. Sie denken, man sähe es nicht, weil sie nicht direkt gefilmt werden – aber man sieht es! Mühevoll war es, eine Perücke für ein Hobbit-Double mit kleineren, dichteren Locken zu machen, die im richtigen Verhältnis zur Größe des Körpers stand. Wir mußten ziemlich viele Schaubilder zeichnen …"

Peter brachte eine Anzahl begabter Make-up-Künstler zum Projekt, darunter den Australier Rick Findlater und den Engländer Jeremy Woodhead, der seinerseits die Verantwortung für das Aussehen der Zauberer Gandalf und Saruman übernahm.

In Zusammenarbeit mit dem bekannten Make-up-Designer Noriko Watanabe Neill betrieb Peter dann eine Make-up-Schule, die in Wirklichkeit ein Probezentrum war („keiner bekam Geld, aber jeder konnte sich produzieren") und begann, für die Abteilung eine Mannschaft zusammenzustellen. Schließlich schälte sich ein ständiger Kern von 18 Künstlern heraus; obwohl ihre Talente an „Großkampftagen" um eine beträchtliche Anzahl von zusätzlichen Arbeitskräften verstärkt werden mußten.

„Zahlen sind nicht das Problem", sagt PK. „Es spielt wirklich keine Rolle, ob es drei, dreißig, dreihundert oder dreitausend Leute sind; im Grund machst du dasselbe – du mußt bloß hochrechnen und loslegen."

Er erinnert sich an einen von vielen solcher Großkampftage, als gut 40 Haar- und Make-up-Leute am Set für Aragorns und Arwens Hochzeit im Film *Die Wiederkehr des Königs* arbeiteten, während weitere 35 Leute an einem anderen Ort mit zwei anderen Teams tätig waren: „Wir fanden immer Leute, und wir fanden immer viel Arbeit für jeden. Natürlich mußte man eine Menge Leute in Bewegung setzen, um ihre Talente am besten zu nutzen. Wenn jemand sagte, er sei gut im Styling, und wir dann aber feststellten, daß er das nicht war, ließen wir ihn Haare aufstecken oder Perücken aufsetzen. Keine Zeit für Gejammer oder Sprüche wie ‚Das schaffe ich nie!' Lach darüber, setze alles in Bewegung und sieh zu, daß es läuft. ‚Ich hab' einen leeren Stuhl!' schrie ich die Assistant Directors an. ‚Ich kann keinen leeren Stuhl gebrauchen! Ich brauch jemanden, der draufsitzt, und zwar *sofort!*'"

Es kostete Zeit, alles zu organisieren: Ein Boiler mußte installiert werden, damit es immer heißes Wasser gab, das man zum Haarefärben braucht; eine Klimaanlage mußte eingebaut werden, damit die Leute von den chemischen Dämpfen der Färbemittel nicht überwältigt wurden; die miserable Beleuchtung im Schminkraum mußte geändert werden. „Das Licht war mattgelb", erinnert sich Peter, „völlig unmöglich!"

Auch Regale wurden gebraucht: „Alle außer einem der Hobbit-Kinder, das von Peter Jacksons Tochter gespielt wurde, hatten eine verdammte Perücke auf! Nun, wenn du ein paar hundert Perücken auf Perückenstöcken hast, brauchst du eine Menge Platz, also bat ich um mehr Regale. Das ging tagelang so. Da war ein junger Bursche, wirklich hilfsbereit, aber er muß mich verflucht haben, weil ich immer bloß sagte: ‚Nein, ich will mehr!' Armer Mann, dauernd kam er und sagte: ‚Sie wollen mehr Regale?' Und ich sagte: ‚Ja, mehr Regale!' Am

115

Kapitel 8

Ende stand der ganze Raum voller Regale, und ich hatte immer noch nicht genug."

Die Perücken kamen wöchentlich mit dem Kurier aus Bristol, zusammen mit Kassetten aufgenommener BBC-Radioprogramme (darunter die ellenlange Seifenoper *The Archers*) als Gegenmittel gegen Heimweh.

Die Dreharbeiten begannen im Oktober 1999, und Peter meisterte die Lage allein, bis im folgenden Januar Caroline Turner und PK dazukamen.

„Ich hatte kurz vorher *Quills – Macht der Besessenheit* abgeschlossen und gerade geheiratet", erinnert sich PK, „also hatte ich kaum Zeit, mit Peter über den *Herrn der Ringe* zu sprechen. Bis ich vor Ort war, hatte ich keine Ahnung von der Größe des Projekts – ganz zu schweigen davon, wie groß es werden würde. Trotzdem, ich fand es so toll, in Neuseeland zu sein, daß ich wirklich nicht sagen kann, es wäre schwierig gewesen."

Als größtes Problem erwies sich – übrigens auch für andere an dem Projekt Beteiligte – die Darstellung der Elben. „Beide Geschlechter mußten über 1,80 m groß sein", erinnert sich Peter, „und mußten ätherisch und androgyn aussehen – und das ist wirklich eine großartige Kombination …"

„Genau!" wirft PK ein. „Lange Haare, kaum Gesichtsausdruck, sind viel unterwegs, weise und blicken auf alle anderen herab, als wüßten sie alles und alle anderen nichts."

„Einige hatten eigene lange Haare, die wir färben oder bleichen konnten", fährt Peter fort, „aber wir mußten schrecklich aufpassen: Spielte man zu sehr mit Frisuren herum oder nahm zu viel Make-up, konnten sie leicht wie Transsexuelle aussehen."

„Das war die Schwierigkeit", sagt PK, „am Anfang sahen sie nicht so aus, als wären sie Elben, sondern eher so, als hätte man sie zurechtgemacht, damit sie wie Elben aussahen. Wir mußten einen Weg finden, ihre ‚Andersartigkeit' zu vermitteln, ihr Bewußtsein der Unsterblichkeit, und sie zugleich doch so real wirken zu lassen, wie die Rohirrim oder die Gondorianer."

Dazu kamen die Beschränkungen durch die Besetzung – Elben beider Geschlechter mußten über 1,80 m groß sein, und doch war nicht allein die Größe entscheidend. „Wir mußten brutal sein", gibt PK zu. „Wenn jemand zu breitschultrig war oder sein Gesicht zu massig, hieß es: ‚Okay, solange er im Hintergrund bleibt … sie gefällt mir nicht … kann ihn nicht gebrauchen …' Manche hatte eigenes langes Haar, was uns Perücken ersparte, aber offen gestanden war es nicht leicht, gute Elben zu finden."

Das heißt, mit Ausnahme von Galadriel. „Cate war perfekt", begeistert sich PK. „Ich kann mir keine andere

116

HOBBIT-HAARE UND ZAUBERER-BÄRTE

in der Rolle vorstellen: Sie ist so heiter und sanft und hat ein wunderbar versöhnliches Lächeln. Alles an Galadriel hielten wir sehr blaß; auf ihren Lippen oder Wangen war fast keine Farbe. Ich mischte ein spezielles Puder, um ihr die Spur eines Schimmerns zu geben – nichts Glitzerndes, verstehen Sie, das hätte lächerlich und unwirklich ausgesehen."

Ein bißchen schwieriger war es, eine Lösung für Galadriels Enkeltochter Arwen zu finden. „Erst einmal", erinnert sich Peter, „war sie als Kriegerprinzessin dargestellt – dauernd mit Schmutz und Blut bedeckt –, was das Aussehen vorgab, mit dem wir anfingen. Es funktionierte wirklich nicht, und als sich bei ihr eine Veränderung im Rollenverständnis vollzog, war ich zu anderen Projekten übergegangen, und PK mußte die Sache ausbaden."

„Liv war damit sehr glücklich, wie sich ihre Rolle entwickelte", sagt PK, „also war es einfach, ihr Aussehen unmerklich zu verändern. Im Grunde nahmen wir ihr Make-up zurück, ließen sie viel weicher und schöner aussehen – fast eine dunkle Version von Galadriel …"

Bei so wenigen weiblichen Hauptfiguren in der Geschichte ist es vielleicht nicht überraschend, daß es Zeit brauchte, ihre Rollen und ihr Aussehen zu bestimmen. Auch die Persönlichkeit Éowyns, gespielt von Miranda Otto, erfuhr eine entscheidende Veränderung: „Als wir bei Helms Klamm zum erstenmal mit ihr drehten, war ihr Haar goldrot, in präraffaelitischem Stil zurückgebunden, um ihr ein klares ‚feminines' Aussehen zu verleihen. Nachdem ein paar Szenen gedreht waren, veränderten wir ihr Aussehen völlig: Wir machten sie blonder (was besser zu ihrer Hautfarbe paßte) und ließen sie das Haar offen tragen. Miranda hat eine fabelhafte Figur, also brauchst du sie nicht feminin *aussehen* zu lassen, denn sie *ist* feminin. Nachdem wir das herausgearbeitet hatten, konnte sie Éowyns fast männliche Kraft und Heldenhaftigkeit darstellen; als sie dann als Kriegerin in die Schlacht ritt, war sie noch eindrucksvoller."

Damit man nicht glaube, nur die Frauen seien proble-

matisch gewesen, sollte man sagen, daß eine Menge Augenbrauen ausgezupft und der Haaransatz ausrasiert werden mußten, um Leonardo Bloom in Legolas zu verwandeln. „Orlando ist ein verrückter junger Freak", sagt Peter, „er beschloß, noch weiter zu gehen und rasierte links und rechts alles ab! Niemand käme auf die Idee, daß unter der langen, blonden Perücke ein Bursche mit einer schwarzen Irokesenfrisur steckt!"

Obwohl man Orlandos Augenbrauen kräftig auslichtete, bleiben sie für eine so blonde Person merkwürdig dunkel. Auf dieselbe Art gelang es Christopher Lee, besetzt als Saruman der Weiße, seine eigenen auffälligen pechschwarzen Augenbrauen zu behalten. „Ich wollte", sagt Peter, „daß er blau-weiß und eiskalt aussah. Aber ich kam zu dem Schluß, daß ich das Gesicht einbüßen und das Aussehen ruinieren würde, wenn ich diese Augenbrauen veränderte. Wenn es im Gesicht eines Schauspielers einen hervorstechenden Zug gibt, dann pfusche nicht daran herum. Damit die Augenbrauen trotzdem stimmten, durchzog ich den weißen Bart mit schwarzen Strähnen, so daß sich auf Christophers Gesicht ein Dreieck bildete: oben die dunklen Augenbrauen und weiter unten im Bart eine Spur von Dunkelheit."

Gandalfs Augenbrauen hingegen waren ein ganz anderes Thema. Tolkien schreibt im *Hobbit*, daß sie unter dem Rand seines Hutes hervorstachen! „Ich muß leider zugeben", sagt Peter, „da habe ich ein Machtwort gesprochen. Mit dem Bart freilich war es anders."

Peter Jackson wußte genau, wie Gandalf aussehen sollte, nämlich genauso wie auf John Howes Gemälde. „Da hatten wir ihn also", sagt Peter mit einem resignierten Lachen, „den berühmten Gandalf-Hut und diesen vollen langen Bart. Aber nach meiner Ansicht wäre dieser Bart alles gewesen, was man je von ihm zu sehen bekam, wenn wir ihm einen so langen Bart verpaßten. Dann wären wir statt in Mittelerde im Land des Weihnachtsmanns!"

Kapitel 8

Aber der Regisseur wollte sich von dem John-Howe-Bild nicht trennen, so daß Peter Owen nachgab. „Ich verstand, daß er für sich selbst dieses Aussehen brauchte, also sagte ich: ‚In Ordnung, ich werde dir einen wirklich langen Bart zeigen und sage dir jetzt schon, daß du ihn *nicht mögen* wirst: er wird nicht funktionieren!'"

Caroline Turner, Perückenmacherin bei diesem Film, knotete die ganze Nacht Haare für Bartverlängerungen zusammen, und Ian McKellen (mit *extrem* langem Bart) filmte reihenweise Make-up-Tests. Das Ergebnis war, daß Peter Jackson einer gekürzten Version von Gandalfs Schnurrbart zustimmte: „Während des Tests", erinnert sich Peter, „kürzte ich ihn an Ians Gesicht und sagte ‚Gut so, schneiden wir noch ein Stück ab!' Die arme Caroline sah all diese Stunden des Knüpfens auf dem Boden landen. Und noch schlimmer war, daß wir während all dieser Stunden des Knüpfens wußten, daß die Haare auf dem Boden landen würden. Aber am Ende hat es sich gelohnt, weil wir statt einer Karikatur eine Persönlichkeit hatten."

Für die *Zwei Türme* mußte sich Gandalf einer weiteren Verwandlung unterziehen. Während er in den *Gefährten* Gandalf der Graue ist („kein Blaugrau", sagt Peter, „eher eine Art von schmutzigem Grau"), wird er im zweiten Film Gandalf der Weiße.

„Graues Haar zieht das Gesicht herunter", bemerkt PK, „während Menschen mit schlohweißem Haar fabelhaft aussehen. Drüber hinaus gaben wir seinen Zügen mehr Farbe, damit er weniger abgespannt aussah; anstelle widerspenstiger Haare und eines büscheligen Barts, die irgendwie auf das nahende Lebensende hindeuten, war das Haar üppiger und knapper gestutzt, so daß er verjüngt aussah. Wir schufen für Gandalf den Weißen eine Aura von Wiedergeburt; er war die gleiche Person, jedoch erneuert und bereit, wieder aufzubrechen." Sowohl PK als auch Peter bemühen sich zu betonen, daß Make-up – wie Schönheit – lediglich eine oberflächliche Illusion sei. Der Erfolg einer Darstellung beruht auf einer Verbindung des „gemachten" Aussehens und der Art, wie der Schauspieler dieses Aussehen verinnerlicht. „Für Gandalf den Weißen", sagt PK, „wurde Ian munterer; er legte das gekrümmte und überbürdete Wesen Gandalfs des Grauen ab, stand aufrechter und drückte die Schultern zurück."

Das traf auch auf Théoden zu, anfangs ein klappriger, geistesschwacher Mann, der jede königliche Würde durch die einschmeichelnden Täuschungen von Sarumans Spion Gríma Schlangenzunge eingebüßt hat, später jedoch von Gandalf dem Weißen auf wundersame Weise wiederhergestellt wird.

„Wenn du einen guten Schauspieler in einer Rolle hast", bemerkt PK, „machst du das Make-up, und er macht das übrige. Wir filmten die zwei Théodens in der

Hobbit-Haare und Zauberer-Bärte

umgekehrten Reihenfolge: zuerst den tapferen, kraftvollen militärischen Führer in mittlerem Alter; dann seine frühere Verkörperung als machtloser, zugrundegehender Monarch. Bernard Hill war glänzend; er wurde plötzlich die alte Person, gebückt, mit einem herunterhängenden Mundwinkel. Die Rolle zu verkörpern ist immer besser, als jemandem das Gesicht mit künstlichem Gummi oder Gelatine zu beschmieren."

PK schweift einen Augenblick ab, um eine Anmerkung zu den Gesichtsmasken zu machen, die Weta für den Film produzierte. „Weta", sagt er, „fabrizierte das verblüffendste Zeug! Wenn Sie sich die wunderbare Szene mit Saruman und dem neugeborenen Lurtz anschauen, ist es absolut glaubhaft, daß die beiden Wesen existieren und miteinander verwandt sind. Aber das gelingt, weil Richard Taylors Team und wir dasselbe Ziel verfolgten: Was immer du tust, du mußt glaubhaft sein; nichts kann so ausgefallen sein, daß es nicht zu glauben ist."

Zurück zum Geheimnis von Théodens Verwandlung. Zu Anfang filmten sie Bernard Hill in vollem Make-up als den alternden König von Rohan: runzlige Haut (eine alte Technik, die Gewebe und Leim verwendet), eine Glatzenperücke, dünnes Haar und Hände mit aufgemalten Leberflecken. Dann verpaßten sie Bernard eine Folge von Zwischen-Make-ups, die ihn jedesmal jünger und kraftvoller aussehen ließen. Diese Bilder wurden jeweils von der Kamera aufgenommen und dann zu einer fortlaufenden Sequenz zusammengeschnitten, die zeigt, wie der König die Krankheit und die Hinfälligkeit des Alters abwirft.

„Wenn man es recht bedenkt", sagt Peter, „hatte ein großer Teil unserer Arbeit an diesem Film mit Verwandlung zu tun. Nicht bloß, daß wir den alten Théoden jung oder aus Gandalf dem Grauen Gandalf den Weißen machten, sondern wir verwandelten bläßliche Komparsen in Hobbits mit rötlicher Haut und Leute mit frischen Gesichtern in porzellanhäutige Elben; wir sorgten dafür, das Ian Holm als Bilbo (für die Szenen in der Rückblende) jünger aussah und dann fortschreitend älter und älter. Und zusätzlich zu alledem halfen wir bei der Verwandlung Frodos. Auch er wird auf seiner Reise Schritt für Schritt verändert: durch Krankheit, Erschöpfung und Kummer wie auch vom wachsenden Gewicht der Reife."

„Was Frodo betrifft", sagt Peter, „fingen wir mit der Arbeit *von hinten* an. Unser erstes Ziel war es, Elijah so frisch und jung wie möglich aussehen zu lassen und diesen jugendlichen Habitus so weit wie möglich in eine Richtung zu lenken, damit wir die besten Voraussetzungen gewannen, ihn später in die entgegengesetzte Richtung lenken zu können. Der Prozeß des Älterwerdens (eigentlich ist es ein Verlust an Unschuld) wurde ganz allmählich und stufenweise vollzogen. Wir nahmen win-

KAPITEL 8

zig kleine Veränderungen vor – Einsinken der Wangen, so daß die Wangenknochen deutlicher hervorzutreten schienen und das Gesicht seine runde Form zu verlieren begann. Alles Weitere lag bei Elijah."

Manchmal wurden an einem Tag abwechselnd Szenen mit dem jünger aussehenden Frodo und seinem eher weltverdrossenen Gegenstück gedreht. Tatsächlich kam es nicht selten vor, daß Elijah und die anderen Hobbit-Darsteller sich mittags zum zweitenmal rasieren mußten und für die Drehs am Nachmittag ein anderes Make-up bekamen.

„Das Ganze war ein unaufhörlicher Albtraum", sagt Peter. „Es gab drei Arten von Drehbüchern: für die Hauptdarsteller, die Stunt-Doubles und die Doubles für andere Maßstäbe; und drei Gruppen von Polaroid-Fotos für jeden und für jede gedrehte Szene. Häufig drehten verschiedene Teams verschiedene Szenen (manchmal für dieselbe Sequenz) an weit entfernten Drehorten. Man hatte weder die Zeit noch die Möglichkeit, etwas in den Drehbüchern der anderen nachzuprüfen, sondern alles mußte festgehalten werden: Die Haare in dieser Szene naß, in dieser Szene zerzaust."

Schaubilder und Zeitpläne wurden erstellt und penibel befolgt:

„Wir mußten exakt feststellen", erinnert sich Peter, „in welchem Stadium sich jemand in einer bestimmten Phase der Reise befand. Jeder wird zum Beispiel schlammig, aber du kannst nicht einfach immer mehr Schlamm anhäufen. Also kamen wir zu dem Schluß, es wäre vernünftig, anzunehmen, daß sie sich bei jedem Halt ein bißchen wuschen und zurechtmachten. Aber alles mußte schriftlich festgehalten werden, so daß sich in einigen Drehbüchern die kryptische Anweisung fand: ‚Heute sauberer!‘"

Andere Aspekte der Veränderungen bei den Figuren waren etwas schwieriger zu bestimmen, waren aber, wie Peter erklärt, nicht weniger wichtig: „Es gibt eine Müdigkeit, die symbolisch ist, weil sie mehr ist als körperliche Müdigkeit, es ist auch eine wachsende Müdigkeit. Um die zu erzielen, mußt du in den Kategorien eines Neun-Stunden-Films denken und das Fortschreiten dieser Veränderungen durch den ganzen Film im Visier haben; machst du es falsch, hast du jeden Effekt, den du in der ersten Stunde erzielen kannst, aufgebraucht und für die folgenden acht Stunden nichts mehr übrig."

Für den kontinuierlichen Ablauf zu sorgen, war bloß eines der vielen Probleme, mit denen sich die Herren Owen und King herumzuschlagen hatten. Wie zum Beispiel stellt man ein Heer von 600 Rohan-Kriegern mit langen blonden Haaren auf die Beine, wenn die Kosten von 600 Perücken das Budget bei weitem überschreiten? „Man verwendet eine Art von Gewebe, das aus langen blonden Haaren besteht, die auf eine Schnur geflochten sind, und wir kauften eine große Menge davon und befestigten es an den Innenseiten der Helme. Man brauchte den Statisten bloß noch einzuschärfen, nicht die Helme und damit ihre Haare zu verlieren."

Während der Dreharbeiten gab es ziemlich viele furchterregende Tage. „Einmal hatte Peter Jackson in einer bestimmten Phase gesagt, er benötige 50 wilde Menschen mit struppigen Haaren und Bärten. Dann", erinnert sich PK, „zwei Tage vor dem Dreh, kam er wieder und sagte, jetzt brauche er 250! Das war in zwei Tagen nicht zu schaffen; es war einfach unmöglich, 200 zusätzliche Bärte und Perücken herbeizuzaubern. Also schlug ich ihm vor, die am besten ausstaffierten Statisten dicht vor der Kamera zu postieren und den Hintergrund mit anderen Komparsen zu füllen, denen wir angedeutete wilde Haare verpassen würden. Mit dem Einsatz von reichlich Hintergrundbeleuchtung wären sie kaum mehr als Silhouetten und vermittelten dennoch die Illusion eines großen Heeres."

Hobbit-Haare und Zauberer-Bärte

Das war etwas, das beide Männer in ihrer höchst erfolgreichen Laufbahn lernten. „Es gibt auf der Welt keinen Regisseur", sagt PK, „der gern das Wort ‚Nein' hört, und Peter Jackson ist keine Ausnahme. Das Geheimnis besteht nicht darin, ihm ein Problem zu bereiten, sondern ihm eine Lösung zu liefern."

Und man darf nicht vergessen, daß es Spaß macht: „Die Leute arbeiteten lange Tage und wurden sehr müde, aber es machte Spaß! Ich persönlich mag diese großen Spektakel, auch die Frechheit, mit der man sagt: ‚Du hast zweieinhalb Stunden, um 300 Leute auf Vordermann zu bringen. Komm in die Gänge!' So haben Peter Owen und ich angefangen: Wir haben am Theater und in der Oper unerhört aufregende Sachen gemacht – und immer unter wahnsinnigem Zeitdruck. Wenn beim *Herrn der Ringe* manchmal der Teufel los war, kam es mir vor, als kehrten wir dahin zurück. Es stimmt schon, von links, von rechts und aus der Mitte stürzen sich Leute mit Problemen auf dich, und dann kommt natürlich gelegentlich ein Gefühl von Panik auf, aber für mich gibt es nichts Größeres!"

„Selbstverständlich", setzt Peter hinzu, „kannst du das nur machen, wenn du die organisatorische Arbeit geleistet, alles genau geplant und dafür gesorgt hast, daß mit absoluter Sicherheit die Elben-Ohren zur rechten Zeit am rechten Ort sind und du für morgen genügend Eimer mit Schlamm im Kühlschrank hast."

Also, wie lautet nun genau das Rezept für Schlamm? „Du fängst mit Maissirup an", enthüllt Peter Owen, „der macht ihn klebrig und verhindert das Austrocknen; dann fügt man natürliche Erde hinzu, zum Beispiel Umbererde, um dem Schlamm die Farbe zu geben (es ist wichtig, daß dein Produkt zu den Erdfarben paßt, die sich an jedem Drehort finden), und zum Schluß gibt man eine große Menge Walkerde hinzu, um der Masse die entscheidende dunkle Farbe zu verleihen. Das Problem ist, daß sie so viel Zucker enthält, also ein idealer Nährboden für Bakterien ist. Folglich müssen wir sie im Kühlschrank aufbewahren und ein Auge darauf haben – laß das Zeug länger als zwei Tage in Ruhe, und schon wird es lebendig."

„Tatsächlich", setzt Peter King hinzu, „trug jeder Eimer Schlamm eine Aufschrift mit dem Verfallsdatum."

Grímas Grausamkeit

„Er ist kriecherisch und abstoßend!" Peter King beschreibt das Aussehen des bösartigen Gríma Schlangenzunge, der sich als der vertrauenswürdige Ratgeber von Théoden, König von Rohan, ausgab, während er in Wirklichkeit der Knecht Sarumans war. „Wir wollten, daß er wie ein nachtaktives Reptil aussah, wie eine Kreatur, die nur im Schatten lebt."

Diese durch und durch unangenehme Gestalt verkörpert auf der Leinwand Brad Dourif, ein Schauspieler, dessen frühe Auftritte in *Einer flog übers Kuckucksnest* und *Die Weisheit des Blutes* ihm den Ruf eintrugen, für die Darstellung gestörter und besessener Figuren prädestiniert zu sein; ein Ruf, der seitdem durch die Darstellung von Käuzen und irren Typen in einer Reihe von Horrorfilmen verstärkt wurde – darunter die *Child's-Play*-Serie, wo er der dämonischen Puppe „Chucky" seine Stimme lieh.

Um Grímas Persönlichkeit zu erschaffen, waren die vereinten Fähigkeiten von Make-up- und Haardesignern notwendig – Peter King und Peter Owen …

„Brad erschien erst ein paar Tage vor Drehbeginn seiner Szenen am Set", erinnert sich Peter Owen, „deshalb hatten wir wenig Zeit, sein Aussehen festzulegen. Weta Workshop machte einen Kopfabguß und schuf für ihn eine spitze Nase, und wir gingen daran, ihn zu einem möglichst beunruhigenden Geschöpf zu machen."

Peter erläutert, daß sie damit anfingen, das natürliche Gleichgewicht von Brads Gesicht unmerklich zu verschieben: „Keiner von uns hat perfekt symmetrische Gesichtszüge, aber Menschen mit auffällig asymmetrischen Gesichtern verursachen bei uns besonderes Unbehagen. Es ist

eine Unruhe, die möglicherweise einem alten Aberglauben entstammt, daß ein solches Aussehen auf einen ‚zweigesichtigen' Charakter hindeutet – was bei Gríma in der Tat zutrifft."

Also begann Peter, die natürlichen Unterschiede der beiden Gesichtshälften von Brad zu betonen, benutzte Gelatine, um die Augenlider zu verdicken. Dieser Ausdruck wurde durch die Augen selbst weiter verstärkt: „Wir paßten ihm ein Paar leicht getönter Kontaktlinsen an, doch als wir die eine Linse eingesetzt hatten, dachte ich: ‚Oh, das sieht ganz schön sonderbar aus!' Also beließen wir es bei einer und gaben seinem Gesicht eine Art Schlagseite."

„Ich schlug vor", sagt PK, „ihn an einer Hautkrankheit leiden zu lassen, etwas, das ihn von anderen unterschied, so daß er sich unbehaglich und befangen fühlte."

„Wir hatten für ihn eine Perücke aus langen, struppigen Haaren ausgewählt, die wir mit Handcreme schmierig machten, und dann fügten wir scheußliche rosafarbene, räudig aussehende Kratzstellen hinzu." Diese von Jeremy

Woodland angefertigten unangenehmen Latex-Verzierungen wiesen sogar nässende Pusteln auf. „Wenn du sie gesehen hast", sagt Peter schaudernd, „wolltest du dich auf der Stelle kratzen."

„Außerdem", ergänzt PK, „sollte Gríma unserer Ansicht nach so aussehen, als käme er selten ans Tageslicht: dunkle Ringe um die Augen und eine bleiche, teigige Haut."

„Die Haut", bemerkt Peter, „brauchte eine wächserne Durchlässigkeit mit einer leicht bläulichen Tönung – etwa so wie auf den Porträts der Königin Elizabeth I. Also schminken wir ihn fast weiß; Gino Acevedo, Wetas brillanter Chef-Maskenbildner, zog mit der Spritzpistole Adern über Grímas Gesicht. Es sah aus, als wäre seine Haut dünn wie Porzellan, in Wirklichkeit jedoch war ein Make-up darauf, das mehr als 1 kg wog."

„Dann waren da noch die Augenbrauen", wirft PK ein. „Es gibt ein paar Dinge, die wir nur anzweifeln, wenn sie *nicht* da sind. Wenn du also willst, daß jemand richtig unheimlich aussieht, brauchst du ihm bloß die Augenbrauen wegzunehmen."

„Brad war erstaunlich", sagte Peter. „Ich sagte ihm, ich wolle ihm wirklich die Augenbrauen abrasieren, und er blieb völlig ungerührt. Aber ich zögerte – immerhin sind sie weg, wenn sie einmal abrasiert sind! Du kannst sie nicht wieder dranmachen!"

Peter entschied, sich erst dann festzulegen, wenn er den Schauspieler vor der Kamera gesehen hatte. „Wir sind am Set, und kurz bevor sie anfangen wollen zu drehen, sieht Brad mich an und sagt: ‚Mach schon, Peter! Weg mit ihnen!' Also habe ich ihm an Ort und Stelle die Augenbrauen abrasiert. Zuerst merkte es niemand: Sie wissen, daß Gríma etwas sehr Beunruhigendes an sich hat, aber sie können nicht genau sagen, was es ist."

„Jeder hat etwas zu sagen", lacht PK, „sagt uns, wie unheimlich er aussieht, aber alle wollen auch wissen, was wir mit ihm angestellt haben. Dann begreifen sie plötzlich und fangen an zu schreien: ‚O mein Gott, seine *Augenbrauen* sind weg!'"

Um den unangenehmen Eindruck abzurunden, kam noch etwas hinzu: eine Schicht künstlicher Schuppen auf Grímas Schultern. „Es gab eine Zeit, da benutzten wir Seifenflocken als Schuppen", sagt er, „aber sie schienen nicht zu haften und wirkten nicht gut im Scheinwerferlicht. Also jetzt", sagt er, um der unglaublichen Enthüllung, die folgt, Nachdruck zu verleihen, „*jetzt* verwenden wir *Kartoffelpüree aus der Tüte.*"

123

KAPITEL 9

Gesichter entstehen

„Wenn du erst mal drinsteckst", sagt Jason Docherty (Bild unten), „steht die Zeit still." Der Mann von Weta Workshop gibt in letzter Minute ein paar Hinweise an den Stuntman Winham Hammond (Spitzname „Moo"), der einer „Head-Casting" genannten Prozedur unterzogen werden soll. Sie dient zur Herstellung einer Maske und soll Moo in einen unheimlichen, fauchenden Uruk-hai verwandeln.

„Du wirst immer noch hören können, aber es wird entfernt klingen, dumpf wie eine Trommel. Dann wirst du dich vielleicht ein bißchen eingeschlossen, klaustrophobisch fühlen."

„Keine Sorge", erwidert Moo ein wenig mühsam, weil er den Mund voll tückisch aussehender Zähne hat.

„Letzte Woche", erzählt mir Jason, „haben wir Moo ein Gebiß von Uruk-hai-Fangzähnen gemacht, und das trägt er jetzt; ist es erst mal drin, verzerrt es die Kinnlinie radikal, und wir brauchen einen akkuraten Abguß von Moos Gesicht – mit den Zähnen drin."

Moo trägt auch eine Glatzenkappe. „Mit Haaren können wir ihn nicht modellieren. Das Zeug, das wir verwenden – Alginat –, liebt Haare, verfilzt sich damit und reißt sie raus." Moo zuckt leicht zusammen. Jason fährt fort: „Wir kommen mit Augenbrauen, Schnurrbärten oder sogar", er mustert mein Gesicht fachmännisch, „mit einem ziemlich dichten Bart klar. Bei dickeren Haaren massieren wir einfach Vaseline hinein, damit es flach anliegt."

Im Augenblick schmiert Jasons Mitarbeiter Xander Forterie Moos haarige Schulter- und Rückenpartie mit Vaseline ein. „Weißt du, Moo", witzelt Jason, „daß du da eigentlich mehr Haare hast als auf dem Kopf?"

„Ich hätte sie abrasiert, wenn ich's gewußt hätte", erwidert Moo durch seine falschen Fangzähne; dann, als Xander sich seiner haarigen Brust zuwendet, fügt er hinzu: „Es ist hart, ein Mann zu sein! Besser, ich zeige nicht, daß ich das hier genieße."

Als nächste Demütigung muß Moo ertragen, daß ihm schwarze Müllbeutel um den Körper gewickelt werden. „Wenn das Alginat aufgetragen wird, ist es anfangs ziemlich flüssig, also brauchen wir die Müllbeutel, um etwas von dem Übergelaufenen aufzufangen." Nach einem skeptischen Blick auf das Plastikband, das fest um seinen Oberkörper gewickelt ist, lacht Moo, schüttelt den Kopf und sagt: „Sieht aus, als hätte ich ein schulterfreies Top an. Gut, daß mich meine Kumpels jetzt nicht sehen …"

Als Moo bereit ist, fängt Xander an, das Alginat zu mischen; dabei benutzt er eine elektrische Bohrmaschine, die mit einem Rührstab versehen ist. Das Ergebnis ist ein Eimer voll dicker, blau-grauer, zäher Masse, wie sie normalerweise – in kleineren Mengen – von Zahnärzten für Gebißabdrücke benutzt wird.

„Paß ein bißchen auf!" warnt Xander. „Wir werden mit Händen voll von dem Zeug herumrennen, und es hat den Hang, herumzufliegen. Wenn es einmal trocken ist, geht es aus fast allem wieder raus – Kleidung ausgenommen …"

Nachdem sie Moo gebeten haben, die Augen zu schließen, greifen sich Xander und Jason große Batzen

125

Kapitel 9

Xander und Jason nehmen Gipsbandagen, tränken sie mit Wasser, drücken die überschüssige Flüssigkeit heraus und wickeln sie um Moos Kopf, Schultern und Oberarme, bis sie eine dicke Umhüllung bilden. Zwei Bandagen werden zu Seilen gedreht: Eins wird über den Kopf von einer Schulter zur anderen geführt; das andere von der Nase, abermals über den Kopf, bis es ins Genick reicht. Gemeinsam werden sie den Gipsabdruck und das Alginatmodell bruchsicher fixieren.

Jason vorn und Xander hinten arbeiten rasch und umhüllen Moo mit Bandagen, mit Ausnahme seiner Nasenlöcher, die noch frei sind; er sieht aus wie eine ägyptische Mumie. Jason hält Moo auf dem laufenden. „Wenn der Gips hart wird", ruft Jason mit fröhlicher Stimme, „fühlt es sich ein bißchen so an, als packe dich jemand im Genick, und das Schlucken fällt ein wenig schwer." Und als wäre das noch nicht schlimm genug, fügt er abschließend hinzu: „Außerdem erwärmt die Bandage unter deiner Nase die Luft, so daß du das Gefühl hast, nicht atmen zu können – aber du *kannst es!* Alles klar?"

Nun heißt es nur noch warten …

Gerade als ich dachte, ich hätte alles erfahren, was man über Weta wissen muß, winken mich Richard Taylor und Tania Rodger zu einem Bezirk des Workshops, den ich noch nicht erforscht habe. Wir beginnen im „Urethan-Modellier-Raum", wo der Boden mit Stücken von Modellen und einer bunten Ansammlung

Alginat, klatschen sie auf den Kopf ihres Opfers und verteilen sie auf Rücken, Schultern und Brust. Das Alginat ist so schwer, daß es sofort einzusacken und abzugleiten beginnt, aber es wird auch rasend schnell hart, so daß man sich mit der Arbeit beeilen muß.

Jason konzentriert sich jetzt auf Moos Gesicht – schmiert Augen, Ohren und Lippen ein –, und während der ganzen Zeit redet er auf Moo ein und beruhigt ihn. Schließlich ist nur noch die Nase frei, und dann ist auch sie zugedeckt, und Jason arbeitet mit einem Spachtel die Nasenflügel heraus.

Moos Kopf ist vollständig von Alginat überzogen, und er ähnelt einem Monster aus einem Fantasy-Film: eine Kreatur aus Ton, kataklystischer Hitze ausgesetzt.

Bevor das Material völlig hart wird, legen sie Stücke von Jutesäcken darauf, um das Alginat zu verstärken und zu fixieren. Als nächstes kommt der Gips …

GESICHTER ENTSTEHEN

von Geräten bedeckt ist:Viele davon gehören offensichtlich in eine Küche. „Sie haben es gemerkt", lacht Tania. Da ist eine Mikrowelle, von angebranntem Urethan verkrustet, und eine Maschine zum Brotbacken, deren halb verdeckter Markenname sich auf den ersten Blick wie „Hobbi" zu lesen scheint, aber in Wirklichekit „Hobart" lautet. An der Wand hängen ein Schild – „RÄUME DEINEN ABFALL WEG" –, ein Paar Gummihandschuhe und eine Küchenwaage. „Alle Zutaten", erklärt Richard, „müssen großzügig abgewogen werden." Trotzdem kann ich nicht umhin zu bemerken, daß die Skala der Waage so verklebt ist, daß man sie unmöglich ablesen kann.

Der nächste ist der „Latexschaum-Raum". „Ist das ein Mixer?" – „Klar", sagt Tania, „ideal, um Latexschaum zu mischen." – „Genau", fügt Richard hinzu, „so, als wenn man Schaumgebäck macht …"

Vorbei an den Öfen („Selbstgebaut in der Werkstatt; sie waren drei Jahre lang täglich 24 Stunden in Betrieb") kommen wir zur „Füße-Herstellung": „Ja! Wir hatten wirklich einen Raum, ausschließlich für Füße", sagt Richard, „weil wir so viele produzierten."

Ein paar sind noch vorhanden. „Ein gebrauchtes Paar Frodo-Füße", lacht Richard. Einer davon hat ein Loch in einem Zeh (eher wie eine Socke, die bessere Tage gesehen hat), am anderen klebt ein Haarbüschel. „Für jeden Hobbit gab es ein Muster für die Bemalung, die beibehalten werden mußte, um die Kontinuität sicherzustellen. Einige unserer Leute sagten, sie hätten das Gefühl, jahrelang Füße bemalt zu haben."

Nachdem man in den *Gefährten* den ersten Hobbit gesehen hat, hört man mehr oder weniger auf, ihre Füße zu beachten, und so soll es auch sein. Trotzdem stellten sie, wie Richard erläutert, ein beträchtliches Problem dar: „Wir brauchten sechs Monate, um auszuknobeln, wie wir sie so geschmeidig und weich machen konnten wie menschliche Haut und doch so strapazierfähig, daß die Schauspieler auf schwierigem Terrain darin laufen konnten."

Während die Füße eine harte, feste Gummisohle haben, ist die Zone um die Knöchel verblüffend dünn. „Sie brauchen diese feine Struktur", sagt Tania, „damit

man sie den Beinen der Schauspieler unauffällig anpassen kann; doch andererseits mußten sie aus ein und demselben Material bestehen – einer trickreichen Mischung von Latexschaum – damit man sie als zusammenhängendes Stück und schnell genug modellieren konnte."

Vielleicht fragen Sie sich: Warum die Eile? Das Problem, so scheint's, liegt darin, daß sich ein Paar Hobbitfüße nur wenige Tage tragen lassen – höchstes drei –, bevor sie entweder schadhaft werden oder ganz kaputt zu gehen drohen. Die vier Hobbit-Hauptdarsteller schafften es, 1600 Paar Füße durchzulaufen, und dazu kommen noch die Füße, die von Bilbo, verschiedenen Nebendarstellern, Stunt-Doubles und einer großen Zahl von Statisten verschlissen wurden.

Und hier lagern die Gußformen, eine davon für einen Frodo-Fuß, getragen von Elijah Woods Double Kiran Shah, den Richard aufhebt und auseinanderklappt. Die äußere Form enthüllt dabei im Inneren einen Hohlraum mit der Form eines Hobbit-Fußes. Darin wird der „Kern", ein Abdruck von Kirans eigenem Fuß, eingepaßt und befestigt. Der Spalt zwischen dem menschlichen und dem Hobbit-Fuß wird dann mit Silikon ausgespritzt, so daß eine Art Strumpf entsteht, außen ein perfekter Frodo-Fuß, innen aber lückenlos an Kirans Fuß angepaßt.

Kapitel 9

"Wir wurden der größte Abnehmer von Silikon in Neuseeland", sagt Tania. "Wir verbrauchten jeden Tag mindestens ein 150-Liter-Faß."

"Jedes Paar Füße", fügt Richard hinzu, "mußte geformt, in der Gußform ausgeschäumt, zurechtgeschnitten, grundiert, bemalt, mit Haaren versehen und dann schließlich an einen realen Fuß angeklebt werden."

Sie fabrizierten nicht nur Füße. "Es gab ja auch Ohren!" ergänzt Tania. "1600 Paar Hobbit-Ohren. Und natürlich Elben-Ohren. Wir hatten Tausende davon. Die Hobbit-Ohren wurden aus Latex gemacht, die Elben-Ohren dagegen aus Gelatine. Sie müßten sich wirklich mal mit Norman unterhalten …"

Das Türschild von Norman Cates Büro – sonst Gelatine-Raum genannt – ist wirklich nur ein Werbeplakat für Gummi-Bears. Das „B" von „Bären" ist einfach ausgestrichen, so daß es jetzt „Gummi-Ears" heißt.

"Es war eine wahrhaft verrückte Erfahrung", lacht Norman. Er ist blond, Brillenträger, hat das frischgeschrubbte Aussehen eines Schuljungen. Er ist der Chemiker, der sich das Gemisch aus Sorbitol, Gelatine und anderen Stoffen ausdachte, die gebraucht wurden, um all diese vielen tausend Ohren und fast genauso viele Nasen herzustellen. "Am Anfang waren viele Untersuchungen nötig, um ein Rezept zu finden, das der Masse Elastizität verleiht. Es mußte dieselbe Substanz sein, die der menschlichen Haut erlaubt, sich zu dehnen und wieder in ihren ursprünglichen Zustand zurückzukehren. Nachdem wir das rausgekriegt hatten, ging es im wesentlichen darum, sie daran zu hindern, von den Gesichtern der Leute wegzuschmelzen."

Insbesondere Nasen haben es so an sich, daß sie leicht laufen. "Nach ungefähr 14 Stunden", erzählt er mir, "verschwindet die Nase. Wenn der Körper heiß wird – und im Licht von Scheinwerfern kann es unglaublich

GESICHTER ENTSTEHEN

heiß werden –, rinnt der Schweiß unter den Rand der Maske, und die Nase beginnt sich aufzulösen. Du mußt versuchen, den Schauspieler zu kühlen – Handgebläse sind wirklich nützlich –, und einfach darauf hoffen, daß der Regisseur die Nahaufnahmen am Morgen macht."

Gemma, Wetas Maskottchen, kommt hereingetappt und gesellt sich zu uns. „Norman", sagt Tania, „wurde Gemmas allerbester Freund. Sobald sie roch, daß er seine Gelatine aufkochte, flitzte sie wie der Blitz nach unten. Wir fanden sie in einer Ecke, wo sie Elben-Ohren kaute!"

„Sie hatte zweifellos eine Schwäche für Ohren", grinst Norman. „Ich persönlich würde sagen, von allem waren sie die schlimmsten – besonders Legolas' Ohren: Wir probierten sechs verschiedene Formen aus, ehe wir sie hinkriegten. Aus irgendeinem Grund war es immer das linke Ohr, das uns Probleme bereitete." – „Nun", witzelt Richard, „vielleicht war's das, auf dem er schlief!"

Lachend fährt Norman fort: „Obwohl wir immer unter Zeitdruck standen, konnten wir es uns immerhin leisten, eine halbe Stunde über Legolas' Ohren deprimiert zu sein; die Make-up-Künstler dagegen bekamen den Druck voll ab: Sie hatten keine Zeit zu verschenken – wenn ein Ohr passen mußte, dann mußte es passen." Er blickt sich um und schüttelt den Kopf: „Dieser Raum! Die Tage, Wochen und Monate, die ich hier saß und schrie: *Bitte! NICHT SCHON WIEDER OHREN!*'"

„Was erklärt", scherzt Richard, als wir weitergehen, „warum wir Normans Raum *schalldicht* gemacht haben."

Das Gespräch kommt wieder auf die Nasen. „Niemand sagte Ian McKellen, daß er als Gandalf eine falsche Nase tragen werde. Das erste Mal hörte er bei einem seiner häufigen Besuche in der Werkstatt davon. Er schlenderte herum, plauderte mit den Maskenbildnern, als einer von ihnen, Mike Asquith, beiläufig erwähnte, er arbeite an Ians Nase."

„Er war nicht gerade erfreut", ergänzt Richard, „und wer kann's ihm verübeln? Ian hatte den täglichen Frust erlebt, eine falsche Nase verpaßt zu bekommen, als er *Richard III.* spielte, und ihm behagte keineswegs die Aussicht, jeden Morgen mindestens eine weitere Stunde auf dem Make-up-Stuhl verbringen zu müssen – zumal er ohnehin zu einer unchristlichen Zeit zu arbeiten anfangen mußte. Doch er war ein wirklicher Gentleman, und fünf Nasen später – sie waren entweder zu kurz, zu spitz, zu hakenförmig oder zu knollig – fanden wir die perfekte Form."

Was stimmte denn nicht mit seiner eigenen Nase? „Die war in Ordnung", lacht Richard, „aber wenn Sie jemandem einen riesigen Bart und einen Schnurrbart ankleben, der gewaltig über der Oberlippe vorsteht, wirkt die Nase im Verhältnis zur übrigen Gesichtsfläche kleiner; wenn man die Nase nur 6 mm weiter vorragen ließ, sorgte man dafür, daß sie nicht in einer Masse von Haaren verschwand."

Peter Jackson wollte den „starknasigen" Gandalf, wie ihn John Howe dargestellt hat, und er bekam ihn schließlich von Mike Asquith, einem Maskenbildner mit dem Talent, menschliche Hautporen wiederzugeben. „Als ich Ian Mikes letzte Nase anpaßte", sagt Richard, „legte sie sich perfekt an Ians eigene Nase an, entsprach seinen Hautporen vollkommen und fiel nicht auf."

Tania bringt Gemma ins Büro zurück, während mir Richard von der Nase des anderen Zauberers erzählt. „Obwohl Christopher Lee viele böse Charaktere gespielt hat, besitzt er ein offenes, gütiges Gesicht; wir beschlossen also, auf seiner eigenen, unglaublich ausgeprägten Nase einen Höcker zu plazieren und die Spitze ein wenig herunterzuziehen. Damit gaben wir der Nase eine unmerkliche Hakenform, und sein Gesicht sah ein wenig bitterer und verkniffener aus."

Wie es scheint, ist es nicht so einfach, einen Schauspieler mit einer künstlichen Nase auszustatten: Man befestigt die Nase mit Prothesenkleber, dann muß die Naht dem Gesicht des Schauspielers durch behutsames

Kapitel 9

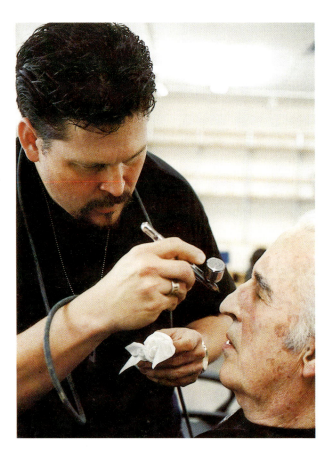

Schmelzen – oder „Abbrennen" – des Randes der Gelatine-Maske angepaßt werden. Da Gelatine von Wasser zu rasch aufgesaugt wird, benutzen die Make-up-Künstler ein erwärmtes Hamamelis-Präparat, um die Gelatine auf der ungebenden Haut zum Schmelzen zu bringen.

„Ist die Verschmelzung gut", sagt Richard, „benutzt man für den Rand kein Make-up, weil es den Höhenunterschied zwischen Haut und Maske bloß hervorheben würde. Gelatine verarbeitet man am besten mit einer Spritzpistole."

Das führt uns in die Werkstatt von Gino Acevedo – einem hochbegabten, amerikanischen Riesen mit gestutztem Bart und tiefen, glucksenden Lachen –, der für Filme gearbeitet hat wie *Alien 3, Der Tod steht ihr gut, Wolf – Das Tier im Manne, Demolition Man, Independence Day, Godzilla, Der verrückte Professor* und *Men in Black*.

Gino (auf dem Bild oben paßt er Christopher Lee Sarumans Nase an) ist ein Meister der Airbrush-Technik, einem Medium, mit dem er sich beschäftigt, seit er zu seinem 14. Geburtstag seine erste Spritzpistole bekam: „Ich bewunderte die Künstler, die daheim in Phoenix, Arizona, die Airbrush-Technik zum Bemalen von T-Shirts einsetzten. Da wußte ich, daß ich das auch machen wollte."

Nach bescheidenen Anfängen – dem Entwerfen und Bemalen von Halloween-Masken – stieg er auf und half in Hollywood bei dem Film *Nightmare on Elm Street 5 – Das Trauma,* Freddy Krueger seine grotesken Gesichtszüge zu verleihen.

Weil er Airbrush-Technik so außerordentlich gut beherrscht, kam er zum *Herrn der Ringe,* wo er sich um Farbgebung und Details der Make-ups der Hauptdarsteller kümmerte. Die Spritzpistole, die inzwischen nicht nur auf dem Gebiet von speziellen Make-up-Effekten eingesetzt, sondern auch von Kosmetikern benutzt wird, bietet eine weit sanftere Methode, ein Make-up aufzutragen, als durch den konventionellen Gebrauch von Pinsel und Schwamm erreichbar ist.

Der ältliche König Théoden bekam Altersflecken und Adern (ein Effekt, den man ohne Airbrush nicht hervorrufen kann), während die Nasen für Gríma Schlangenzunge, Gandalf und – was Gino voller Stolz erwähnt – Saruman feiner ausgearbeitet wurden: „Die Spritzpistole, die ich benutze, ist ein japanisches Gerät mit einer speziellen Vorrichtung, die es mir erlaubt, die Farboberfläche zu sprenkeln, eine Technik, mit der man Sommersprossen und Hautläsuren nachmachen kann. Christopher Lee war von meinem verchromten Ding fasziniert und erzählte mir, während seiner ganzen Laufbahn sei ihm noch nie ein Make-up mit einer Spritzpistole verpaßt worden."

Gino würde den Ausdruck „Spritztechnik" nicht verwenden: „Zwar benutzen inzwischen viele Leute diese Technik für Make-up-Effekte, aber nur wenige wissen wirklich, wie man vermeidet, daß das Ergebnis ‚zu weich' aussieht, als hätte man mit einer Sprühdose gear-

GESICHTER ENTSTEHEN

beitet. Es muß so aussehen, als wäre es *nicht* mit der Spritzpistole gemacht."

Dieses besondere Film-Projekt bot Gino die seltene Gelegenheit, mit den Schauspielern, deren Make-up er machte, eine Erfahrung zu teilen. Er porträtierte sich selbst in der Maske eines der sieben Zwergenherrscher (Bild links, der rechte der drei Zwerge, mit Richard Taylor), die man im Prolog zu den *Gefährten* sieht: „Es war verblüffend – ja beinahe magisch –, daß ich vor dem Spiegel saß und mich anblickte und nicht *mich selbst* sah, sondern eine andere Person, die meinen Blick erwiderte – mit meinen Augen!"

Richard und ich setzen unseren Rundgang fort. „Dank Ginos besonderen Fähigkeiten", bemerkt er, „und dank den anderen Prosthetic Supervisors Marjory Hamlin, Kym Sainsbury und Dominie Till, schafften wir es, die unmöglichsten Vorgaben einzuhalten. Von hier gingen jeden Tag Kisten und noch mehr Kisten voller Füße, Ohren und Nasen zusammen mit so manch anderen Körperteilen raus …"

Richard läßt mich großzügig Lurtz' Zunge befühlen und zeigt mir dann voller Stolz eine Reihe häßlicher Ork-Zähne: Obwohl es gezackte, vergilbte Reißzähne sind (tatsächlich eine Einzelanfertigung für den Ork-Schauspieler Lee Hartley), sitzen sie so gut wie ein konventionelles Gebiß. „Gib einem Schauspieler verfaulte Zähne, und du versetzt ihn zeitlich 500 Jahre zurück. Gute Zähne sind ein Merkmal des 20. Jahrhunderts, also

131

Kapitel 9

haben wir uns immer bemüht, den Eindruck von Zahnverfall überzeugend wiederzugeben."

Nachdem man von allen Akteuren – Hauptdarstellern und Doubles – Kopfabdrücke genommen hatte –, wurde ein Muster produziert, das demselben Zweck diente wie ein Perückenstock. Die Köpfe liegen wie schlafend da und bilden ein personifiziertes Reservoir für die künstlichen Preßformen der verschiedenen Gesichtszüge jeder Figur – Nasen, Kinnpartien, Wangen, Brauen und Augenlider –, und behalten auf diese Weise ihre Form.

„Übrigens," sagt Richard, „das ist das Kinn von Clint Ulyatt, unserem ‚Ork-Helden Nummer 2'." Und Clints Kinn ist nur ein Stück der erstaunlichen Gesamtzahl von 10000 individuell aus Latex-Schaum gefertigten Teile, die für die drei Filme hergestellt wurden.

Zusätzlich zu den etwa zehn „Ork-Helden", die man eines Tages in Nahaufnahmen sehen könnte, mußten auch 50 Orks, die weiter von der Kamera entfernt waren, mit Latexschaum-Masken zum Überziehen versehen werden. Richard gibt mir eine zum Untersuchen, und mir fällt sofort auf, mit welch außerordentlicher Detailtreue sie angefertigt ist (angesichts der häßlichen Kreatur sogar mit schweren Akne-Narben), obwohl man sie vielleicht nie auf der Leinwand sehen wird.

Aber zu einem Heer von Orks gehören nicht nur grauenhafte Gesichter – es gibt auch eine Menge grauenhafter Körper. Und da sind sie. Wie Reihen von übergroßen Kälteschutzanzügen sind sie aufgehängt, in einer ziemlich abstoßenden Farbe, die man höflich vielleicht als „erdbraun" beschreiben könnte oder einfach als „schmutzig". Das sind die Uruk-hai: Oberkörper mit gewölbten Brüsten; baumelnde Paare praller muskulöser Arme, verbunden durch ein Lycra-Bikini-Oberteil, das sie zusammenhält, und die beim Tragen eng am Körper des Darstellers anliegen.

Es folgt eine Vorführung: „Zuerst die Arme ... Dann der Körper ..." Richard hat jetzt riesige Gewichtheber-Muskeln. Am Körper hängen Gurte mit Clips herab wie Hosenträger. „Sie klammern Körper und Beine zusammen, ohne Falten zu werfen ..."

Richard greift sich ein Paar Beine – mächtige, muskulöse Schenkel –, beschränkt sich jedoch auf eine verbale Erklärung: „Im Grunde steigt man zuerst mit einem Bein hinein, dann mit dem anderen und dann ..." – er legt einen Arm zwischen seine Beine – „greift man nach einem Reißverschluß oben auf dem Hintern und zieht ihn im Schritt zusammen. Da drin ist es unglaublich heiß, wie Sie sich vorstellen können."

Ich *kann!* Und es ist wohl ziemlich unbequem, es sei denn, man ist ein ausgemachter Fetischist. „Um die Leute in diese Dinger zu kriegen", pflichtet Richard bei, „brauchten wir eine Menge Talkum-Puder ..." Selbst wenn ein Ork sich in all dieses

Gesichter entstehen

Zubehör gezwängt hat, muß er noch Hände und Kopfmaske anlegen, ganz zu schweigen von der Rüstung und sonstigen zerlumpten Kostümierungen, die zu seinem Rang in Sarumans Armee gehören. „Man kann es mit diesen ‚Vorher'- und ‚Nachher'-Illustrationen in alten Body-Building-Ratgebern vergleichen", lacht Richard. „Ein normaler schmächtiger Jüngling kann wirklich zu einem riesigen bedrohlichen Uruk-hai werden."

Weta war auch für alle „Wunden" verantwortlich, die den Helden im Film zugefügt werden: von denen, die Frodo auf der Wetterspitze davonträgt, bis zu Enthauptungen. „Macht mir Spaß", grinst Richard. „Vergessen Sie nicht, daß wir hier auf dem richtigen Terrain arbeiteten – *Braindead*."

Mit ihrem Chef Dominic Taylor folgte die Abteilung „Blut und Wunden" den verschiedenen Film-Teams mit dem eigenen Lastwagen und schuf realistische Wunden, von Schwerthieben bis zu abgetrennten Gliedmaßen. „Wir machten tolle Sachen", sagt Richard begeistert, „Hunderte von künstlichen Wunden. Wegen der Klassifizierung des Films waren uns Grenzen gesetzt, und wir konnten nur das machen, was wir im Film zeigen durften – Ork-Blut ist so dunkel, damit es nicht wie menschliches Blut aussieht –, aber immer, wenn wir uns einen blutigen Effekt leisten konnten, schlugen wir kräftig zu."

Plötzlich zucke ich zusammen, denn ich erblicke den auf den Ring versessenen Bilbo in Bruchtal, als der alte Hobbit in einem Augenblick der Versuchung nach seinem ehemaligen Besitz greift. Richard nimmt das Kopfmodell in die Hand und erklärt: „Wir machten eine Menge Fotos von Ian Holm mit unheimlichem Gesicht, und dann formte Jamie Beswarick diese geisterhafte Karikatur, durch die wir in einigen Einstellungen Ians Gesicht ersetzten."

Neben Bilbo – und doppelt so abschreckend – ist die Maske des Hexenkönigs, dem geisterhaften Anführer der Ringgeister. Sie ist über einen Perückenstock gestülpt und könnte der Kopf eines seit langem enthaupteten Herrschers sein. „Wir haben uns große Mühe gegeben, dem Kopf einen geisterhaften Ausdruck zu verleihen", sagte Richard, „und doch sollte es nicht der des üblichen Film-Zombies sein. Vielleicht beschreibt man ihn am besten, wenn man sagt, er sieht aus, als hätte er tausend Jahre lang Zitronen gelutscht."

Am kompliziertesten sind die Masken, die die Hobbit-Doubles tragen: Äußerlich maßstabgetreue Ebenbilder Elijah Woods und der anderen Hobbit-Hauptdarsteller, im Inneren den Gesichtern Kiran Shahs und denen anderer Doubles angepaßt. Zwischen den beiden Oberflächen befindet sich ein schmaler Hohlraum mit einem

133

Kapitel 9

Geflecht aus Drähten – mit Energie von einer Batterie unter der Perücke versorgt –, durch das eine Reihe mechanischer Gesichtsbewegungen (Stirn, Augen, Augenlider, Wangen und Mund) möglich sind.

An einer Wand hängen Girlanden glatter grauer Haare zur Vorbereitung für die Make-ups, die vom Heer der Toten in der *Wiederkehr des Königs* getragen werden. „Da wir gerade von Armeen reden", sagte Richard, „wir hatten eine winzige Armee – neun Frauen und einen

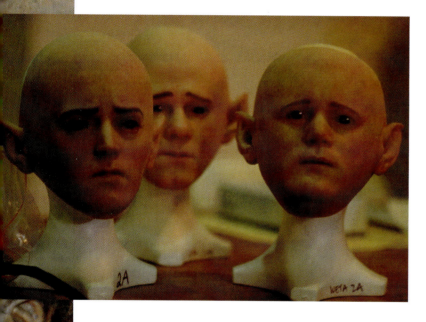

Mann –, die das gesamte Haar für die Orks und Uruk-hai und auch Hunderte von Gimli-Perücken und Bärten geflochten haben und riesige Mengen Haar für Ork-Füße."

Diese „Ventilation" genannte Arbeit erfordert höchste Konzentration: Der „Haar-Flechter" nimmt eine einzelne Haarsträhne, fädelt sie durch die Öse eines Hakens, der ungefähr so groß ist wie eine kleine Nadel, und näht sie so auf ein Stück feines Netzwerk, daß jede Strähne in die gleiche Richtung fällt. Obwohl geübte Arbeiter Haare mit außerordentlicher Schnelligkeit und Präzision flechten können, sind mindestens acht oder neun Tage erforderlich, um einen Zwergenbart herzustellen.

„Und woher, glauben Sie, stammt das Haar?" fragt mich Richard, doch ich rate lieber nicht. „*Yak!*" grinst er, „kommerziell erzeugte Bauchhaare von Yaks. Und, falls Sie sich wundern, das weist zufällig dieselbe Elastizität auf wie menschliches Kopfhaar. Es ist faszinierend, was man bei diesem Job entdeckt …"

John Rhys-Davies als Gimli mußte jeden Tag ein Marathon-Make-up über sich ergehen lassen. „Wenn wir Gimli einfach als einen Mann mit Perücke und Bart präsentiert hätten", sagt Richard, „wäre das nicht im Sinne von Tolkiens Schöpfung gewesen. Wir mußten Johns körperliche Erscheinung verändern, um ein zwergenhaftes Aussehen zu erzielen. Durch das Design seiner Rüstung und das Make-up erzeugten wir den Eindruck, seine Arme und Beine seien erheblich kürzer und sein Kopf sei ein gutes Stück größer." Für den Schauspieler, der jeden Morgen ab 4 Uhr sechs Stunden auf dem Make-up-Stuhl zubringen mußte, war es eine anstrengende Erfahrung. „Wir formten den ganzen Kopf und die Gesichtszüge aus Silikon", erklärt Richard, „einschließlich der Augenlider, so daß man von John lediglich Augen und Mundhöhle sah. Ich glaube, er nahm das alles nur deshalb auf sich, weil ihm bewußt war, daß wir gemeinsam eine absolut überzeugende Figur schufen." Richard lacht. „John war wirklich liebenswürdig. Er bemerkte sogar öfter: ‚Wenn ich je einen anderen Job annehme, bei dem ich eine Maske tragen muß, darfst du mich filmen.'"

Ein einzigartiges, kompliziertes Make-up wurde jedoch für die Sequenz geschaffen, in der die „Geburt der Uruk-hai" in den Minen unter Orthanc gezeigt wird.

„Wie erzeugt Saruman seine Armee?" fragt Richard. „Tolkien verrät es uns nicht, also gingen wir von dem Konzept aus, daß diese Kreaturen – unfähig, als Individuen zu denken, sondern nur als Gruppe; perfekt im Sinne Sarumans, doch Alter und Verfall unterworfen – im Grunde aus der Erde geboren würden. Sie entwickeln sich in einem embryonischen Sack, der mit Schlamm und Schleim gefüllt ist, und werden – wie lebendige Kartoffeln – von Orks ausgegraben."

Dafür wurden für die Orks spezielle Werkzeuge entwickelt, die den Geräten ähneln, die japanische Fischer zum Abspecken der Wale benutzen: „Da es so viele Uruk-hai gibt, kümmern sich die Orks nicht darum, ob ein paar davon zermalmt werden, wenn sie sie aus dem Boden reißen."

In einer außerordentlich komplizierten Sequenz zeigten sie schließlich die Geburt eines besonders monströsen Uruk-hai, für den sich bei den Filmemachern der Name Lurtz einbürgerte. Es war eine wirklich groteske Szene, die in einer albtraumhaften Umgebung spielte.

Gesichter entstehen

Für den Stuntman bedeutete sie eine zermürbende Geduldsprobe: neuneinhalb Stunden Make-up-Sitzung, gefolgt von einem 14stündigen Dreh, und am Ende des Tages zwei Stunden Abschminken.

Richard erinnert sich: „Wir begannen um Mitternacht. Jeder Millimeter seiner Haut – mit Ausnahme seiner Zunge – mußte abgedeckt werden: die ganze Brust, der gesamte Schritt, Schenkel, Hände und Füße – selbst das Innere seiner Ohren. Schließlich legten wir ihm eine blinde Gesichtsmaske mit geschlossenen und geschwollenen Augen an. Sein Mund stand offen, durch Zahnspangen zu einem Schrei gezwungen, so daß er nur flach atmen konnte."

Der Darsteller, unfähig zu sehen, büßte auch jedes Tastgefühl ein. „Mehrere Stunden lang", sagt Richard, „war er vollständig in einem embryonischen, mit Flüssigkeit gefüllten Sack eingeschlossen – eine Simulation des Geburtsvorgangs – und unter einem Haufen Schmutz begraben. Nach jeder Aufnahme holten wir ihn aus dem Sack, führten ihn unter die Dusche, spülten ihn ab, erneuerten das Make-up, führten ihn zurück, steckten ihn wieder in den Sack, füllten diesen neu mit Schleim und Schmutz und fingen wieder an zu drehen. Monatelange Vorbereitung und mehr als 24 Stunden höllische Arbeit für nur eine Sequenz, die schließlich wegen der Länge des Films herausgeschnitten wurde … Trotzdem, das ist eben unser Job."

Es ist Zeit, Moo zu befreien.

Xander hat auf dem Gips zwischen Schultern und Kopf eine Linie markiert. Dann schneidet er mit einem runden Spachtel entlang dieser Linie und stemmt – unter Ruckeln und Ziehen – zusammen mit Jason den Gips auf.

Schließlich ist die hintere Hälfte abgelöst und Jason durchschneidet vorsichtig das darunterliegende Alginat. Nachdem sie sich bis zum Scheitel des Kopfes vorgearbeitet haben, beginnen sie den Gips abzulösen. Moo beugt sich vor und stützt das schwere Gesichtsteil mit den Händen. „Okay, Moo", ruft Jason. „Blas die Backen auf!"

Moo fängt gehorsam an, Fratzen zu schneiden, um sein Gesicht von der Maske zu befreien. Plötzlich ist er frei! Er blickt sich blinzelnd um, spuckt die falschen Zähne aus und nimmt einen Schluck, während Jason sogleich Stoff in die Nasenlöcher stopft, um die Gußform fein ausarbeiten zu können.

Alle entspannen sich. Die Weta-Techniker können jetzt mit der Herstellung der künstlichen Ausstattung beginnen, die Moo tragen wird, wenn für ihn die Zeit kommt, als Uruk-hai in Mittelerde zu wüten.

135

Die Leiche auf dem Boden

Auf dem Regal neben Ginos Arbeitstisch liegen Ork-Schädel *und* ein abgeschlagener Uruk-hai-Kopf. Aber das ist nichts gegen den Schock, den ich erleide, als ich in einer Ecke des Raumes einen toten Körper liegen sehe. Und es ist nicht *irgendein* Körper ... es ist *Boromirs* Leiche.

„Von Weta verlangt man merkwürdige Sachen", sagt Gino Acevedo, „zum Bespiel innerhalb von fünf Tagen einen ‚lebensechten toten Boromir' zu fabrizieren."

Die Leiche wurde für die Szene benötigt, in der der gefallene Krieger von seinen Gefährten in ein Elbenboot gelegt und über die Wasserfälle von Rauros auf seine letzte Reise geschickt wird.

Die Leiche wirkt niederschmetternd authentisch, aber wie haben sie das geschafft? „Wir hatten bereits einen Kopfabguß von Sean Bean, aus dem unser Workshop Supervisor Jason Docherty eine Gußform aus Silikon herstellte. Indem er geschmolzenes Plastilin in die Form goß, erhielt er eine perfekte Kopie von Seans Kopf, die an einen unseren besten Bildhauer, Ben Hawker, weitergegeben wurde; der arbeitete die Gesichtszüge aus, um sie ein wenig hagerer zu machen. Von dieser bearbeiteten Skulptur machte Jason eine weitere Gußform des ganzen Kopfes, und ich nahm mattes Silikon, das wir zum Nachbilden von Haut benutzen, und goß die Form damit aus; das Material ließen wir dann über Nacht ‚aushärten'. Am nächsten Tag holte Jason den Kopf heraus, und ich bemalte ihn mit sehr blassen, stumpfen Farben.

Danach kam Boromirs Kopf zu Gavin Skudder, einem unserer Haartechniker, der Haare, Bart

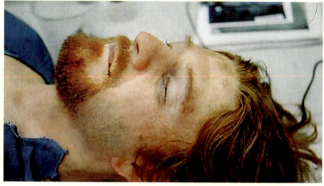

und Schnurrbart peinlich genau, Strähne für Strähne, in die Knetmasse drückte. Für diese aufwendige Arbeit benutzte er eine Nähnadel mit einer Öse in ‚U'-Form. Ein einzelnes Haar wird in die Mitte des ‚Us' gesteckt, und das wird wiederum in das Silikon gebohrt. Zieht man die Nadel heraus, verbleibt das Haar in der Masse und erweckt so den Eindruck, als wachse es aus der Haut heraus."

Das Ergebnis wirkte unglaublich echt: Nachdem die Leiche zwei oder drei Stunden am Set gelegen hatte, erkundigte sich ein nichtsahnender Techniker besorgt, ob man Sean nicht etwas zu trinken geben sollte.

Gespräch mit Baumbart

„Und jetzt erzählen Sie mir mal, wie spricht eigentlich ein Baum?" John Rhys-Davies stellt diese Frage, die ihn plagt, seit er gebeten wurde, dem Ent Baumbart seine Stimme zu leihen.

„Was an Baumbart wirklich schwierig ist ... tja, wie soll ich sagen? Er ist ein Baum, der geht und der spricht. Und das müssen wir hinkriegen – ohne daß es absolut lächerlich wirkt."

Der Baumbart auf der Leinwand ist entstanden aus der Kombination einer turmhohen animierten Gestalt – hergestellt von Weta Workshop (so groß, daß Merry und Pippin in ihren Zweigen sitzen können) – mit Computerbildern.

„Das höre ich gern", sagt John und lacht dröhnend, „wenigstens brauche ich die Rolle nicht leibhaftig zu spielen. Das wäre zuviel gewesen! Zuerst schmiert ihr mir das ganze Gesicht mit Make-up voll, um Gimli zu spielen, und dann bedeckt ihr mich mit Borke für Baumbart."

Doch es bleibt das Problem, Baumbart eine persönliche Stimme zu geben: „Tolkien beschreibt Baumbart als eines der ältesten Lebewesen in Mittelerde, und als solches nimmt er sich die Zeit, zu denken und zu sprechen – er hat viele Erinnerungen, aber auch eine methodische, gemächliche Art, auf sie zurückzugreifen. Tolkien schreibt, daß die Stimme wie ein tiefes Holzblasinstrument klingt. Wenn Sie nun an ‚alt' und ‚tief' denken, kommt Ihnen ‚langsam' in den Sinn, aber wir sind beim Film, und was wir uns wirklich nicht leisten können, ist, ‚gewichtig' zu sein. Ja, ich kann mir 50 Möglichkeiten denken, das auf die Leinwand zu bringen, es aber genau nach Tolkien umzusetzen ist ein Albtraum."

In Wahrheit genießt John die Aufgabe: „Eigentlich bin ich in der Position, die ich bei einer Rolle am meisten mag: Ich habe viel darüber nachgedacht und ein bißchen rumprobiert, und ich habe eine Heidenangst, weil ich noch nicht die letzte Entscheidung getroffen habe. Und das ist nach meiner Erfahrung immer der richtige vor-kreative Zustand, um den Sprung zu wagen. Ich liebe den Augenblick, in dem man tief Luft holt und sich festlegt."

Wie also spricht ein Baum? „Nun", grinst John, „wenn die Leute das hier lesen, werden sie's wissen, oder? Hier sind ein paar Gedanken, die ich bis jetzt hatte: Da sind Geräusche: das Rascheln von Blättern; Borke, die sich an Borke reibt, ein Laut, der an die Bewegung von Wurzeln denken läßt, die aus der Erde kommen und sich eingraben. Was die Stimme betrifft: Dieser Baum – dieser Ent – kann sprechen; er hat ganz Mittelerde bereist, seine Sprache kann also verschiedene regionale Färbungen aufgenommen haben – ein kleiner Akzent hier, eine Spur Mundart dort. Eine Strategie könnte sein, daß sich die Geräusche und die Stimme gegenseitig überlagern, so daß einige Linien tief und verwurzelt klingen, und andere leise und hauchend, wie Wind in den Baumkronen ..."

John bricht ab, schaut mich todernst an und bricht in schallendes Gelächter aus. „Und wenn Sie sich all das angehört und festgestellt haben, daß alles Unsinn ist – dann nehmen wir ‚Plan B'". Er hält einen Augenblick inne. „Ärgerlich ist bloß, daß ich noch nicht weiß, was ‚Plan B' ist."

Ich mache einen Vorschlag: Könnte es nicht eine Verbindung geben zwischen Baumbart und dem Grünen Mann, dieser alten mystischen Gestalt, die sich durch unzählige Jahrhunderte in vielen anderen Kulturen fand? Ein menschliches Antlitz, freundlich oder tückisch, aus Blättern gemacht oder aus dem Blattwerk spähend, ist der Grüne Mann schließlich ein Symbol für den ewigen Zyklus von Leben, Tod und Wiedergeburt in der Natur.

„Hm", sagt John gemächlich wie ein Ent. „Hm, Sie haben mich da vielleicht auf einen Gedanken gebracht ... Einen Sämling von Gedanken, sozusagen ... Ja ... Ich muß darüber nachdenken ..." Ein Zwinkern ist in seinen Augen. „Sie sehen, ich verwandle mich bereits in Baumbart."

Kapitel 10

Ein filmisches Meisterwerk

„‚Ein Meisterwerk!' Das habe ich ihnen gesagt. ‚Wir drehen ein Meisterwerk!'" John Rhys-Davies setzt ein breites, strahlendes Lächeln auf. „Ich bin stolz darauf, nach ein paar Drehtagen der erste gewesen zu sein, der feststellte: ‚Gentlemen, wir machen einen Film, der größer sein wird als *Star Wars,* einen Film, den die Leute in 20 Jahren zu ihren Top Ten zählen werden!' Nichts, was ich seitdem gesehen habe, hat mich von dieser Überzeugung abgebracht …"

Christopher Lee stimmt zu: „Dieses Projekt ist unglaublich. Etwas Ähnliches hat es niemals zuvor gegeben. Nie – nie und nimmer! Dem Kino wird es neue Zuschauer verschaffen, und es wird sich mächtig und dauerhaft auf die Geschichte des Films auswirken."

Für viele ist der potentielle Klassiker-Status von *Der Herr der Ringe* der visionären Kraft, Inspiration und Hingabe eines einzigen Mannes zuzuschreiben: „Meine ersten Tage in Neuseeland brachte ich damit zu", erinnert sich John Rhys-Davies, „zu beobachten, wie Peter Jackson Regie führte. Ich sah, wie er mit den Schauspielern umging, wie die Crew auf ihn reagierte, wie er Probleme löste. Und es gefiel mir: sein Verhalten, seine zurückhaltende Ausgeglichenheit, seine Konzentration. Er ist *großartig.*"

Ian McKellen stellt fest: „Peters Gaben und Talente waren von Anfang an voll da. Immer war er freundlich und herzlich, und er freute sich immer auf den kommenden Tag. Folglich teilten wir diese frohe Erwartung …"

Es wäre einfach, mehrere Dutzend genauso überschwengliche Äußerungen beizubringen. Worin besteht also Peter Jacksons Erfolgsgeheimnis?

„Ich bin ein General", sagt Peter, „der eine riesige Armee führt. Ich versuche, ein guter General zu sein, weil ein schlechter General aus den Leuten nie das Beste herausholt. Meine Strategie? Ich versuche dafür zu sorgen, daß nicht zu viel Spannung herrscht und die Leute, wenn sie was vermasseln, nicht zur Schnecke gemacht werden – denn Fehler passieren immer bei einem so gewaltigen Projekt. Ich versuche, meine Mitarbeiter kennenzulernen, sie wie Individuen mit verschiedenen Egos und unterschiedlichen Temperamenten zu behandeln und ein stabiles Umfeld zu schaffen, in dem alle in freundlicher, zivilisierter Form zusammenarbeiten können."

Peter denkt einen Augenblick nach und fügt hinzu: „Wenn ich das nicht tue, dann mache ich meinen Job nicht richtig, weil jeder im Team immer den Drang verspüren muß, sein Bestes zu geben." Er bricht ab und lacht. „Ich will nicht, daß sie die beste Arbeit ihrer Laufbahn bei ihrem *nächsten* Film abliefern, ich will, daß sie es jetzt und hier tun – bei *diesem* Film."

Lange bevor sich das Team zusammenfand, nahm der Film in Peters Vorstellung Gestalt an: „Es mag rätselhaft klingen, aber von dem Tag an, als wir mit der Arbeit am Drehbuch begannen, konnte ich den gesamten Film vor meinem geistigen Auge sehen: die Kulissen, die Beleuchtung, die Perspektiven, die Einstellungen; was eine

139

Nahaufnahme werden sollte, wo ich eine Totale wählen würde – und die Möglichkeiten, diese Einstellungen schließlich zusammenzuschneiden. Klar, die Szenen im Film sind vermutlich nicht mit denen identisch, die ich zum erstenmal im Buch vor mir sah, weil sie sich *entwickelten*." Er führt ein Beispiel an: „Ich stelle mir eine Szene vor und wie ich sie drehen will; da kommen Alan Lee und John Howe mit ihren Skizzen, und die Szene ist völlig anders als die, die ich vor mir sah – aber *besser!* Ich hatte all diese Bilder vor Augen, mit denen ich jahrelang gelebt hatte – die Halle des Rats in Bruchtal, die Minen von Moria, Helms Klamm –, und dann schaue ich auf eine Zeichnung von Alan oder John und denke: ‚Mein Gott! Das ist phantastisch. Das ist viel schöner, dramatischer oder aufregender, als ich es mir je vorgestellt habe!' Dann fange ich an, diese Phantasien in meinem Bild unterzubringen, und plötzlich beginnt mein kleiner ‚mentaler Film', eine andere Gestalt anzunehmen."

Es ist ein Prozeß, erläutert Peter, der mit der Besetzung der Rollen weitergeht: „Ich stelle mir die Figuren vor, aber nie einen bestimmten Schauspieler – ich faßte nie Sean Connery für die Rolle des Gandalf oder Anthony Hopkins für Bilbo ins Auge – ich sehe die Figuren auf dieselbe Weise wie jeder andere, wenn er das Buch liest. Dann kommen schließlich die Schauspieler ins Spiel, schlüpfen in die Figuren und definieren sie. Was die Schauspieler tun, ist immer besser als alles, was du dir ausgemalt hast."

Der Film tritt in eine neue Phase der Entwicklung, wenn die Schauspieler die darzustellenden Figuren annehmen – beziehungsweise von ihnen Besitz ergreifen. „Für ein Gespräch zwischen Gandalf und Frodo kannst du ursprünglich die Idee haben, zu einer Totalen überzublenden; aber beim Drehen merkst du, daß es eine Nahaufnahme von Ian McKellen auch tut, und willst von einer Totalen nichts mehr wissen, weil Ian so bezwingend ist; und wenn du zu Elijah überblendest, strahlen seine Augen so viele Botschaften und Gefühle aus,

Ein filmisches Meisterwerk

daß du die Szene *jetzt* mit zwei Nahaufnahmen drehen willst – auch wenn das mit der Totalen eine hübsche Idee war; jetzt spielt sie keine Rolle mehr."

Für Peter bedeutet die Ankunft der Schauspieler auch eine Befreiung. „Du hast den ganzen Streß und Wirbel der Phase vor der Produktion mitgemacht, als du für jede Einzelheit im Film verantwortlich warst und ihretwegen tausend Fragen beantworten mußtest: ‚Wie würde Frodo in dieser Szene reagieren?'; ‚Wie sieht Gandalfs Stab aus?'; ‚Ist dies das richtige Schwert für Aragorn?'; ‚Welche Weste würde Bilbo am besten stehen?'. Dann sind plötzlich die Schauspieler da und fangen an, ihre Figuren in Besitz zu nehmen, und wenn jemand wissen will, ob Gandalf dies oder das tun würde – dann kann er zu Ian McKellen gehen und ihn fragen."

Das Casting, angefangen mit Elijah Wood als Frodo (bei Drehbeginn 18 Jahre alt) bis hin zu Christopher Lee als Saruman (in den Siebzigern), verlief glänzend. Elijah erinnert sich: „Als ich erfuhr, daß Peter den *Herrn der Ringe* verfilmen würde, dachte ich: ‚Das ist ja toll!' Von der Vorstellung, Frodo zu spielen, war ich begeistert; teils deshalb, weil an der Rolle oder der Geschichte nichts *Gewöhnliches* war und weil sich die Arbeit über einen so langen Zeitraum erstrecken würde. Das war fast so, als ginge man auf eine so lange und mühevolle Reise wie die Gestalten im Buch."

„Als ich den *Herrn der Ringe* zum erstenmal las", erinnert sich Christopher Lee, „dachte ich: ‚Wäre das nicht wunderbar, wenn man aus dieser Geschichte einen Film machte?' Aber ich verwarf die Idee als unmöglich. Als Peter viele Jahre später sagte, er wolle mich für die Rolle des Saruman, glaube ich, ein Traum sei wahr geworden – in doppeltem Sinne: erstens, weil sie aus diesem Buch, das ich liebe, einen Film machen wollten, und zweitens, weil ich darin mitspielen sollte."

„Wir suchten nach Schauspielern, die am besten geeignet schienen, die Rollen zu spielen", sagt Produzent Barrie Osborne (Bild rechts). „Wir standen nicht unter dem Druck, Stars mit ‚Namen' zu verpflichten, um den Film bekannt zu machen, weil wir schließlich einen Roman mit 100 Millionen Lesern hatten, die den Film bekannt machen würden. Also suchten wir nur nach den besten …"

Peter suchte sich seine Darsteller in England, Amerika, Australien und Neuseeland zusammen. John Rhys-Davies erinnert sich: „Ich ging zu einer Leseprobe und traf auf ziemlich viele Schauspieler, die ich nicht kannte. Aber wegen ihres Aussehens erriet ich auf Anhieb, wer sie waren: ‚Ich wette, das ist Frodo', dachte ich. ‚Und das wird Merry sein … Und der da muß Sam sein …' Das sagte einiges über das Casting; und wenn ein Regisseur richtig besetzt, hat er 80 Prozent seiner Arbeit bereits getan."

Da waren freilich immer noch die anderen 20 Prozent, die wirklich rund um die Uhr Peters Aufmerksamkeit erforderten, und das sieben Tage in der Woche, anderthalb Jahre lang – und *noch* länger.

„Ich glaube nicht, daß wir je dran zweifelten, es schaffen zu können", sagt Supervising Editor Jamie Selkirk im Rückblick auf die Zeit vor den Dreharbeiten. „Wir wußten, daß wir die Fähigkeiten und das nötige Umfeld hatten, aber ich glaube, daß sich keiner von uns – mit Ausnahme von Peter und Richard Taylor – wirklich über das wahre Ausmaß unseres Vorhabens klar war, bis wir es tatsächlich in Angriff nahmen. Und als uns die wirkliche Größenordnung endlich bewußt wurde, fing diese gerade an, noch weiter zu wachsen."

Und so war es. Am Anfang hatte es Jamies Abteilung täglich mit 1500–3000 m belichtetem Film zu tun, eine Zahl, die rapide auf 10 000–12 000 m anstieg. In den meisten Filmen werden zwei Drehteams eingesetzt: Das erste arbeitet mit dem Re-

141

Kapitel 10

gisseur und dreht Szenen mit den Hauptdarstellern; das zweite dreht Szenen mit Stunts und solche Dinge wie einen Sonnenuntergang hinter den Bergen oder ein im Regen schwingendes Kneipenschild ... Beim *Herrn der Ringe* waren häufig fünf und – ein- oder zweimal – sieben Teams im Einsatz, unter Leitung der Second Unit Directors John Mahaffie und Geoff Murphy und der Additional Second Unit Directors Ian Mune und Guy Norris, und mit so gut wie jedem, der im Augenblick gerade greifbar war – darunter Produzenten und Drehbuchautoren.

Für Assistant Director Carolynne („Caro") Cunningham (auf dem Bild rechts führt sie ihre Truppen in Osgiliath an) muß die Aufgabe, einen durchführbaren Plan für ein so kompliziertes Projekt zu organisieren – und dann dafür zu sorgen, daß alle ihn einhielten –, ein logistischer Albtraum gewesen sein. „Ich gebe zu, daß es mit nichts zu vergleichen war, woran ich bisher gearbeitet hatte", lacht Caro, „aber der einzige wirkliche Unterschied bestand darin, daß alles größer war – also brauchte man bloß die Ärmel aufzukrempeln und sich hineinzustürzen. Angesichts von drei Filmen mit großer Besetzung, gleichzeitig an verschiedenen weit auseinanderliegenden Schauplätzen gedreht, konnte einem leicht schwindelig werden, aber wenn du die Nuß erst einmal geknackt hattest, wurde es einfach selbstverständlich. Das war wirklich kein großes Kunststück – es erforderte bloß ein Körnchen gesunden Menschenverstand – *mal zehn!*"

Das sei strapaziös gewesen, räumt Caro ein: „Einen normalen Spielfilm zu drehen, dauert zwischen acht und fünfzehn Wochen – nicht *fünfzehn Monate*. Es gab zu viel zu tun und keine Unterbrechung. Also begann jeden Morgen um 5 Uhr ein 11stündiger Drehtag, ehe man sich auf den nächsten Tag vorbereiten und zu Bett gehen konnte. Es gab Zeiten, in denen man so müde war, daß man nicht sicher war, ob man aufstehen und einen weiteren Tag würde überstehen können. Alles andere im Leben kam zum Stillstand."

Das hört sich nicht so an, als hätte es viel Vergnügen gemacht. „Ich hatte einen Riesenspaß!" lacht Caro. „Es war eine tolle Sache. Aber es war auch harte Arbeit, und am Ende sahen wir den ‚Wandelnden Toten' ziemlich ähnlich."

Rick Porras, Co-Produzent (und manchmal fünfter, sechster oder siebter Regisseur), meint zu der Leistung: „Es ist verblüffend, daß Caro dieses große Planspiel entwerfen, durchführen und uns alle darin einbinden konnte; es ist erstaunlich, daß wir all diese Teams bereitstellen und ihre Arbeit koordinieren konnten; aber am verblüffendsten ist, daß Peter in der Lage war, alle Informationen über all diese Teams jederzeit parat zu haben."

Ein derart expandierendes und sich rasch entwickeln-

142

Ein filmisches Meisterwerk

des Projekt stellte hohe Anforderungen an Peter und die Crew, und man mußte deshalb einige personelle Ergänzungen vornehmen. Die Produktionsleitung übernahm Barrie M. Osborne, zu dessen früheren Leistungen unter anderem *Im Körper des Feindes*, *Child's Play* und *Dick Tracy* gehören und der zum Projekt stieß, nachdem er den internationalen Kassenschlager *The Matrix* produziert hatte.

Eine andere wesentliche Veränderung vollzog sich in der Besetzung. Kurz nach Beginn der Dreharbeiten kam man zu dem Schluß, daß Stuart Townsend in der Rolle des Aragorn eine Fehlbesetzung war. Während man sich in gegenseitigem Einvernehmen trennte, hätte der Zeitpunkt, sich für einen neuen Schauspieler zu entscheiden, kaum schlechter gewählt sein können. Stuart hatte sich mit den übrigen Gefährten vorbereitet, und die Dreharbeiten sollten mit den Szenen der ersten Begegnung zwischen den Hobbits und Aragorn (als Streicher) im „Tänzelnden Pony" in Bree beginnen.

Executive Producer Mark Ordesky (Bild unten) erzählt: „Ich war in London, als ich den Anruf von Peter bekam. Ich rief sofort Los Angeles an, um herauszufinden, welche Auswirkungen es auf den Drehplan haben würde, sollte man die Rolle des Aragorn neu besetzen müssen. Man nannte mir eine ziemlich erschreckende Summe. Ich legte auf und fühlte mich so allein, wie ich mich in meinem Beruf noch nie gefühlt hatte. Wir hatten fünf Tage Zeit, die richtige Person zu finden und zu casten, den Vertrag mit ihr zu machen und sie in ein Flugzeug nach Neuseeland zu setzen – für 15 Monate. Das ist schon eine dramatische Situation."

Für Mark gab es nur einen Bewerber für die Rolle von Aragorn – Viggo Mortensen: „Meine Frau hatte Viggo in *Crimson Tide – In tiefster Gefahr* gesehen und bestürmte mich, ihn ausfindig zu machen und mich mit ihm zu treffen. Viggo geht nicht mit ‚Hollywood-Knilchen' essen, aber schließlich traf ich ihn und erzählte Peter später, daß ich mich heftig bemühe, eine Möglichkeit zu finden, mit Viggo zu arbeiten."

Ein Jahr später ergab sich diese Möglichkeit, aber es erforderte einiges an Hartnäckigkeit, um ans Ziel zu gelangen: „Wir schickten Viggo ein Drehbuch, und seine erste Reaktion war ein ‚Nein!' Wir brauchten drei weitere Tage, um ihn zu überzeugen. Kurz vor Toresschluß kam Viggo in Wellington an, schloß sich den bereits verpflichteten Darstellern an und schlüpfte ebenso unvermittelt in seine Rolle, wie der geheimnisvolle, unbekannte Streicher in der Geschichte auftaucht. Peter sagt gern, das Schicksal habe eingegriffen, aber er macht sich nicht klar, daß dem Schicksal ein Jahr zuvor eine helfende Hand zu Hilfe gekommen war, als Viggo widerstrebend mit einem unbekannten ‚Hollywood-Knilch' essen ging."

Philippa Boyens sagt über Viggos Verpflichtung: „Wir wußten, daß es ein großes Glück war, Viggo – der zum Teil dänischer Abstammung ist – für die Rolle des Aragorn bekommen zu haben, als er bei seiner Ankunft ein Exemplar der *Völsunga-Sage* dabei hatte, das er aus seinem Bücherregal gezogen hatte! Viggo hat nicht nur das Gespür eines großen Schauspielers, wie man einer Rolle Leben einhaucht, sondern auch ein inneres Verständnis für den ‚Krieger-Kodex' und Tolkiens Philosophie des Heroismus."

Zurück bei New Line, glättete Mark Ordesky die Wogen: „Als alles vorbei war, rief ich Bob Shayne an und erzählte ihm, daß etwas passiert sei – ein Wechsel sei vorgenommen worden –, wir hätten Aragorn mit Viggo besetzt. Bob fragte bloß: ‚Wieviel hast du ausgegeben?'

Kapitel 10

Also sagte ich es ihm, und ohne eine Spur von Ärger oder gar Verdruß gab Bob die klassische Antwort: ‚Nun, vermutlich hast du gut daran getan …'"

Bei Beginn der Dreharbeiten befanden sich die Schauspieler in einer interessanten Lage, wie man sie beim Filmemachen selten erlebt. „Die meisten Schauspieler bauen darauf", erinnert sich Sean Astin, „daß sie das Drehbuh vorher zu lesen bekommen und sich so

vorbereiten können, aber beim *Herrn der Ringe* kannten wir die meiste Zeit solchen Luxus nicht, einfach weil Peter, Fran und Philippa mit der mühsamen Aufgabe beschäftigt waren, sich die Literatur von Mittelerde einzuverleiben und diese drei Filme zu entwickeln. Während wir drehten, erfuhr das Drehbuch viele Revisionen und Veränderungen, doch statt dies als etwas Schlimmes zu betrachten, sahen wir darin eine Chance … Sie setzten darauf, daß wir die Personen kannten, die wir spielten, und ermächtigten uns, bei turbulenten Drehs im Sinne unserer Figuren zu handeln."

Im Verlauf der Arbeit erlebten manche Rollen tiefgreifende Veränderungen, was die Schauspieler zwang, ihre Rollen – und ihre Beziehungen und Interaktionen mit den anderen – neu zu überdenken. So verwandelte sich zum Bespiel Liv Tylers ursprüngliche Darstellung Arwens als Krieger-Prinzessin schließlich in das Bild einer gefühlsbetonten Frau, einer Muse vergleichbar. Diese Veränderung wirkte sich ihrerseits auf die Entwicklung von Miranda Ottos Darstellung der Éowyn aus. Es war ein aufregender, jedoch zuweilen frustrierender und verwirrender Prozeß.

Eigentlich durchlief jede Charakterdarstellung eine Verfeinerung, zu der der Schauspieler unweigerlich einen entscheidenden Beitrag leistete. Für Orlando Bloom bestand das Problem darin, zu erfassen, was einen Elb ausmacht: „Legolas ist 2931 Jahre alt; alterslos und unsterblich. Er hat die Welt gesehen, doch nie erfährt man wirklich, was er denkt. Er ist entrückt, reserviert; steht abseits vom Leben. Er ist der Gefährten Augen und Ohren, er ist objektiv, leidenschaftslos, doch unglaublich konzentriert und kann einen Pfeil mit der tödlichen Genauigkeit eines Mörders abschießen. Das ist eine komplizierte Mischung von Charakterzügen, die man darstellen muß."

Im Gegensatz dazu mußte John Rhys-Davies damit zu Rande kommen, Gimli zu spielen: „Hätte ich ‚actortalk' praktiziert (was ich gern tue), hätte ich gesagt: ‚Nun, du mußt also den *Zwerg* in dir finden!'" John lacht herzlich und klangvoll. „Und da brauche ich wirklich nicht tief zu graben! Zwerge nehmen sich selbst schrecklich ernst, sind politisch verflixt unkorrekt und ziemlich direkt in ihrer Art, etwas auszusprechen, das ihnen durch den Kopf geht, ob es paßt ist oder nicht." Ein weiteres schallendes Gelächter. „Und ich gestehe offen, daß ich nicht die geringste Schwierigkeit hatte, ein paar dieser Züge in mir selbst zu finden!" Plötzlich ernsthaft, setzt John hinzu: „Natürlich ist Gimli eine wundervolle Figur! Argwöhnisch, paranoid, streitlustig; doch seine Treue zu Aragorn ist unverbrüchlich und seine Fürsorge für die kleinen Hobbits liebenswert. Es ist vor allem seine Furchtlosigkeit in aussichtsloser Lage, die ihn immer den Kampf aufnehmen läßt, selbst wenn ihm der Tod gewiß ist."

Johns Darstellung von Gimli war letztlich eine Reaktion auf die anderen Gefährten. „Die Größenunterschiede zwischen diesen Gestalten konnten leicht lächerlich wirken, aber Gimli befand sich in der Mitte zwischen den größeren Menschen und Elben und den kleineren Hobbits. Das brachte mich auf die Idee, daß Gimli (sein Hang, sich selbst zu wichtig zu nehmen, machte ihn un-

Ein filmisches Meisterwerk

fähig zu akzeptieren, daß er *klein* war) möglicherweise einen humoristischen Blitzableiter darstellte, der dazu beitragen konnte, daß der Übergang zwischen den beiden Gruppen unterschiedlicher Größe gelang."

Die Gestaltung der Rolle barg viele Unannehmlichkeiten: „Ich lebte mit einem künstlichen Gesicht, und das war die Hölle. Ich fragte mich mehr als einmal, warum ich ein Leben lang daran gearbeitet hatte, mir ein Gesicht zu erwerben, das man wiedererkannte – nur damit es jetzt unter Schichten von Latex verschwand! Davon abgesehen hatte ich in so vielen Szenen zu Gandalf oder Legolas oder Aragorn aufzublicken, daß ich dauernd einen steifen Nacken hatte, und ich verbrachte schrecklich viel Zeit auf den Knien – und zwar, *nachdem* ich den Job bekommen hatte!"

Ian McKellens Problem bestand darin, daß er eine ironisch gebrochene Figur darstellen mußte: „Das kannst du einfach nicht spielen! Du kannst dir nicht vorstellen, daß Gandalf 7000 Jahre alt ist, weil das über unser Fassungsvermögen hinausgeht; du mußt einen Mann spielen – einen alten Mann, zugegeben –, der Arthritis hat, friert, naß wird und müde; einen Mann, der eine beäng-

stigende Aufgabe zu erfüllen hat, der gern trinkt und raucht. Kurzum, jemanden, der *menschlich* ist, nur allzu menschlich …"

In den *Zwei Türmen* mußte John jedoch auch die *übermenschliche* Verwandlung Gandalfs des Grauen in Gandalf den Weißen spielen. „Ungeachtet der Tatsache, daß Gandalf in der Geschichte meistens der Weiße und nicht der Graue ist, denkt man beim Lesen sogleich an ihn als den Grauen – selbst nach seiner Verwandlung. Ich hatte das Glück, ihn zu Beginn als den Grauen zu spielen (als er zum erstenmal in der Geschichte erscheint und in Beutelsend ankommt), so daß es natürlich war, daß ich eine sentimentale Neigung zu ihm empfand. Gandalf der Weiße war schwerer zu spielen: Wiedergekehrt, um eine Aufgabe zu vollenden, ist er grimmiger, gehetzter. Natürlich ist er erlesener und besser gekleidet und sieht ein wenig wie ein Samurai aus, ganz im Gegensatz zu dem grauen Umhang, den er anfangs trägt."

Als wir über die Rolle Gandalfs sprechen, erwähne ich, Fran und Philippa hätten manchmal im Spaß von ihrer Furcht gesprochen, einen Zauberer mit einem Exemplar von Tolkiens Buch in der Hand auftauchen zu sehen.

Ian lächelt. „Ich glaube nicht, daß sie wirklich Angst hatten. Aber es muß für sie sehr schwierig gewesen sein, nach Jahren des Brütens über dem Buch und den Entscheidungen, wie etwas sein sollte oder nicht sein sollte, diesen unbefangenen, flotten Schauspieler vor sich zu sehen, der erst lediglich das relevante Kapitel genau gelesen hatte und sagte: ‚Hört mal, das habt ihr mißverstanden!' Und sie hatten es natürlich *nicht* mißverstanden, sie hatten eine wohlüberlegte Entscheidung getroffen, Tolkiens Text zu verändern, zu verbessern oder zu ignorieren. Und sie freuten sich immer darüber, ein Problem zu diskutieren, und sehr oft wurden Worte oder Sätze wieder eingeschoben. Für Autoren und Schauspieler war es wunderbar, daß es eine ‚Bibel' gab, auf die man sich berufen konnte."

Diesen Vergleich benutzt auch Sean Astin: „Ich behandelte die Bücher als Bibel für die Figur und benutzte das Drehbuch als Landkarte, um zu verstehen, in welche Richtung Peter, Fran und Philippa uns lenkten." Natürlich gab es viele, manchmal hitzige Diskussionen über die Rolle von Sam: „Peter wollte keine Hollywood-Figur, er wollte ihn realistisch; ich wollte Sams heldenhafte und edle Eigenschaften herausstreichen. Peter mochte

Kapitel 10

das komödiantische Element bei den Hobbits, aber ich war entschlossen, in dieser Richtung nicht zu weit zu gehen, um nicht die Glaubwürdigkeit des Heldenhaften zu vermindern, das sie in der Geschichte verschiedene Male an den Tag legen."

Folglich gab es gelegentlich Meinungsverschiedenheiten. „Hin und wieder", sagt Sean, „muckte ich auf und bestand auf meiner eigenen Sicht – nun, sagen wir es offen, ich bin ein größenwahnsinniger ‚Ich-weiß-alles'-Freak von einem Schauspieler-Filmemacher, und es gab Zeiten, da konnte ich einfach nicht anders. Aber Peter hatte immer Geduld mit mir, folgte ab und zu meinen Vorschlägen, und am Ende waren wir uns über die Rolle, denke ich, ziemlich einig."

Die Geduld und die Bereitschaft, über die Rolle zu diskutieren, die Sean beschreibt, erkannten viele der Schauspieler an und wußten sie zu schätzen. „Er wirkte immer so beruhigend", bemerkt Ian McKellen, „es kam nie das Gefühl auf, daß die Zeit drängte oder daß er einen Drehplan oder finanzielle Grenzen zu beachten hatte, die ihm nicht erlaubten, eine Einstellung beliebig oft zu wiederholen. Er sagte immer: ‚Wir werden es richtig machen und nicht eher weiterdrehen, bevor wir uns nicht einig sind …'"

Ian Holm stimmt zu: „Worauf man bei Peter immer wartete, war das Wort ‚Ausgezeichnet'. Man wußte, daß ‚gut' einfach ‚nicht gut genug' hieß. Man drehte und drehte und drehte und hörte immer ‚Gut …' ‚Gut …' ‚Gut …' ‚Noch einmal! *Action!* Ja … Gut …' Und so fort, bis man schließlich hörte: ‚*Action!* Ja … Ausgezeichnet!' Dann wußte man, daß man ‚rübergekommen' war."

Die mit der Produktion verbundene praktische Frage, wie man irgendwo hinkam (vom *Rückweg* ganz zu schweigen), war oft mit Problemen beladen. „An einem Tag waren wir hier", sagt Barrie Osborne, „und am nächsten irgendwo anders: Wellington, Queenstown, Christ Church, Nelson … Nordinsel, Südinsel, wieder im Norden … Lastwagen, Wohnwagen, Fähren, Flugzeuge und Hubschrauber."

Für die Leute des Locations Department kam das Trauma hinzu, daß sie einen anderen Zeitplan einhalten mußten als das übrige Team. Der Chef der Abteilung, Richard Sharkey, erinnert sich: „Manchmal, wenn ich den ganzen Tag auf der Nordinsel gearbeitet und an zehn verschiedenen Orten Sets eingerichtet hatte, an die die Crew im Lauf der nächsten Wochen kommen sollte, flog ich am Abend auf die Südinsel, um mir die Schnellkopien anzusehen (oft kaum mehr als eine Stunde), nur um dann zur

146

Ein filmisches Meisterwerk

Nordinsel zurückzufliegen. Es kursierte der Witz, daß ich mehr Flugkilometer zurückgelegt hätte als irgendein anderer von der Crew."

Richards unvergeßlichste Reise war die am Ende des ersten Drehtages am Set von Edoras auf der Südinsel: „Ich hatte vor, den dreieinhalbstündigen Weg von Mount Potts Station nach Christchurch mit dem Auto zurückzulegen, um den letzten Flieger nach Wellington zu erwischen. Da es mein erster Tag war, gab es unvermeidlich ein Problem nach dem anderen, und ich mußte herumlungern und wartete und wartete ... Schließlich gab es keine Möglichkeit mehr, das Flugzeug mit meinem Wagen zu erreichen, also ließ ich mich von einem Leichtflugzeug mitnehmen, das das Filmmaterial des Tages zum Flughafen Christchurch und weiter über Wellington ins Labor brachte. Wir waren spät dran und hatten Gegenwind, und alles deutete darauf hin, daß ich den Anschluß verpassen würde. Aber der Pilot, der hier wie ein bunter Hund bekannt war, nahm Kontakt mit dem Tower von Christchurch auf und bat, ihm die Erlaubnis zu erteilen, nicht wie üblich auf einem Gras-Landestreifen *in der Nähe* des Flughafens, sondern auf der *Hauptlandebahn* zu landen."

Plötzlich wurde die Sache etwas unheimlich: „Da waren wir in unserem winzigen Flugzeug, das von ein paar Gummibändern zusammengehalten zu sein schien – wenn wir Glück hatten! Wir schlichen hinter einer 737 und vor einer 747 her, die mit einer Geschwindigkeit von etwa 650 km/h flog (im Vergleich zu unseren 80 km/h!) und näher und näher kam, bis es so aussah, als wollte sie uns mitten in der Luft verschlucken. Irgendwie kamen wir auf der Landebahn runter und hatten sie gerade geräumt, als die 747 reinkam; dann rasten wir mit einem Taxi zu meinem Flugzeug, beim Rausspringen krallte ich mir die Schnellkopien und flitzte über die Gangway in die Kabine, wo ich von den wartenden Passagieren mit donnerndem Beifall begrüßt wurde! Einen kurzen Augenblick lang fühlte ich mich wie James Bond."

Die Schwierigkeiten, Transporte zu organisieren, verschärften sich unvermeidlich, wenn der Drehplan sich änderte. „Es war nicht bloß so, daß er sich jede Woche änderte", bemerkt Richard Taylor, „oder gar jeden Tag – manchmal wurde er stündlich geändert."

Das Puzzle von Leuten und Orten war so kompliziert, daß nicht viel nötig war, um es durcheinanderzubrin-

gen: „Die winzigste Veränderung löste im gesamten System einen Wellen-Effekt aus. Wir hielten vielleicht acht oder mehr Container bereit, fertig gepackt für den Transport zu den Drehorten, beladen mit 100 Uruk-hai-Kostümen, Rüstungen und Waffen und der Ausrüstung für 250 Rohirrim und 100 Elben, nur daß der Drehplan sich änderte und alle Container ausgeladen und mit anderen Requisiten neu bestückt werden mußten, bevor die Sattelschlepper kamen, um sie abzuholen."

Der Faktor, der die Logistik am ehesten sprengen konnte, war das Wetter. Am ersten Drehtag in den Wäldern auf Mount Victoria oberhalb von Wellington waren die Bedingungen tadellos: sonnig und windstill. Am zweiten Tag war es bewölkt und windig. Das war typisch für das wechselhafte Wetter, mit dem man sich in den nächsten anderthalb Jahren herumschlagen mußte ...

„Hier sind wir nun am ersten Jahrestag des Drehbeginns." Das war im Oktober 2000, und Peter Jackson sprach in die Kamera, Schnee umwirbelte ihn und legte sich auf die Kapuze seines Anoraks und die Brille. „Das war heute vor einem Jahr, in der Hitze von Mount Victoria, und hier sind wir in Deer Park Heights, Queenstown, und als besonderes Geschenk für die Crew, die im ersten Jahr so wunderbar war, haben wir eine neue Schneekanone gekauft! Im Augenblick testen wir sie gerade ... Es ist ganz verblüffend: Sie kann tatsächlich mehrere Kilometer abdecken! Bloß eine kleine Maschine, die all diesen Schnee hervorpustet. Sie ist so effektiv! Egal, wir werden sie abstellen und mit dem Drehen wei-

147

Kapitel 10

termachen." Er wendet sich ab und ruft der Crew zu: „Stellt die Schneekanone ab. Wieder an die Arbeit!"

Aber der Schnee hörte nicht auf. Tatsächlich fiel er dichter.

„Sieht so aus, als hätten wir ein Problem mit der Schneekanone. Der Schaltknopf klemmt, und wir können sie nicht abstellen! Es schneit über ganz Queenstown! Ich denke, die Polizei wird kommen und uns zur Schnecke machen …"

Und während die erste Crew sich mit dem Schnee herumschlug, drehte die zweite an einem anderen Ort in der Nähe von Queenstown, als die Südinsel die schlimmsten Stürme und Überflutungen seit 100 Jahren erlebte.

Rick ordnete den sofortigen Aufbruch an, die Crew ließ einige Lastwagen zurück, lud auf die anderen so viel Ausrüstung auf, wie sie konnte, und verließ die Gegend so rasch wie möglich. In der nächsten Stadt, die an einem See lag, halfen alle den Einwohnern dabei, die Häuser mit Sandsäcken gegen die steigende Flut zu sichern, während Rick nach der „Regenwetter-Hütte"

suchte – einer Art Studio-Ersatz (oft eine Kirche oder eine Scheune), die in der Nähe jedes Drehortes zur Verfügung steht, wenn Außenaufnahmen wegen des Wetters nicht möglich sind. Der Plan war, die Zeit zu nutzen, während man auf ein Umschlagen des Wetters wartete, um Frodos Double Kiran Shah für eine Szene zu filmen, in der der verwundete Hobbit Arwen zum erstenmal in einem blendend blauen Lichtschein auf sich zukommen sieht. Es war schon spät am Nachmittag, als sie feststellten, daß sich Kirans „Frodo-Perücke" in einem der Lastwagen befand, die sie zurückgelassen hatten. Rick und ein Make-up-Techniker schwangen sich in einen Landrover und machten sich durch Regen und Fluten auf den Weg.

„Der gesamte Bezirk war inzwischen Notstandsgebiet!" sagt Rick. „An der Brücke, die inzwischen fast ganz unter Wasser stand, mußten wir eine Armee-Patrouille überreden, uns passieren zu lassen. Wir erreichten den Make-up-Lastwagen, schnappten uns die Perükke, rasten zurück und waren ungefähr das letzte Auto, das das Sperrgebiet verließ!"

Als ich das höre, muß ich an Peters Beschreibung seines Jobs als dem eines Generals denken und daß militärische Metaphern auch von anderen Beteiligten verwendet werden. „Wir waren eine kleine Armee", sagt Richard Sharkey, „und lagen meist im Krieg mit den Elementen. Und wie in jedem Krieg muß man sich damit abfinden, daß es Verluste geben wird …"

Die Sprache mag dramatisch klingen, rührt aber aus bitterer Erfahrung: „Wir arbeiteten acht Tage auf dem Mount Ruapehu, drehten die Szenen auf Emyn Muil, in denen Frodo und Sam nach Mordor absteigen. Das Wetter war miserabel: Regen, Nebel und am Ende Schnee. Es war 13 Uhr, als ich den Anruf von einem Sicherheitsposten bekam, der in dem Zelt, das wir als Basislager auf-

Ein filmisches Meisterwerk

geschlagen hatten, Wache schob: ‚Richard, es hat geschneit.' Schwer, wie sich herausstellte: Schneeschicht auf Schneeschicht, die sich anhäuften. Offenbar hatte der Wachtposten, der aus Auckland kam, noch nie Schnee gesehen. Also dachte er nicht daran, den Schnee vom Dach zu fegen oder die Heizung einzuschalten. ‚Richard', sagte er, ‚wir haben ein Problem …' Und im Hintergrund hörte ich das Ächzen sich biegenden Aluminiums und ein mächtiges Krachen, als das massive Zelt unter dem bloßen Gewicht des Schnees zusammenbrach. Wahrscheinlich war es der schrecklichste Moment des Drehs für mich, als ich hinaufging und einen Haufen von verbogenem Metall und zerfetztem PVC erblickte und mir bewußt wurde, daß ich kein Basislager mehr hatte und die vollzählige Crew in 36 Stunden eintreffen würde."

Mit Hilfe des Zeltlieferanten gelang es Richard, die Lage zu retten, aber er bemerkt: „Manchmal gewinnt die Natur einfach die Oberhand."

Und manchmal konnte das Wetter, wie Ian McKellen feststellte, am Set ebensowenig vorhersagbar sein. „Die unangenehmste Szene war vermutlich die, in der die Gefährten auf Caradhras von einer Lawine erfaßt werden. Wir wurden tagelang in ein Studio gesteckt und einem künstlichen Schneesturm ausgesetzt – hergestellt aus einem Produkt auf Reisbasis und mit acht Tonnen echten Schnees gemischt –, der von riesigen Ventilatoren aufgepeitscht und ab und an aus großer Höhe unsanft auf uns gekippt wurde. Also, wenn du auf dem Gipfel eines echten Berges filmst, mit einer Kamera in einem Hubschrauber, der über dir kreist, ist die Aufregung so groß, daß zwei oder drei Stunden ziemlich rasch vergehen. Wenn du aber, den Annehmlichkeiten deines Wohnwagens so quälend nah, in einem Studio eingepfercht bist und beim Mittagessen von falschem Schnee umwirbelt wirst, dann, glaub mir, zählst du die Minuten bis zum Drehschluß."

Im Gegensatz dazu erwies sich Sarumans Gemach in Orthanc als echte Sauna. „Es war ein aufreibendes Set", sagt Rick Porras, der bei einem Teil des Duells zwischen Gandalf und Saruman Regie führte. „Man fühlte sich eingekapselt und klaustrophobisch; Maschinen pumpten Rauch, um die Atmosphäre zu schaffen, und wir mußten die Klimaanlage ausschalten, damit kein Rauch nach draußen gesaugt wurde – und folglich war es erstickend heiß da drin, noch bevor wir die Kohlepfannen angezündet hatten. Beide Zauberer trugen lange schwere Gewänder, Bärte, Perücken und künstliche Nasen. Das war nicht gerade die ideale Situation, um eine Szene zu drehen."

Christopher Lee faßt diese Erfahrung kurz und bündig zusammen: „Es war Mord", sagt er, „*Mord!*"

Der schlimmste Fall, den man sich vorstellen kann, war zweifellos Helms Klamm und die Erfahrung der neunwöchigen nächtlichen Arbeit an diesem Schauplatz. „Nachtaufnahmen?" sagt Stunt-Koordinator George Marshall Ruge, „das *richtige* Wort lautet *Albtraum*! Über 50 Nächte unter den schwierigsten Bedingungen: Es war eine brutale, surreale Erfahrung, strapaziös bis zur Hysterie."

Diese Ansicht wird von der Komparsen-Koordinatorin Miranda Rivers bestätigt: „Da waren Hunderte von Elben- und Uruk-hai-Statisten, die 14 Stunden und mehr auf den Beinen gewesen waren, die unter Regen-Türmen standen und ständig mit Wasser überschüttet wurden. Alle waren völlig durchnäßt. Für die Uruk-hai war das weit schlimmer, weil sie schwere künstliche Überzüge trugen, die das Wasser aufsogen und Kälte auf sie übertrugen. Es war verblüffend, welchen Sinn für Humor diese Burschen hatten, und wenn sie müde wurden oder die Nase voll hatten, konnte man jemanden

149

KAPITEL 10

mit einem Schwert auf einen Schild klopfen hören. Binnen weniger Minuten benutzten hundert Uruk-hai ihre Rüstungen als Schlagzeuge, um sich aufzuputschen und in Gang zu halten. Nach einer Weile begriff die Crew! Die Uruk-hai fingen an zu skandieren. ,Regen-Turm aus! Regen-Turm ausschalten!' – bis jemand rief: ,Schon gut, in Ordnung! Macht mal Pause!'"

George Marshall Ruge drückt es so aus: „Die Schlacht von Helms Klamm war ein Bekenntnis zum menschlichen Willen und zu unserer Treue zu Peter Jackson. Die Überlebenden dieser Prüfung – und du mußtest gut sein, um zu überleben – werden für immer in herzlicher Freundschaft verbunden sein." Kein Wunder, daß diese Männer mit Stolz Sportler-T-Shirts mit dem Slogan trugen: „Ich überlebte Helms Klamm!"

Es überrascht, daß bei so schwierigen und denkbar gefährlichen Dreharbeiten wenige Unfälle passierten. Viggo Mortensen verlor bei einem Kampf ein Stück eines Zahnes und machte den berühmten Vorschlag – um die Zeit für einen Zahnarztbesuch zu sparen –, sie sollten den Zahn mit Super-Kleber wieder zusammenpappen! Sean Astin bekam vom Unglück mehr als seinen gerechten Anteil ab: Am Set von Bruchtal fiel ein Holzbalken auf ihn, und er verlor das Bewußtsein, und später, als die Schlußszenen der *Gefährten* gedreht wurden und er hinter Frodos ablegendem Boot in den Fluß watete, verfing sich sein Fuß in einem Stück Holz, das aus dem Flußbett ragte. Es durchbohrte den Hobbit-Fuß aus Gummi und Seans eigenen Fuß, so daß der Schauspieler ins Krankenhaus geflogen werden mußte. Als Sean sich wortreich für die Verzögerung der Dreharbeiten entschuldigte, erwiderte Peter Jackson munter, das sei kein Problem, der Drehplan würde geändert und am nächsten Tag würde man Frodos und Sams Ankunft am Schwarzen Tor von Morannon filmen – eine Szene, in der die Akteure nur kriechen müßten!

Einen Unfall, mit dem man überhaupt nicht gerechnet hatte, erlitt Alan Lee (Bild oben), der in der Diskussion um das Gebäude für eines der Sets in Lothlórien auf einen Teil des Fundaments trat, das noch nicht abgestützt war. Obwohl er sich nur ein paar Meter über der Erde

befand, brach er sich beim Fall den Arm. Alle waren so besorgt, daß es unweigerlich nur eine Frage gab: „Ist das sein Arm zum Zeichnen?" War es nicht, und obwohl Alan während der nächsten sechs Wochen einen Gips trug, war er nach ein paar Tagen wieder am Zeichenbrett.

Die Reitunfälle waren vielleicht eher vorhersehbar. Pferde-Koordinator Steve Old erinnert sich an einen der gefährlichsten: „250 Pferde und Reiter zum Angriff aufgestellt, 20 Pferde nebeneinander in zehn Reihen. Gerade als die Kameras schwenken, scheint der zweite Reiter in der vordersten Reihe Probleme zu bekommen. Sein Sattel fängt an zu rutschen, er kippt auf eine Seite, greift nach dem Reiter nebenan und zieht sich hoch, aber inzwischen bewegen sich die Pferde, und es ist zu spät! Er läßt den Speer fallen, stürzt zu Boden und krümmt sich instinktiv zusammen wie ein Fötus. Die Pferde bewegen sich jetzt im leichten Galopp, einige weichen ihm aus, andere überspringen ihn. Am Ende steht er auf, wie durch ein Wunder unversehrt, und alle applaudieren. Nicht nur, daß er etwas getan hatte, auf das sich ein Stunt-Reiter nie eingelassen hätte, er hatte sogar die Geistesgegenwart zu bemerken: ,Schade, daß ich da unten keine Kamera hatte – ich hätte ein paar tolle Bilder von Hufen machen können!'"

Der Pferdetrainer Mark Kinaston-Smith wirft ein, eine besonders problematische Szene sei die Verfolgung der Ringgeister gewesen, als Arwen mit dem verwundeten Frodo zur Bruinenfurt floh: „Jeder der Schwarzen Reiter hatte ein Kostüm, das aus neun Lagen Rohseide bestand, und eine Kapuze, die den Kopf fast ganz verhüllte und 7 cm über das Gesicht herausstand. Unter ihren Kapuzen trugen sie eine Gaze-Maske, die ihr Gesichtsfeld einengte. Manchmal fanden tatsächlich die Pferde sich besser zurecht als die meisten der Reiter."

Arwens Reiter-Double Jane Abbot mußte ebenfalls mit Schwierigkeiten fertig werden: „Vor Jane war ein Dummy von Frodo mit Draht im Sattel befestigt", erklärt Mark, „und sie ritt ein agiles Pferd, dessen erster Instinkt war: ,Diese schwarzen Gäule dürfen mich nicht

Ein filmisches Meisterwerk

einholen!' Tatsächlich war es so schnell, daß es nicht zu lenken war!"

Len Baynes, einer der Schwarzen Reiter, stimmt zu: „Wir kamen nicht nah genug ran, und wir gingen volles Tempo! Deshalb –" Len beginnt zu lachen – „fiel ich am ersten Drehtag runter! Wir rasten mit voller Geschwindigkeit zwischen Bäumen hindurch. Da ich kaum sehen konnte, was vor mir war, pendelte ich nach links und rechts. Mein Pferd wollte den anderen Tieren folgen, ich wollte das nicht, aber das Pferd blieb Sieger: Wir trennten uns, das Tier nahm den einen Weg, ich den anderen! Ich landete auf der Erde, das Kostüm um meinen Kopf gewickelt, in pechschwarzer Finsternis, und versuchte mich aus all diesen Stoffmassen freizukämpfen!" Er denkt einen Augenblick nach und fügt hinzu: „Doch trotz des verrückten Sturzes war es aufregend, an dieser Szene zu arbeiten. Ich bekam einen unglaublichen Adrenalinstoß. Eine Minute lang sitzt du auf deinem Pferd und wartest, dann – ‚Action!' – und plötzlich rast du los – toll!"

Dieses Gefühl hatten wohl die meisten, die an diesem Film mitarbeiteten. Der Nervenkitzel und die Erregung waren in nicht geringem Maße auf Peter Jacksons Hingabe zurückzuführen: „Er hat ein unglaubliches Auge", sagt Caro Cunningham. „Er versteht die Leute, er kennt seine Ausrüstung, er hat eine klare Vorstellung von dem, was er tun muß und wie er es erreicht."

Diese Ansicht wird vom Director of Photography Andrew Lesnie geteilt: „*Der Herr der Ringe* enthält nahezu jeden Trick, den die Branche kennt. Wenn mich Leute fragen, ob es mich stört, wenn sie rauskriegen, wie wir etwas machen, lautet meine Antwort: ‚Ich hoffe, das *wollen sie gar nicht.*' Und wenn die Leute das nicht wollen, ist das Peters Verdienst. Bei den größten Filmen dreht es sich um das *Drehbuch* und die *Darstellung*. Peter weiß, daß Regie führen mehr ist, als Kameras zu bewegen, damit sie bewegt werden, oder weil es vielleicht cool aussieht. Er ist ein Regisseur, der eine Geschichte erzählen und sie gut dargestellt sehen will. Und das gelingt ihm glänzend."

Um diese Geschichte zu erzählen, war, wie Ian McKellen glaubt, ein besonderer Zugang zum ursprünglichen Material erforderlich.

„Bei jedem Film fragst du dich manchmal: ‚*Wer* ist diese Kamera? Wie kommt sie da hin, um diese Ereignisse aufzunehmen?' Manchmal scheint es, Tolkien schildere das, was er selbst gesehen hat, aber alles entspringt seiner Vorstellungskraft. Darum entschloß sich Peter, die Kamera die Reise miterleben zu lassen – fast so wie ein zehntes Mitglied der Gefährten, das alles sah: manchmal aufs Detail konzentriert, manchmal mit einem Blick auf den großen Horizont der Dinge. Ich glaube einfach, daß dieser Zugang mit Tolkien im Einklang steht, der ein meisterhafter Wortmaler von Landschaften ist – einer der allerbesten –, den jedoch auch das Detail fesselt, die Bewegung eines Blattes, das Blinzeln eines Auges …"

Und Peters Ansicht? Wie zu erwarten war, antwortet er freimütig und persönlich: „Letztlich habe ich ein unglaubliches Glücksgefühl, weil ich jeden Tag etwas mache, das ich wirklich gern mache. Den *Herrn der Ringe* zu machen ist eine echte Ehre. Es ist ein ganz besonderes Buch und deshalb ein besonderes Projekt und so gesehen alle Mühen wert."

Aber trotz des Riesenstapels fertiger Filmrollen war die Arbeit, Tolkiens Mittelerde auf die Leinwand zu bringen, noch nicht zu Ende …

Hobbit-Gespräch

Ein Gespräch mit Dominic Monaghan und Billy Boyd

Frage: Wie entwickeln sich Merry und Pippin im Lauf der Handlung?

Dominic: Erstmal werden sie gezwungen, reifer, älter zu werden – viel schneller als Hobbits normalerweise ... Und dabei lernen sie, das anzunehmen, was mit ihnen geschieht ... Merry wird ernster und nachdenklicher, und später, als er durch den Krieg seelisch schwer angeschlagen ist, findet er zu einem Mut, der sogar ihn selbst überrascht ...

Billy: Obwohl auch Pippin reifer wird, findet er trotzdem Zeit und Raum für Humor. Im Unterschied zum ersten Film, in dem er komisch ist, ohne es zu wissen, beginnt er später zu verstehen; im ersten Film weiß er nicht, daß die Dinge, die er macht, komisch sind, später sagt er absichtlich Dinge, um die Stimmung zu heben ...

Dominic: Eigentlich war das Erwachsenwerden von Merry und Pippin eine Art „Gemeinschaftsunternehmen". Make-up und Kostüm trugen sehr dazu bei – besonders die Rüstung: wenn du Panzerhandschuhe überstreifst, einen Brustharnisch anlegst und anfängst, ein Schwert zu tragen, gehst und stehst du nicht nur anders, du empfindest auch anders ...

Billy: Und die Rüstungen der Menschen (und Hobbits) aus Gondor waren phantastisch!

Dominic: Aber nicht so gut wie die von Rohan!

Billy: Das sagst du, Dom, aber mir ist aufgefallen, daß die Mädchen am Set mich ganz anders anguckten, wenn ich mein Gondor-Kostüm anhatte ...

Dominic: Hm ...

Frage: Was ist mit Dominic und Billy? Habt ihr das Gefühl, daß ihr euch verändert oder entwickelt habt?

Billy: Jeder hat sich verändert. Und da wir uns so nah waren, übernahm der eine etwas vom anderen – einige Eigenschaften, die wir an anderen Leuten respektierten und bewunderten ...

Dominic: Ich bin sicher, daß sich beim Casting alle gefragt haben: „Können diese Leute diese Prüfung bestehen? Haben sie die Charakterstärke, es anderthalb Jahre miteinander auszuhalten?" Aber wir haben es geschafft! Elijah war beflügelnd, weil er so unglaublich flexibel und fleißig war. Ian McKellen war wie eine Vaterfigur, die man um Rat fragt; Viggo war ein starker, machtvoller Typ, der immer für andere da war; Billy verbreitete immer gute Laune, weil er die Leute zum Lachen brachte, und ...

Billy: Und bei Dom fühlten sich besonders die Mädchen wohl, keine Ahnung, wie er das anstellte!

Dominic: Peter war ein guter Menschenkenner: er spürte, daß diese Gruppe gut zusammenarbeiten würde, daß ihre Mitglieder sich ergänzen würden – nicht für vier oder fünf Wochen, sondern – so lange dauerte es schließlich, bis wir endlich fertig waren – für vier oder fünf Jahre ...

Frage: Hätte es nicht geklappt, hättet ihr euch trennen können ...

Dominic: Es hat Zeiten gegeben, wo jemand genug hatte und die Geduld verlor, aber wir wurden so gute Freunde, daß wir erkannten, wenn jemand kurz vor einem Zusammenbruch stand und ob er einen Abend lang Abstand brauchte oder sich bloß mal ausschlafen mußte, ob er besser allein sein sollte oder jemanden brauchte, der ihn in den Arm nahm –

Billy: Ich will in den Arm genommen werden!

Dominic: Nicht *jetzt!*

Billy: Das Großartige war: wenn man mal kurz davor war, alles hinzuschmeißen, brauchte man sich bloß zu erinnern, daß man den *Herrn der Ringe* drehte, und das reichte, damit wieder alles ins Lot kam: wissen, daß wir diesen Film machten, den Generationen sehen würden ...

Frage: Dann hat man gleich so einen Schrecken bekommen, daß man glaubte, den Verstand zu verlieren?

152

Billy: Das stimmt! In den ersten drei Monaten konnte ich nicht daran denken; jedesmal, wenn ich daran dachte, kippte ich einfach um!
Dominic: Er fiel um, platt auf die Nase.
Billy: Einmal in einen Kaktus!
Dominic: Es war wie ein „Itchy & Scratchy"-Cartoon von den *Simpsons*! Ich persönlich glaube, daß es zu gefährlich ist, dauernd an die Zukunft zu denken. Ich lebe für den Augenblick und für das Jetzt und Hier … Wenn du zu viel planst, ist es langweilig, einfach weil du weißt, was als nächstes kommt. Ich will immer durch das, was geschieht, gereizt werden, daß die Dinge mich überraschen.
Billy: Wenn du das Glück hast, im Leben eine Wahl zu haben, dann, meine ich, mußt du entscheiden, ob das, was du im Innersten fühlst, in diesem Augenblick das Richtige ist … Dieser Film, diese Erfahrung war das Richtige für mich, für *uns*! Es gibt einen Tag, der mir in Erinnerung geblieben ist. Wir waren auf dem Mount Cook – diesem unsagbar schönen Ort, den man wegen der Umweltgesetze normalerweise gar nicht betreten darf … Es waren bloß die Gefährten da und eine sehr kleine Crew, und ich erinnere mich, wie wir dasaßen und zu Mittag aßen, und ich sah Aragorn, Frodo, Sam, Merry und die anderen, die ich alle aus einem Buch kannte, und sie waren hier – und ich war einer von ihnen …
Dominic: Mir geht's genauso …
Billy: Wirklich? Also, ich bin müde und könnte gut ein Bad gebrauchen … Ich stinke!
Dominic: Das ist wahr! Du stinkst! Du stinkst nach Holunderbeeren und Zauberern!

Facetten von Frodo

Ian McKellen:
„Als Tolkien Frodo schuf, kann er gut an den Ersten Weltkrieg zurückgedacht haben und an die jungen Burschen, die auf eine schreckliche Reise gingen und von der viele nicht zurückkehrten. Elijah erinnert mich an einen jener idealisierten jungen Männer auf Kriegerdenkmälern in der ganzen Welt: eher erhaben als menschlich, die Haut wie geschmolzener Marmor. Er ist einfach phantastisch …"

Christopher Lee:
„Elijah Wood wird nie alt werden. Mit seinem nahezu elbischen Gesicht *war* er Frodo. In seiner Sanftheit und Ernsthaftigkeit – und mit seiner enormen Begeisterungsfähigkeit als Schauspieler – war er einfach die ideale Besetzung für die Rolle."

Sean Astin:
„Wir lebten und arbeiteten so eng zusammen, daß er eher mein Bruder wurde als ein Kollege. In mir entwickelte sich das Gefühl, Elijah beschützen zu müssen, wie es Sam mit Frodo tut … Andererseits hat Elijah mir geholfen, eine Menge über mich selbst zu entdecken, und ich hätte vielleicht die Reise buchstäblich nicht überlebt, hätte mich dieser junge Prinz unter den Schauspielern nicht unter seine Fittiche genommen."

Ian Holm:
„Diese Augen: außerordentliche Gottesgeschenke! Diese wunderbare, gutmütige Persönlichkeit! Elijahs Frodo ist ein strahlendes Licht in Unheil und Dunkelheit von Krieg und Verzweiflung …"

Miranda Otto:
„Elijah hat die Unschuld eines Kindes, die Weisheit eines 90jährigen alten Mannes und die Anmut eines Engels …"

153

Aspekte von Aragorn

„Ich hatte Angst!" Viggo Mortensen spricht über die Herausforderung, Aragorn darzustellen. „Als Schauspieler versucht man, eine Verbindung zur Geschichte, die erzählt werden soll, zu finden, man versucht herauszukriegen, was davon in einem steckt – oft, wie es bei diesem Film der Fall war, ohne Vorbereitungszeit.

Ich habe tatsächlich in den letzten Tagen, bevor ich zum Projekt stieß, noch immer wie wild das Buch gelesen und fing allmählich an, Dinge wiederzuerkennen, die mit meiner eigenen Situation übereinstimmten. Während ich las, erkannte ich, daß Aragorn, so tapfer er war, von Widersprüchen getrieben wurde und eine Menge Selbstzweifel hatte. Und da fand ich den Zugang zu der Figur: ich war in einer ähnlichen Situation, ich wurde in etwas hineingeworfen, von dem ich nicht einmal die Geschichte kannte; ich kannte weder das Land, in das ich fuhr, um zu arbeiten, noch irgend jemanden beim Projekt. So wie Aragorn sah ich eine lange und unsichere Reise vor mir."

Als Viggo anfing, Tolkiens Bücher über Mittelerde zu studieren, vertiefte sich seine Sicht von Aragorns Charakter: „Ich sehe Aragorn als Brücke zwischen der Vergangenheit und der Gegenwart. Da er Mittelerde ausgiebig bereist hat, ist er mit der Landschaft vertraut, mit ihren Klängen und Gerüchen; er kennt die Bewohner und spricht ihre Sprachen. Dieses Verständnis, gepaart mit dem Wissen, wie schwach selbst die stärksten seiner Ahnen waren –

wie selbst die tapfersten und ehrenhaftesten unter ihnen unfähig waren, ihren Hang zur Habgier zu bezähmen –, macht Aragorn zu einem Bindeglied zwischen dem Guten und dem Furchtbaren der Vergangenheit und dem Guten und dem Furchtbaren in der Gegenwart und in der Zukunft.

Während Frodo zum Beispiel die Welt in einem ständigen Lernprozeß erfährt, kennt Aragorn die Welt wohl; während Frodo das, was er lernt, akzeptiert, nimmt Aragorn das auf sich, was sein Wissen ihm zu tun vorschreibt."

Da Viggo halb dänischer Abkunft ist, hatte er Berührungspunkte mit einer Menge von Tolkiens Quellenmaterial – den alten nordischen Sagas –, was es ihm leichter machte, Tolkiens Mythologie richtig einzuschätzen: „Auf einer Ebene ist Aragorn der heroische Archetypus der Sagas, doch mit dem verblüffenden Unterschied, daß er ein Mann ist, der beinahe seine Sprache verloren hat. In den Sagas brüstet sich der Held mit seinen künftigen Taten und mit dem, was er vollbracht hat. Aragorn dagegen ist eine moderne Figur mit Eigenschaften, die mehr denen eines Samurai gleichen, der oft schwierige Lektionen lernen und auf seiner Reise viel Elend ertragen muß und dessen Triumph am Ende sowohl der Gesellschaft als auch ihm selber von Nutzen ist."

Beim Versuch, Aragorns Charakter zu verstehen, zieht Viggo viele Parallelen zu Gestalten in der Literatur und im Film: „Ich finde etwas davon in den Rollen, die Toshiro Mifune in Kurosawas Filmen gespielt hat, aber auch in den schweigsamen Helden, die Clint Eastwood oder Gary Cooper in *12 Uhr mittags* verkörpert haben. Obwohl das ganze Klima des *Herrn der Ringe* deutlich nordeuropäisch ist, hat sein Verfasser aus dem reichen literarischen Erbe geschöpft, das im frühen Mittelalter den Nahen und den Fernen Osten mit Europa verband. Die Elemente von Heldentum und romantischer Liebe, wie wir sie in so unterschiedlichen Geschichten wie denen aus *Tausendundeiner Nacht* und den Artussagen finden, sind in Tolkiens Werk unübersehbar. Es gibt bestimmte Eigenschaften – wie Aragorns heilende Kräfte –, die gewöhnlich mit dem Bild des christusähnlichen Königs oder anderen Führergestalten assoziiert werden, deren wahre Natur verborgen ist: vor den einzelnen Menschen und eine Zeitlang vor der ganzen Welt. Diese Figuren, wie Moses oder König Artus, werden von Leuten aufgezogen, mit denen sie nicht verwandt sind (oder auch wie Aragorn, der in Bruchtal bei den Elben aufwuchs, Angehörigen einer anderen Rasse), und haben eine Bestimmung zu erfüllen; darum müssen sie die Dinge der Vergangenheit verstehen und an die Zukunft weitergeben.

Der Mythos ist – genau wie die Religion – tot, wenn er nicht wiederentdeckt, wiederbelebt wird. Tolkien nahm einige Elemente der nordischen Sagas und der keltischen Sagen, die ich kenne und liebe, um etwas Neues zu erschaffen, um einige dieser archetypischen Geschichten und ihre Helden für seine Generation neu zu erfinden. Peter Jackson tut das jetzt für uns.

Wenn man einen Film sieht, sollte man nicht die Nase rümpfen, weil man ihn mit dem Buch vergleicht. Es gibt Millionen identische Exemplare, und doch ist dein Exemplar dein persönlicher Zugang. Genauso ist es auch bei einem Kinobesuch: Du und der Film, ihr habt ein Geheimnis. Es kann durchaus ein erbärmlich schlechter Film sein, du kannst trotzdem mit diesem kleinen – oder großen – Geheimnis hinausgehen: eine Entdeckung, die vielleicht einen Tag lang bei dir bleibt, einen Monat lang, sogar jahrelang. In diesen Geheimnissen rühren wir an den Mythos und begegnen universellen Werten, beziehen vielleicht sogar neue Kraft für das eigene Leben."

Genauso ein Geheimnis findet sich vielleicht gegen Ende der *Gefährten,* als Aragorn nach dem Tod Boromirs die Armschienen des Toten nimmt und anlegt. Es ist eine Geste, die Viggo in die Szene einbrachte: „Sie dienen Aragorn als Erinnerung an ein Versprechen, das er Boromir gab, und zugleich trägt er damit Boromirs Geist, während die übriggebliebenen Gefährten ihre Reise fortsetzen. In einem Film kann man solche symbolische Gesten einsetzen: ob die Zuschauer dieses Detail sofort bemerken oder nicht, spielt keine Rolle. Es *bedeutet* trotzdem etwas. Und für den Schauspieler kann es ein wirksamer Talisman sein …"

155

KAPITEL 11
Wie die Magie entsteht

„Peter geht immer Risiken ein. Eigentlich ist er bereits darüber hinaus. Denn er stürzt sich immer auf Sachen, von denen andere Regisseure nichts wissen wollen." Mit seiner Laufbahn, mit Filmen wie *102 Dalmatiner, Star Trek: Der Aufstand, Air Force One, Starship Troopers, Batman kehrt zurück* und *Ghost – Nachricht von Sam* weiß Jim Rygiel, Koordinator für Bildeffekte bei Weta Digital (Bild unten), wovon er spricht: „Wenn man an einem Film wie diesem arbeitet, ist man immer in der ‚Post-Produktionsphase'. Wirklich interessant und großartig ist, daß bei Peter genau das die eigentliche Produktionsphase ist. Er zeigt es jeden Tag durch seine unermüdliche Beschäftigung mit jedem einzelnen Detail der Herstellung dieser Filme."

Der Film ist im Kasten; die Abschiedsparty mit all ihrem Lachen, den Tränen und Umarmungen ist vorbei und vergessen, aber für alle in der Post-Produktion geht die Arbeit weiter, und Peter ist mittendrin.

Ich bin im Hinterzimmer des großen, verschachtelten Hauses, in dem sich das Büro von Peters Produktionsgesellschaft, Wingnut Films, befindet. Auf einigen hundert Regalmetern stapeln sich Behälter, die wie braune Pizzaschachteln aussehen.

„Es sind Pizzaschachteln!" lacht Schnittassistentin Heather Small. „3800 Stück!"

„Was Sie hier sehen", sagt Supervising Editor Jamie Selkirk (rechts), „sind alle belichteten Filmrollen; alle Aufnahmen, die Peter vielleicht benutzen will – das sind nur etwa 70 Prozent des gesamten Filmmaterials, und das umfaßt, in Filmmetern ausgedrückt, ungefähr 1,2 Millionen Meter. Eine ganz schöne Menge Film!"

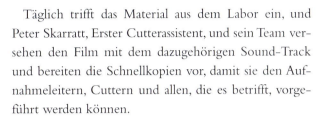

Täglich trifft das Material aus dem Labor ein, und Peter Skarratt, Erster Cutterassistent, und sein Team versehen den Film mit dem dazugehörigen Sound-Track und bereiten die Schnellkopien vor, damit sie den Aufnahmeleitern, Cuttern und allen, die es betrifft, vorgeführt werden können.

Drehten Peter Jackson und andere an Schauplätzen auf der Südinsel, ergab sich die zusätzliche Schwierigkeit, daß am späten Morgen die Schnellkopien fertig sein mußten, um sie rechtzeitig zur Mittagsmaschine nach Christchurch bringen zu können, damit der Regisseur sie um vier Uhr ansehen konnte. An einem „Großkampftag" verarbeitete das Labor etwa 13 000 Meter Film; hätte jemand die Zeit gehabt, sich in einer Sitzung sämtliche Schnellkopien anzuschauen, hätte er zehn Stunden gebraucht!

Während Heather die Filmrollen protokolliert, beschriftet und in den Pizzaschachteln ablegt, wird eine „fernsehtaugliche" Digitalversion in die Computer-Laufwerke der sechs Redaktionsterminals geladen, die mit ihrer Speicherkapazität von 2000 Gigabytes für die Bearbeitung der drei Filme benutzt werden.

In einem Raum schneidet Peter Jackson mit Cutter John Gilbert *Die Gefährten*; auf der anderen Seite des Flurs fängt Mike Horton an, *Die zwei Türme* zusammenzubauen, während nebenan Annie Collins bereits Material für *Die Wiederkehr des Königs* zusammenstellt, das Jamie Selkirk bearbeiten wird: „Es ist interessant. Anfangs mußt du bloß Material

157

zusammenschmeißen, dann kommt Jamie, und wir gehen an die Arbeit. Ich befasse mich mit dem technischen Kram, der zur Computerbearbeitung gehört, während Jamie den Plot verfolgt. Alles, was wir von jetzt an tun, zielt darauf, den Film immer besser zu machen."

Dennoch gibt es, wie Jamie zugibt, eine Fülle von Material: „Peter dreht jede Einstellung mit zwei Kameras: Eine ist feststehend, eine beweglich, eine mit kleiner, eine andere mit großer Blende, eine aus dieser Perspektive, eine zweite aus einer anderen. Da hat man die Qual der Wahl!"

Das erfährt Annie, als sie eine Szene zusammenschneidet, in der König Théoden auf das Schlachtfeld reitet, um zu seinen Truppen zu sprechen: „Ich fing mit verschiedenen Aufnahmen dieser Szene an, die zweieinhalb Stunden lang waren, und schnitt sie auf eine Länge von 29 Minuten zusammen. Ich sonderte weiter aus (griff gelegentlich auf frühere Versionen zurück, fügte einige wieder ein), bis ich Material mit den besten Einstellungen und Perspektiven hatte. Inzwischen bin ich bei zwölf Minuten und werde weiter kürzen, bis ich die richtige Länge habe – 90 Sekunden."

Und was geschieht, wenn Peter die Szene schließlich zu sehen bekommt? „Er wird wahrscheinlich sagen: ‚Das ist nicht so, wie ich es wollte!'" grinst Jamie. „Im Ernst, er könnte sagen, wir haben uns in eine absolut falsche Richtung bewegt – das passiert leicht bei der Menge Filmmetern und der Vielzahl von Effekten –, aber da wir eine ziemlich genaue Vorstellung davon haben, was Peter will, hoffen wir, nicht völlig danebenzuliegen. Sie können vier Cutter mit diesem Material in einen Raum set-

zen, und alle werden sie es unterschiedlich schneiden, aber immer wird das Wesentliche der Szene drin sein."

Anders als einige Regisseure, die den Schneideraum nie betreten, liebt Peter diese Arbeit. „Er wird nie müde, sich den Kopf über den richtigen Schnitt zu zerbrechen", sagt Jamie. „Vielleicht bittet er uns, ein, zwei andere Versionen auszuprobieren oder eine Totale gegen eine Nahaufnahme auszutauschen, aber das nur, weil er den fertigen Film bereits im Kopf hat."

Heather Small (Bild links) sammelt das geschnittene Material aller drei Filme, die sogenannte Masterkopie, entstanden aus den Tausenden von Filmrollen in den Pizzaschachteln, und dokumentiert so den Fortgang der Arbeit an den drei Teilen. Sie nimmt die Kennziffern, die sowohl auf dem Film als auch in den Schneidecomputern festgehalten sind, und schneidet und klebt so eine Arbeitskopie zusammen, die auf der Leinwand gezeigt werden kann. Es ist ein Puzzle, das sich ständig verändert. „Wenn der Schnitt sich ändert, muß ich vielleicht neue Einstellungen finden und sie hineinschneiden. Andererseits muß ich vielleicht Einstellungen herausnehmen, und dann muß ich die ursprünglichen Filmrollen finden können, aus denen sie stammen, und sie an genau den richtigen Stellen wieder einfügen – selbst wenn es nur ein einziges Bild ist." Heather bearbeitet täglich zwischen 100 und 120 Einstellungen.

Die Geräusche für den Film werden mit derselben akribischen Sorgfalt und Phantasie geschaffen, wie sie

Wie die Magie entsteht

auch auf jeden anderen Aspekt der Herstellung des *Herrn der Ringe* angewendet wurden.

„Offen gesagt, es hörte sich an wie eine fliegende Untertasse, die in einem Science-fiction-Film der fünfziger Jahre landet." Ethan van der Rhyn (Bild unten), Chef Cutter für Ton und Co-Designer, spricht über frühe Versuche, einen Klang für den Einen Ring zu entwerfen: „Es war ein Klischee – nur hoch und zitternd. Das Problem ist, einen Klang zu finden, der ‚sagt', was er bedeuten soll, den du aber vorher so nicht gehört hast."

Ethan kam zum Projekt nach dreizehn Jahren bei George Lucas' Skywalker Sound und der Arbeit an *Pearl Harbor, X-Men, Der Soldat James Ryan, Jumanji* und *Terminator 2: Die Abrechnung.*

Daß seine Tätigkeit so spannend und gefährlich ist, beruht auf der Tatsache, daß die meisten Geräusche, die beim Drehen aufgenommen werden, nicht wirklich zu verwenden sind, aufgrund von äußeren Geräuschen wie Windmaschinen (am Set) oder echtem Wind (am Drehort) oder dem Dröhnen startender oder landender Flugzeuge.

„Wir fangen praktisch bei Null an", sagt Ethan. „Wir sammeln Klänge, stellen ein Reservoir von Geräuscheffekten zusammen (einige entliehen, die meisten neu aufgenommen), und dann bauen wir, Schicht für Schicht, ausgehend vom Elementarsten – Stimmung und Atmosphäre –, den Ton einer Szene zusammen."

Ethal sitzt an seinem Mischpult und demonstriert das an einer Szene: Balins Grabkammer aus der Moria-Se-

quenz. Auf einem TV-Monitor läuft der Film, aber die Aufmerksamkeit gilt den Geräuschen, einer Mischung verschiedener Winde: ein fernes, leises Grollen, tiefes Brausen, scharfe Windstöße, hohes Pfeifen und das Klirren von Ketten im Wind.

„Peter sagte, er wolle ‚den Klang der Stille'", erinnert sich Ethan, „das Gefühl einer riesigen Gruft, erfüllt von toter Luft. Also suchten wir alte Militärtunnel auf Wright Hills unweit Wellington auf, die aus dem Zweiten Weltkrieg stammen, spielten unsere Windgeräusche über Lautsprecher ab und nahmen die Ergebnisse auf. Wir erhielten einen Raumeindruck, der sich im Studio so realitätsnah durch elektronischen Hall nicht würde erzeugen lassen."

Auf dem Schirm sehe ich die Kobolde kommen, aber in der Hauptsache höre ich: Schwerthiebe, Geklirr; eine schwere Tür, die sich ächzend schließt, dann das Splittern von Holz, als der Feind sie zertrümmert; Klingen, die aus Scheiden gezogen werden (mit metallischem Zischen); Schwertstreiche und den dumpfen Aufprall fallender Körper.

Dann der Höhlentroll, dessen Stimme von Ethans Kollegen David Farmer geschaffen wurde. „Den Höhlentroll machte Dave im wesentlichen aus einem Walroß", erklärt Ethan, ohne daß ihm das Groteske daran bewußt ist. „Klar, daß man einem Troll nicht das Bild von einem Walroß zeigen und ihm sagen kann: ‚Jetzt tu mal so, als wärst du dieser Bursche!' Also nahm Dave ein

159

Kapitel 11

Halbzeit-Sound

Wie fängt man es an, die Stimmen von mehreren tausend Uruk-hai aufzunehmen, die in den *Zwei Türmen* unter Schlachtrufen in Schwarzer Sprache nach Helms Klamm marschieren? Antwort: Man besucht ein Cricketspiel Neuseeland gegen England!

Post-Produktion-Chefin Rose Dority erzählt die Geschichte: „Bei einer unserer Sound-Besprechungen Anfang 2002 sprachen wir über die zahlreichen Massenszenen mit Tausenden von Kriegern in den *Zwei Türmen*, die sehr viele Stimmen erforderlich machen würden. Da unsere Aufnahmerampen Tausende von Menschen nicht tragen konnten, schlug ich vor, wir sollten versuchen, die Schlachtrufe in einer Sportarena aufzunehmen.

Gesagt, getan. Ton-Assistent Peter Mills bemühte sich um die Erlaubnis, das Westpac-Stadion bei einem bevorstehenden Ereignis benutzen zu dürfen, und das war zufällig ein ganztägiges Cricketspiel zwischen Neuseeland und England – und das, wie ich hinzufügen darf, Neuseeland überzeugend gewann!

Die nächste Frage war: Wer sollte bei der Aufnahme Regie führen? Dann der Gedanke: Wäre es nicht phantastisch, wenn PJ das machen würde? Zum Glück hielten alle – der Cricket-Verband, das Westpac-Stadion und PJ – alle für eine großartige Idee.

Aufgrund internationaler Fernsehrechte mußten wir die Aufnahme während der zwanzigminütigen Halbzeitpause machen. Wir hatten acht Tontechniker mit Mikrofonen auf dem Spielfeld und an den Seitenlinien postiert, und sogar auf dem Stadiondach. Der Ansager spielte den *Gefährten*-Trailer auf dem Großbildschirm des Stadions ab und stellte dann den Zuschauern PJ vor. Sie bereiteten ihm stehend eine Ovation und jubelten, als er auf den Platz ging. Es war sehr aufregend!

PJ war großartig, als er die Menge dirigierte: er stampfte mit den Füßen, schlug sich an die Brust, kreischte, zischte, flüsterte und psalmodierte in der Schwarzen Sprache – und der Großbildschirm war die Texttafel für die Wörter!"

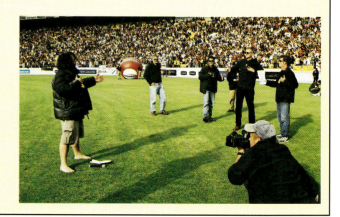

Walroß auf und filterte bestimmte Geräusche heraus, die Gefühle zu verraten schienen – Wut, Verwirrung, Überraschung oder Schmerz –, die man zur Charakterisierung benutzen konnte. Dann paßte er diese Geräusche den Bildern an – ein paar Extras wie das Ächzen und Schnauben eines brünstigen Pferdes kamen dazu."

Anscheinend werden einige der besten Geräusche durch Zufall gefunden, oft dann, wenn man etwas ganz anderes aufnimmt. „Das macht wirklich Spaß: man probiert etwas völlig Unwahrscheinliches aus und stellt fest, es funktioniert. Toningenieur zu sein hat auch etwas Spielerisches. Es hilft, nicht zu viele vorgefaßte Vorstellungen zu haben, sondern nach allen Seiten offen zu sein: einige der lebendigsten Geräusche entstammen den merkwürdigsten Quellen."

Ethan spielt die Szene vom Angriff der Ringgeister auf der Wetterspitze vor. „Wir wollten den Geistern trockene, brüchige, eisige Stimmen geben, und wir griffen auf alle möglichen Elemente zurück, um sie zu schaffen."

Ich versuche, die Geräusche zu entwirren. Sind das Löwen? „Ja", sagt Ethan und zitiert eine Zeile aus dem *Zauberer von Oz*: „‚Löwen und Tiger und Bären! Meine Güte!' Gut, vielleicht keine Tiger und Bären, aber gewiß Löwen, Eulenschreie, Quietschen von Beutelratten, Kamelgrunzen – in höherer Tonlage als normal – und das Geräusch einer Plastiktasse, die über Beton schabt."

Ich verstehe, was er mit dem „Spielerischen" gemeint hat.

Beim Rundgang durch die Abteilung kommen wir zu Toneffekt-Cutter Tim Nielsen (auch von Skywalker Sound), der im Augenblick am Ambiente für die Orthanc-Spitze arbeitet. „Aus den Staaten habe ich ein

Wie die Magie entsteht

bißchen Regen mitgebracht, aber zum größten Teil wurde der Wind auf einem Berggipfeln nahe Wellington aufgenommen. Das Interessante dabei ist, daß man nicht einfach zum Orthanc oder nach Bruchtal oder Lothlórien gehen und aufnehmen kann, was man dort hört, man muß alles selber herstellen und entscheiden, wie es sich an solchen Orten anhören könnte."

Wenn sie aber nichts in der Hand haben, woher wissen sie, ob sie es richtig machen? „Trau deinem Gefühl. Wenn es sich für dich richtig anhört, sollte das auch für jeden anderen gelten."

„Im Grunde", setzt Tim hinzu, „weißt du, daß es stimmt, wenn Peter sagt: ‚Das gefällt mir!'"

Tim baute die Datenbank der Abteilung auf, eine Sammlung von Geräuschen, die sich im Frühling 2001 bereits auf 11 163 Effekte belief, die jedoch nach Beendigung der Filme leicht 50 000 Geräusche aufweisen konnte. Geräusche können nach Kategorien („Pferdehufe") oder durch ein Schlüsselwort gesucht werden, das sehr speziell sein kann („kalt" oder „naß") oder stimmungsgeladen („Gefahr", „Angst") oder abstrakt wie „scharf" oder „böig".

Mit der Tastatur ruft Tim verschiedene Geräusch ab: „flatternde Fledermausflügel", „tiefe, flüchtige Schläge", „leise zwitschernde Schnalzer" und einen „pappigen, fleischigen Ton". Er tippt das Wort „bys" ein und spielt mir eine Reihe von verschiedenen Geräuschen vor, die von allen möglichen Dingen hervorgerufen werden, die vorbeifliegen – Pfeile, Speere, Felsen.

So wichtig die Geräusche auch sein mögen, es ist noch etwas anderes zu berücksichtigen, wie Ethan erklärt: „Du muß nach Orten suchen, denen du keine Geräusche unterlegst, sondern das Pulsieren der Stille. Ohne sie büßt du die Dynamik ein, und die dramatische Spannung geht verloren. Du kannst den Sturm erzeugen, aber erst muß die Windstille kommen."

Nebenan sitzt Dialogue Cutter Jason Canova, der sich um „ADR" kümmert, das „Automated Dialogue Replacement", mit dessen Hilfe bis zu 90 Prozent der während der Drehs aufgenommenen Dialoge nachsynchronisiert werden können. Jason sieht sich den Film an und zeichnet Zeile für Zeile den Dialog auf, der nachsynchronisiert werden muß.

Später im Studio – unter Umständen in London oder Los Angeles – werden die Schauspieler den Film sehen und über Kopfhörer die Zeilen hören, wie sie ursprünglich gesprochen wurden, und sie dann für das Mikrofon noch einmal sprechen. Es können bis zu zwanzig Anläufe nötig sein, um „Lippen-Synchronie" zu erreichen, das heißt eine Übereinstimmung der Worte mit den Lippenbewegungen, die man im Film sieht. „Selbst dann wird es nicht absolut perfekt sein", erklärt Jason, „aber wir können alles vereinheitlichen: kürzen oder verlängern, bis es aufs i-Tüpfelchen paßt."

Im Büro nebenan treffe ich die Tonschnittassistentin Chris Ward und Kathy Wood. Chris hat die Geräusche der Kostüme aufgenommen: Boromirs Lederwams, Bilbos Mithril-Weste oder ein Gewand der Ringgeister: „Du kriegst ein ganz besonderes Geräusch, wenn all das zerlumpte Zeug flattert."

Die Tonabteilung macht sich auch die Findigkeit von „Geräuschmachern" zunutze, die die körperlichen Geräusche erzeugen, wie sie für verschiedene Figuren nötig sind. Phil Heywood und Simon sehen sich die Filmszenen an und produzieren Geräusche wie Schritte, Klei-

161

KAPITEL 11

derrascheln oder das Klappern der Töpfe und Pfannen in Sams Rucksack. Phil (Bild unten) kroch einige Stunden lang über Kies, um die Geräusche zu simulieren, die Gandalf machte, als er am Rand von Khazad-dûm den Halt verlor.

Kathy hat währenddessen Geräusche für die Szenen mit den Gefährten in den Elbenbooten auf dem Anduin aufgenommen: „Wir wurden ziemlich schmuddelig, kalt und naß, als wir in die Boote und aus den Booten ins Wasser sprangen, aber auch beim Aufnehmen der Geräusche von Rudern, die durchs Wasser gezogen werden."

Nebenan arbeitet FX Ton Cutter Craig Tomlinson mit diesen Geräuschen: „Das Timing ist entscheidend. Im Film dauert jeder Ruderschlag fünf Sekunden, bei einer Aufnahme stimmten sie ihre Ruderschläge also so ab, daß sie paßten. Ich verzerre die Geräusche hier und da, um ihnen eine weiche, seidige Qualität zu verleihen, und füge ein Geräusch hinzu, welches das Gleiten des Bootes durch das Wasser suggeriert."

Dann kommt das Büro von John McKay, durch dessen geschlossene Tür das furchteinflößende Geräusch durchgehender Pferde dringt. John arbeitet an der Szene, in der die Ringgeister Arwen verfolgen. Wie, will ich wis-

sen, hört ein Ringgeist sich an? „Wenn Sie Peter Jackson fragen", erwidert John, „wird er Ihnen sagen, es soll sich anhören, als gurgelten sie mit Blut! Jetzt hört es sich etwa so an …"

Nach einem Mausklick hört man donnernde Hufe, mühsamen Atem, klirrendes Pferdegeschirr und dazwischen einen schrillen Schrei wie von einem Kaninchen in der Falle und – vielleicht – eine Spur von Blutgegurgel.

„Es sind ein paar nicht-tierische Elemente drin", ruft John durch den Lärm. „Wind, der die Zweige eines Baumes peitscht, und das Sirren eines brennenden Holzscheites, das geschwenkt wird, um das Atemgeräusch zu verstärken." Dann, an Ethan gewandt: „Ich habe gerade ein bißchen knarrendes Leder hinzugefügt, kannst du's hören?"

Als wir John und seine Pferde verlassen, bemerkt Ethan: „Wissen Sie, in diesem Job dürfen Sie kein allzu großes Ego haben. Wenn alles stimmt, werden die Leute diese Pferde hören und einfach denken, das wären die Geräusche, die diese Tiere von sich gaben, als sie gefilmt wurden."

Das trifft auf vieles in diesem Film zu, auch auf die Arbeit von Peter Doyle, der für die revolutionäre digitale Farbmischung des Films verantwortlich ist. „Peter Jackson wollte, daß *Der Herr der Ringe* wie ‚gemalt' wirkt und sich eng an die ursprünglichen Entwürfe hielt. Also gingen wir daran – und das ist der Beginn eines neuen Trends –, den Entwurf digital zu verändern: Wir können Kontraste verändern, die Helligkeit variieren, bestimmte Tönungen herauslösen und bestimmte Farben unterdrücken."

Für die Szenen in Hobbingen hat Peter Doyle das starke Licht der südlichen Halbkugel am Drehort in ein weicheres, europäisches Licht mit einer Vielzahl kräftiger, klarer Farben verwandelt. Im Set der Moria-Walstatt hat er die roten Töne reduziert und die blauen betont, um den Eindruck von Kälte zu vermitteln.

Im Augenblick bastelt er an dem Licht herum, das Gandalfs Stab wirft und das Gesicht des Zauberers erhellt, das von dem breitkrempigen Hut fast ganz überschattet wird. Außerdem plant er Effekte für den restlichen Film: „Die vorherrschende Farbe in Bree wird ein schmutziges Goldgelb sein, nach Grün tendierend; Lothlórien wird blau sein, in lavendelfarbenen Pastelltönen changierend, während Bruchtal ein scharfes, klares, alpines Licht haben wird. Es soll wirken ‚wie gemalt', aber kein Gemälde sein – das ist das Geheimnis."

Neben den Tonstudios ist ein riesiger hallender Speicher, die „Optical Motion Capture Stage", karg ausge-

WIE DIE MAGIE ENTSTEHT

stattet mit einer Anzahl schwarz gestrichener Rampen, Treppen und Leitern, die alle vom „Mocap-Team" benutzt werden, um bestimmte Umgebungen zu simulieren.

Motion Capture heißt die Technik, mit der menschliche Bewegungen aufgenommen werden, um sie zur Animation zu benutzen. An den Wänden sind 27 Kameras postiert, die in verschiedenen Anordnungen eine Vielzahl von Darstellern aufnehmen, darunter Stunt-Schauspieler, Tänzer, Pantomimen, Kampfsportler und, für den *Herrn der Ringe,* die Schauspieler, welche die neun Gefährten darstellen.

Wenn man Bewegung aufnimmt, muß die jeweilige Person einen hautengen schwarzen Lycra-Overall tragen, der an den Gelenken mit kleinen gelben Kugeln besetzt ist, die als reflektierende Markierungen fungieren. Damit die Kameras die Markierungen deutlich erfassen können, muß die Person zuerst immer die „da-Vinci-Haltung" einnehmen, so genannt nach Leonardos berühmter Zeichnung eines Menschen – Beine gespreizt, die Arme im rechten Winkel zum Körper –, um die idealen Proportionen darzustellen. Dann führt die Person die gewünschten Bewegungen für die Kameras aus, die die Bilder in Impulse auflösen, die dann auf dem Schirm eine Kopie des menschlichen Darstellers, eine „digitale Figur", in Bewegung setzen.

Der Cheftechniker von Weta Digital erläutert mir ein paar Verwendungszwecke: „Sie können in einer Vielzahl von Szenen an die Stelle der Schauspieler treten, wenn gefährliche Stunt-Arbeit nötig ist oder Begegnungen mit Kreaturen – zum Beispiel Legolas' Ritt auf dem Höhlentroll – oder wenn der umgebende Raum zu riesig ist, wie die Zwergenhalle in Moria, um die Schauspieler aus genügend großer Entfernung zu filmen, damit ihre Körpergröße mit der Umgebung übereinstimmt."

163

Kapitel 11

Um digitale Doubles für die Schauspieler der Gefährten zu entwickeln, mußten die Akteure etwa 50 verschiedene Bewegungen ausführen, zum Beispiel schreiten, rennen und springen. Jon bemerkt: „Menschliche Gestalten zu kopieren – und insbesondere identifizierbare Akteure – ist einigermaßen schwierig. Verglichen damit tut man sich bei Kreaturen leicht: Wer weiß schon, wie ein Höhlentroll sich bewegt? Trotzdem sind einige unserer Resultate ausgesprochen gut. Selbst bei einer Größe von drei Zentimetern ist es möglich, den Gang von Sean Bean und Viggo Mortensen zu unterscheiden, oder den von Dominic Monaghan und von Billy Boyd."

Es ist ein komplexer Vorgang, der nicht nur die Bewegungen der Schauspieler betrifft, sondern auch ihr Mienenspiel, ihre Haare und Kleider. „Wir scannen ihre Köpfe, wenn sie Perücken und Make-ups tragen, und benutzen Programme, die Schatten und Texturen hinzufügen, doch das ist zeitraubend; kaum meinen wir, mit einer Figur fertig zu sein, da entdecken wir eine andere Requisite oder ein anderes Kostüm, das noch berücksichtigt werden muß. Gimli ist am schlimmsten, weil er so viele Lagen von Kleidern trägt, und Sam ist fast ebenso schlimm, weil er so viel Krimskrams mit sich herumschleppt."

Der Cheftechniker läßt auf einem Monitor eine Sequenz der „digitalen Gefährten" ablaufen, die die Brücke von Khazad-dûm überqueren. „Je mehr wir ausprobieren, desto mehr gelingt uns", sagt er. „Manchmal glaube ich, daß Peter uns mehr zutraut als wir uns selbst; er hat uns gewiß weiter vorwärtsgetrieben, als wir je dachten gehen zu können – und fuhr mit der Kamera viel dichter ran, als wir für möglich gehalten hätten."

Wozu dann noch Schauspieler, wenn es digitale Doubles gibt? „Die Schauspieler brauchen sich noch keine Sorgen zu machen", lächelt Jon, „nicht bis wir Nahaufnahmen machen können!"

Nach einigen besorgten Diskussionen ließen sich die Stars des *Herrn der Ringe* darauf ein, das Material für ihre digitalen Doubles zu drehen, wie sich Mocap-Supervisor, Greg Allen, erinnert: „Es hat viel Spaß gemacht, war aber für die Schauspieler sehr anstrengend, denn sie mußten sich die entsprechende Umgebung dazudenken, außerdem die Kostüme, die sie tragen würden: Wir hängten John Rhys-Davies Gewichte an die Fußknöchel, um ihm beim Simulieren seiner schweren Stiefel zu helfen, und Ian McKellen tat so, als raffte er seine Gewänder, während er rannte. Darüber hinaus mußten sie noch die körperlichen Reaktionen ihrer Figuren auf eine Szene darstellen: durch diesen leeren Raum rennen – nichts als schwarzer Boden und ein paar Lichter –, und wir riefen: ‚Sieh dich um! Da ist ein Balrog!'"

Die Schauspieler hatten allerdings den Vorteil, Requisiten zur Verfügung zu haben, angefertigt vom Mocap-Requisiteur Frank Cowlrick, der mir voller Stolz eine Reihe nachgemachter Waffen zeigt, schwarz angestrichen und mit schwarzem Klebeband umwickelt, versehen mit gelben Markierungen.

Auf Gestellen lagern wie seltsame verlorengegangene Gepäckstücke Gimlis Axt, die Keule des Höhlentrolls und ein in der Länge verstellbares Hobbit-Schwert, je nachdem welcher der vier Hobbits es trug. Manche Schwerter bestanden aus Aluminiumrohr, mit Holzdübeln verstärkt, doch Viggo, der sich an das Gewicht und die Ausgewogenheit von Aragorns Schwert gewöhnt hatte, bestand darauf, eine schwarz übermalte Version der echten Waffe zu tragen.

Wie die Magie entsteht

Schilde und Helme stellten ein besonderes Problem dar: sie mußten deutlich sichtbar sein, und es war wichtig, daß sie die Markierungen auf den Kostümen der Akteure nicht verdeckten. „Wir müssen uns immer alles auf seine Grundform reduziert vorstellen", erläutert Frank. „So sah ein runder Schild aus unserer Abteilung eher wie das Rad eines Fahrrades aus."

Für Ian McKellen, der bereits genug damit zu tun hatte, einen Stab und ein Schwert zu tragen, entwarf Frank ein spezielles „Gandalf-Hut-Skelett", das ein wenig dem Drahtgestänge eines Lampenschirms ähnelte.

Diese Bewegungserfassung wurde auch bei der Choreographie der Höhlentroll-Sequenz benutzt, wie Animation Designer Randall („Randy") Cook erklärt, als er mich zu einem Rundgang durch Weta Digital abholt. „Peter stellte sich unter dem Troll eine Art verrücktes Rhinozeros vor. Also versuchten wir, Eigenschaften eines Rhinozeros zu benutzen und sie – jeweils nur für ein Bild – zu vermenschlichen. Obgleich der Troll nicht spricht, entwarfen wir eine Art Tonspur für einen inneren Dialog, der seine Gedanken durch Mimik und Körperbewegungen ausdrückte. Seine Emotionen sind natürlich ziemlich begrenzt; schließlich verfügt er nur über ein walnußgroßes Gehirn und ein Vokabular von etwa zwölf Gedanken."

Für Randy ist die Animation – wie die Schauspielerei – eine darstellende Kunst. Als erfahrener Mann, der sich bei Filmen wie *The Thing, Q: The Winged Serpent* und *Armageddon* bewährt hatte, übernahm Randy die Aufgabe, die Bewegungen des Höhlentrolls darzustellen. Ein dreidimensionaler Set wurde konstruiert, und Randy trug eine Spezialbrille, die es ihm ermöglichte, im Inneren der simulierten Grabkammer Balins zu „sehen", wo er für die Mocap-Kameras herumsprang. Dann setzte Peter Jackson die Brille auf und benutzte eine „echte Kamera", um die Bewegungen aufzunehmen, die man beim Filmen der Live-Szenen mit den Gefährten brauchen würde.

„Die Sequenz wurde mit einer Handkamera gefilmt", sagt Randy, „also kommt es einem vor, als befinde man sich in einem Film für die Wochenschau über einen Troll, der verrückt wird! Der Kameramann rennt herum, duckt sich weg und springt zur Seite, während die verrückte Kreatur Amok läuft!"

Am spektakulärsten war der Einsatz von Mocap bei

Gollum, jener Kreatur, bei der sich die kreative Arbeit von Künstlern, Modellbauern und Animatoren mit der darstellerischen Qualität eines Akteurs verbinden. Für Greg Allen und den Mocap-Techniker James van der Ryden war die Arbeit mit der Kreatur – Andy Serkis – eine aufregende Erfahrung.

Sie erinnern sich an Andys erste Probeaufnahmen für Gollum: „Es war verblüffend!" sagt Greg. „Er kroch auf allen vieren über den Boden, sprang herum; eine Minute tückisch und gefährlich, in der nächsten kriecherisch und mitleiderregend."

„Es gab so viele Gegensätze", fügt James hinzu, „er sah wie ein Affe aus, dann wie ein Frosch; wütend, dann weinerlich; zischend und fauchend. Seine Vitalität war phantastisch!"

„Während der ganzen Zeit", sagt Greg, „dachten wir: ‚Oh, mein Gott, wir wollen nicht sagen *cut*.' Wir wollten ihm einfach weiter zuschauen, wie er dieses Wesen zum Leben erweckte!"

Im Grund ist das, was Andy Serkis tut, die Darbietung eines Puppenspielers: Die Kreatur reagiert auf Bewegungen des Akteurs, und ein Software-Programm gleicht die unterschiedlichen Körpergrößen aus, indem es Gollums Proportionen auf das Mocap-Bild von Andys Körper überträgt. Wenn also Andys Arme kürzer oder die Oberschenkel breiter sind als die von Gollum, verarbeitet der Computer diese Unterschiede und erkennt und deutet die Bewegungen. Ist das Bild Gollums einmal „eingefangen", ist es für alle Veränderungen durch die Animatoren tauglich.

KAPITEL 11

„Wenn man Gollums Wesen erschaffen will", bemerkt Randy, „muß man jene Punkte finden, an denen sich Figur und Akteur überschneiden – sowohl buchstäblich als auch seelisch. Irgendwo werden sie sich treffen. Wo? Wir wissen es noch nicht – aber wir bleiben am Ball."

Wir gehen ein paar hundert Meter die Straße hinauf zu Weta Digital. „Im Grunde", sagt Randy, „werden Sie nicht viel mehr sehen als ein paar hundert Leute, die vor Bildschirmen sitzen und unglaubliche Dinge machen."

Das Wort „unglaublich" fällt auch mir ein, als Christian Rivers, der Art Director für Bildeffekte (Bild rechts), mir einige der 1500 visuellen Effekte der Trilogie zeigt: dies ist jene digitale Zauberei, die bei der Erschaffung von Mittelerde im Film eine so entscheidende – doch oft unauffällige – Rolle spielt.

Da sind zum Beispiel die Kreaturen: nicht bloß Gollum und der Höhlentroll, sondern das Balrog, der Wächter im Wasser, Baumbart und die Nazgûl-Tiere, die die fliegenden Pferde der Ringgeister werden. „Viele digitale Kreaturen", sagt Christian, „sind nichts weiter als Haut und Knochen, und darum sehen sie falsch und nach Plastik aus. Hinter unseren Kreaturen aber verbirgt sich mehr, als man sehen kann."

Der Prozeß beginnt damit, daß bei Weta Workshop ein dreidimensionales Modell nach einem künstlerischen Entwurf angefertigt wird. Dann werden Scanner benutzt, um die Oberfläche des Modells aufzuzeichnen und seinen Rumpf und sein Gewebe in Computer-Daten umzuwandeln, die eine dreidimensionale Animation der Figur bis ins letzte Detail – Falten, Runzeln, Adern, Warzen usw. – ermöglichen.

„Jede Kreatur braucht ein Skelett, damit die Animatoren sie lenken können, aber ebenso wichtig ist der Aufbau eines Muskelsystems unter der Haut, um der Kreatur die Dynamik von Bewegung und Schwere zu verleihen."

Weta Digital ist auch verantwortlich für die Aufnahmen bei der Begegnung von Gandalf und Bilbo in Beutelsend, wo Kulissen in der falschen Größe verwendet wurden, zusammen mit sogenannten „composites", also der Montage von Bildelementen aus unterschiedlichsten Quellen in einer einzigen Einstellung.

Letztere Technik wird auch bei der Erschaffung der verschiedenen Hintergründe benutzt: Die am Set gefilmte Szene mit Frodo, der von einem Balkon aus Bruchtal überschaut, wird ergänzt durch Aufnahmen eines Miniaturmodells von Elronds Haus, Standfotos von Craig Potton und Hintergrundgemälden von Art Director Paul Lasaine, in die Filmmaterial von Wasserfällen eingeschnitten ist.

Als nächstes kommt Christian auf etwas zu sprechen, das er bescheiden „ein paar nette Kleinigkeiten" nennt, zum Beispiel die Spiegelung der Ringinschrift auf Frodos Gesicht; das glühende Katzenauge Saurons; die Vision der Geisterwelt, in der die Realität zu eine wirbelnden Masse zerfetzter Schleier wird; den brennenden digitalen Pfeil, den Legolas abschießt, und das digitale Messer (unwahrscheinlich, daß der Zuschauer es überhaupt bemerkt), das Boromir wirft.

Ich bewundere Gandalfs Feuerwerk: tanzende Schmetterlinge, ein Hagel von Speeren und ein Drache im Sturzflug – aber offenbar bestand das größte Problem darin, die Effekt-Künstler daran zu hindern, den Feuerwerksdrachen so zu gestalten, daß er einem wirklichen Drachen überzeugend ähnlich sah. „Wenn man einen Spezialeffekt verwendet", bemerkt Christian, „darf das auf keinen Fall auffallen. Wenn man nichts merkt davon, wird man auch daran glauben."

Das alles konnte nur realisiert werden wegen der zahlreichen technologischen Neuerungen, um die Spezialeffekte für den *Herrn der Ringe* zu erzielen – wie die Entwicklung eines Software-Programms, genannt „Massive", das es ermöglicht hat, riesige Heere von Elben, Menschen und Orks kämpfen zu lassen.

„Wir haben jeden Trick benutzt, den es gibt", sagt Christian, „und dazu einige, von denen die Leute nicht einmal wissen, daß es sie gibt. Wenn Sie mal sehen wollen, wie kompliziert dieser Film sein kann, schauen Sie sich den Schwenk über die zusammenbrechende Treppe in Moria an. In dieser einzigen Sequenz gibt es Miniaturmodelle, künstliches Feuer, Rauch und einstürzendes

Wie die Magie entsteht

Mauerwerk; Schauspieler, Stunt-Doubles, maßstabgetreue Doubles und digitale Doubles. So viele Tricks und Kniffe, daß die Zuschauer nicht wissen können, was wir da eigentlich treiben. Sie werden es nie herausfinden – und wenn doch, dann wird ihre Liste sehr, sehr lang sein!"

Man ist versucht zu glauben, darin bestehe der Zauber; aber das stimmt nicht, wie ich entdecke, als ich Peter Jackson auf seinem täglichen Gang durch Weta Digital folge. Peters Eintreffen erwartend, bemerkt Jim Rygiel, verantwortlich für die Bildeffekte: „In einer Firma wie dieser kommt es ziemlich häufig vor, daß jemand versucht, den Regisseur von seinem Büro fernzuhalten. Er denkt zum Beispiel: ‚Nein, laß ihn jetzt nicht reinkommen – nicht bevor wir es richtig hingekriegt haben!' Peter aber könntest du nicht fernhalten – und würdest es auch nicht wollen. Man könnte meinen, der Film ist fertig, der Regisseur hat seine Arbeit getan, aber Peter ist da, vor Ort, mit all diesen Leuten – und er führt immer noch Regie."

Peter tappt barfüßig treppauf, treppab, spricht der Reihe nach mit jedem Animator über die Einstellung, an der dieser gerade arbeitet. Die Geschichte und die Figuren kennt er wie seine Westentasche, seine Anweisungen sind bestimmt und präzise, seine Fähigkeit, seine Ideen mit einem urkomischen Timing zu vermitteln, erfrischend.

„Wir dürfen nicht vergessen, daß der Troll ein junges Kerlchen ist, das ausgerastet ist ... Und er ist *erschöpft*! Er ist ein Höhlentroll in unglaublich schlechter Verfassung ...! Er guckt runter auf Legolas, als er näher kommt, und er keucht ..." *(Peter keucht atemlos)*. „Er ist fertig! Er kann nicht glauben, was passiert ... Er denkt: ‚Ich werde sie umbringen, sie haben mir die Eingeweide aufgeschlitzt, und *was kommt jetzt?*' Kannst du da atmen ... ?

Da läßt du ihn ein wenig den Kopf hochwerfen – nachdem Legolas den ersten Pfeil abschießt –, als würde er denken: ‚Warum tut mein Kopf weh? Warum wird es dunkel?' Wenn du das machst, versuch, dicht ranzukommen, damit wir sehen, wie er zusammenzuckt ... Er könnte quietschen – aber mit geschlossenem Mund, die Lippen aufeinandergepreßt ..." *(Peter macht es mit einem mitleiderregenden Winseln vor)* ... „Man muß den Ausdruck von Schmerz sehen ... dann von Schmerz zu Wut ... Er ist wie ein Kind: er ist verärgert, und er wird seinen Ärger an jemandem auslassen ... Das ist gut ... Es ist prima ... Alles paßt hübsch zusammen ..."

Nachdem ich aufgehört habe zu staunen, begreife ich, wer für den Zauber verantwortlich ist: nicht die Tricks erzeugen ihn, sondern der Zauberer selbst ...

Massenszenen

„Es kann einen Monat dauern, ein Gehirn zu bauen!" Das hört sich vielleicht wie ein Satz aus einem Boris-Karloff-Film an, aber der Sprecher ist Stephen Regelous, der bei Weta Digital für die Entwicklung und Kontrolle der Massen-Software verantwortlich ist, die für den *Herrn der Ringe* benutzt wurde. Und nachdem Stephens Team dieses Gehirn gebaut hatte, waren den Möglichkeiten, es zu programmieren, keine Grenzen gesetzt.

Alles begann vor einigen Jahren, als Peter Jackson Stephen bat, eine Software für die Animation großer Massen zu entwickeln, die damals für den *Hobbit* benutzt werden sollte. Der Arbeitstitel für das Software-Programm war „Plod" (das Ziel war, eine animierte Figur in Bewegung zu setzen), aber bald wurde es unter dem neuen Namen „Massive" geführt. Einfach ausgedrückt (und Mathematik und Technologie sind alles andere als einfach) schufen Stephen und seine Kollegen nichts weniger als eine Art künstliche Intelligenz. „Massive" setzt Figuren – oder „Handlungsobjekte" – instand, akustisch und optisch auf ihre Situation und Umwelt zu regieren, wobei sie ein „Gehirn" benutzen, um in realer Zeit bis zu 250 Körperbewegungen auszuführen.

Stephen erläutert: „Jedes kleine Bewegungsfragment ist mit einem anderen verbunden, so daß in dem, was sie zu jeder gegebenen Zeit tun und nicht tun können, eine Folgerichtigkeit liegt. Die Handlungsobjekte treffen ihre Entscheidungen in ‚realer Zeit', und der ‚Denkprozeß' kann sich in Bruchteilen von Sekunden ändern."

Da bestimmte konditionierende Einflüsse auf sie wirken – etwa so, wie das bei jeder organisierten Gruppe in der realen Welt der Fall ist –, folgen die Handlungsobjekte einer ‚Spec' (Spezifikation), die festlegt, was sie tun sollen (Pfeile abschießen, Schwerter schwingen, Speere werfen) und was für sie charakteristisch ist – wenn sie Elben sind, gegen Orks zu kämpfen; oder wenn sie Orks sind, Elben zu töten. „Innerhalb dieser allgemeinen Vorgaben", räumt Stephen mit einer Gelassenheit ein, die ein wenig unheimlich ist, „wissen wir nie wirklich, wie sie reagieren werden."

Das wird auf einem Schirm durch einen einzelnen Ork-Schwertkämpfer demonstriert. Er bewegt sich: er setzt den linken Fuß vor, das Schwert ausgestreckt; eine Sekunde später trifft er auf einen Elbenkrieger, der auf den Schwertstreich mit seiner eigenen Waffe reagiert. An diesem Punkt kann der Ork den Schlag mit seinem eigenen Schwert abblocken, sich hinter seinen Schild ducken, sich sammeln (sich auf einen weiteren Hieb vorbereiten), mit dem rechten Fuß vortreten, einen Schritt zurückweichen, sich umdrehen und fliehen oder den Tod erleiden.

Alle Handlungsobjekte sind durch die Verwendung einer starren Simulation der Körperdynamik für ihren Tod vorbereitet, durch welche sie je nach Beschaffenheit des Geländes, auf dem sie kämpfen, fallen und reagieren, ob auf einer steinigen Ebene, einem steilen Abhang oder am Rand einer Klippe.

„Für den Tod haben wie eine Menge Varianten", sagt Stephen und zeigt auf dem Schirm eine Reihe von Orks, die Elbenpfeilen zum Opfer fallen. Einer kippt nach hinten um, ein anderer geht in die Knie, während ein dritter einen Salto rückwärts vollführt. „Ich muß zugeben", lacht Stephen, „diese Reaktion ist ein wenig übertrieben."

Der gottähnliche Schöpfungsprozeß, der bei Weta Digital stattfindet, ist ein zweifacher: Sie bauen einen Körper, und sie bauen ein Gehirn. Alle Körper sind mit einem Programm konstruiert, „Ork-Macher" genannt (es schockiert ein wenig, daß sogar Elben auf diese Weise geschaffen werden!), und haben ein für alle verbindliches Skelett, das von ihrer Rasse oder Gattung abhängt, aber mit Variationen in der Höhe, im Körperbau, in der Haltung und der Schrittlänge. Die Gehirne sind anhand eines sogenannten „Bewegungsbaums" entwickelt, einem Gitternetz von Bewegungen und Aktionen, die miteinander durch Schwingungsknoten verbunden sind, die einen zentralen Vortex speisen.

Die Modelle für die Bewegungen werden mit der Hilfe von Mocap hergestellt und die Skelette dann mit Fleisch überzogen und mit einer „Sekundären Dynamik" ausgestattet, welche die Bewegung von Kleidung und Haar entsprechend der Körperbewegung simuliert.

Unter Verwendung des „Massive"-Programms sind diese Heere dann bereit, in die Schlacht zu marschieren. „Du drückst auf den Knopf ‚Start', und das Programm schreibt die Animationsbefehle für jedes einzelne Handlungsobjekt in jeder Aufnahme des Films."

Wie viele Handlungsobjekte es gibt? „Hunderttausend, wenn Sie sie brauchen! Das ist das Wunderbare: Sie können unmöglich 100 000 Leute für eine Filmszene zusammenbringen, aber Sie können 100 000 von diesen Dingern haben! Im Grunde könnten Sie nicht mal 100 000 Figuren animieren, aber wir sorgen dafür, daß sie sich selber animieren!"

169

Der Kampf mit Gollum

„Ich spielte Gollum als einen Süchtigen." Andy Serkis spricht über seine Auffassung von der Rolle des Gollum, der eine der einprägsamsten Gestalten J.R.R. Tolkiens ist. „Man muß sich vergegenwärtigen, daß Gollum den Ring haßt und daß er den Ring liebt – so wie er sich selbst haßt und liebt. Er ist ein Süchtiger, der einen Fix braucht, und dieser Fix ist der Ring."

Ursprünglich sprach Andy vor, um die Off-Stimme für den im Computer erzeugten Gollum zu liefern, aber der Schauspieler, zu dessen Filmen *Karriere Girls, Mojo, Zwischen Himmel und Erde, Topsy-Turvy, Shiner* und *24 Hour Party People* gehören, gestaltete die Lesung der Rolle so körperbetont, daß Peter Jackson den Auftritt spontan mit der Videokamera aufnahm und beschloß, Andy solle Gollums Szenen mit Frodo und Sam spielen – zum einen, um sein Spiel in das der Kollegen zu integrieren, zum anderen, um der Animationsabteilung Anregungen zu geben, die Andy später durch einen digitalen Gollum ersetzen würde. Der animierte Gollum begann mit einem Modell (rechtes Bild), das eingescannt wurde. Und als diese digitale Schöpfung dann zum Leben erweckt wurde, begann Andys Auftritt.

Jede Szene wurde dreimal gedreht: einmal am Set oder vor Ort, und Andy agierte zusammen mit Elijah Wood und Sean Astin als Frodo und Sam; dann ohne Andy im Bild, um die Einstellungen vorzubereiten, in die der digitale Gollum eingefügt werden würde; und schließlich mit Andy allein, der mit dem Mocap-Team arbeitete – er trug eine Brille, mit der er die anderen Akteure in der Szene beobachten konnte –, um das Filmmaterial zu gewinnen, das für die Animatoren digital in Computerdaten übertragen werden konnte.

„Das Problem ist", sagt Andy, „auf der Leinwand eine vollständig integrierte Figur zu haben. Obgleich Gollum durch Technologie erzeugt werden sollte, war Peter entschlossen, bei dieser Rolle dem Schauspieler die Priorität zu lassen; etwas, das für eine Produktion charakteristisch ist, bei der Effekte nicht den Vorrang vor der Geschichte, der Figur oder der Darstellung haben."

Ungeachtet beträchtlicher Erfahrung mit körperbetontem Theater fand Andy es ein wenig gruselig, eine abwesende Gestalt zu verkörpern. „Die anderen agierten auf herkömmliche Weise, in vollem Kostüm und Make-up, und dann komme ich, diese unheimliche Kreatur, krieche auf

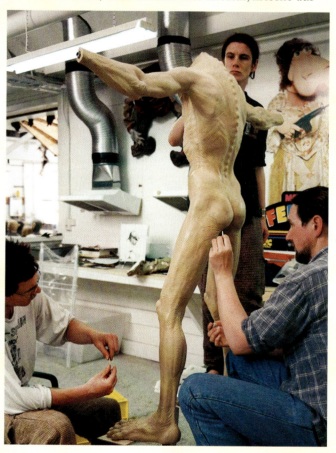

dem Boden herum, in einem hautengen Lycra-Anzug mit gepolsterten Knien und Schultern – es war ziemlich entblößend!"

Dennoch förderte das Gefühl der Verwundbarkeit, das sich einstellte, Andys Darstellung. „Nach vorn gekrümmt, fast auf dem Boden – sicherlich hat das meine Art zu sprechen beeinflußt. Nach Tolkiens Beschreibung ist Gollum vor langer Zeit ein den Hobbits ähnliches Geschöpf namens Sméagol gewesen, das seinen neuen Namen wegen

des unangenehmen schluckenden Geräusches, das es von sich gab, bekam. Ich schloß daraus, daß ein Großteil von Gollums Qual in seiner Kehle lag: alles, was ihm zugestoßen war – die Ermordung seines Freundes Déagol, um den Ring zu bekommen, um dann nach dem Ring süchtig zu werden –, alles ballte sich in seinem Kropf. Die Körperlichkeit und die Stimme waren eins."

Genauer gesagt waren es zwei Stimmen. Denn es gab Zeiten, in denen die Gestalt zu einem Kampfplatz von zwei sich bekriegenden Persönlichkeiten wird: Da ist der Sméagol vor dem Raub des Ringes, und da ist der verdorbene, entstellte Gollum.

„Sméagols Stimme ist höher, nasaler", erläutert Andy. „Gollums ist leiser, kehliger, gutturaler. Körperlich ist Sméagol weicher, weniger anmaßend; Gollum wird von seiner Gier nach dem Ring gequält und von seiner Wut, daß er ihn eingebüßt hat. Seine Körpergestalt ändert sich nicht, nur seine Haltung. Man sieht den Kampf in seinem Inneren: Er will geliebt werden, will dem Ringträger dienen; doch gleichzeitig unterliegt er seinen eigenen selbstsüchtigen Motiven und seiner Schizophrenie."

Als Andy zusätzlich mit der Rolle von Sméagol besetzt wurde, hatte er die Gelegenheit, die Verwandlung der Figur in Gollum darzustellen, als er sich tiefer in die dunklen Regionen unter dem Nebelgebirge zurückzieht. Die Sequenz – als Rückblende in den Zwei Türmen zu sehen – erforderte einen ausgedehnten Einsatz von Make-up, das aber dazu beitrug, den Schauspieler in seine Rolle zu dirigieren.

Aus dem Buch bezog Andy viele Anregungen: „Ich formte mir ein Bild von Gollum, indem ich immer nach unten und nicht nach oben blickte, ich sah ihn graben, wühlen, sich verstecken … Tolkien erweckt den Eindruck, er hätte etwas von einem Kleptomanen gehabt: er suchte und hortete Dinge – Fischknochen und Krimskrams –, die er einsackte. Es gibt auch eine Anzahl von Hinweisen auf tierische Eigenschaften, und als ich einen davon aufnahm – daß er wie eine Katze sein konnte –, kam ich auf die Idee, daß Gollum, wenn er sprach, dieselben würgenden Bewegungen machten könnte wie eine Katze, die ein Haarkügelchen auszuspeien versucht."

Letzten Endes ist Andy Serkis' Gollum ein Süchtiger, ein Ring-Junkie, der vom Schauspieler, der ihn darstellt, mit großem Mitgefühl gesehen wird: „Gollum ist die dunkle Seite der menschlichen Natur, doch ich versuchte ihn nicht mit den Augen eines Richters zu sehen – nicht als einen schniefenden, bösen Schuft, sondern von einem Standpunkt ,Das könnte ich sein, wäre Gott nicht gnädig gewesen'. Meine Ansicht ist einfach: wir können jeden zu einem Dämon mit zügellosen Obsessionen machen, aber wenn wir nicht versuchen, ihn zu verstehen, können wir nie hoffen, als menschliche Wesen zu wachsen."

171

KAPITEL 12

Ein Kenner der Partitur

"Oper. So denke ich darüber: als würde ich eine Oper komponieren." Howard Shore unterhält sich mit mir während einer Pause bei den Musikaufnahmen zum *Herrn der Ringe*. „Das Buch wurde als eine einzige Geschichte geschrieben und später in drei Bände aufgeteilt. Der Film erzählt eine einzige Geschichte, dennoch wird auch er in drei Teilen gezeigt. Folglich sehe ich die Musik so, als wäre sie für eine dreiaktige Oper bestimmt."

Die Musiker beenden die Pause und begeben sich wieder ins Studio. Howard Shore wendet sich zum Gehen; er blickt zurück und fügt mit einem sarkastischen Lächeln hinzu: „Und das ist bloß der erste Akt. Ein erster Akt von zweieinhalb Stunden Länge."

Air Lyndhurst im Norden Londons ist ein ungewöhnlicher Ort. Wenn man nicht weiß, daß in diesen Studios die Musik zu *Gladiator, Der Englische Patient* und verschiedenen James-Bond-Filmen aufgenommen wurde, könnte man ihn leicht für eine Kirche halten. Und das war er auch.

Lyndhurst Hall, erbaut 1884, wurde von dem bedeutenden viktorianischen Architekten Alfred Waterhouse entworfen, zu dessen neugotischen Gebäuden in London das Natural History Museum mit seiner phantastischen, mit Vögeln, Tieren und prähistorischen Wesen verzierten Fassade gehören. Das prachtvolle, neuromanische Äußere blieb unverändert erhalten, doch im Inneren von Lyndhurst Hall befindet sich ein hochmodernes Aufnahmestudio, geschaffen von dem legendären Produzenten der Beatles, Sir George Martin.

Hier und in vier weiteren Studios (eines in Wellington, drei in London) wurde die Musik zum Film aufgenommen. Im Kontrollraum herrscht eine intensive Atmosphäre von Geschäftigkeit und Konzentration. Toningenieure und Synchronisateure hocken an Pulten, die von Knöpfen und Schaltern starren: 72 Kanäle mit automatischen Abblendreglern, Film-Matrix und Rücklauf. Produzenten und Redakteure brüten über Bergen von Noten, überprüfen die Instrumentierung und protokollieren die einzelnen Aufnahmen. Und an einem Tisch, unmittelbar im Zentrum der Klänge und Frequenzen, sitzt Peter Jackson.

Trotz des kalten, feuchten Wetters eines Londoner Herbstes ist er mit Shorts und T-Shirt bekleidet und wie gewöhnlich barfuß. Für einen Mann mit einem strapaziösen Zeitplan sieht er erstaunlich entspannt aus.

„Ich finde das entspannend", bekennt er. „Den schweren Job hat Howard ... Normalerweise, wenn ich am Set bin, muß ich etwas tun, das seiner Tätigkeit vergleichbar ist: Du drehst eine Einstellung und mußt entscheiden, ob sie stimmt oder nicht; ob du sie noch einmal drehen willst, und wenn ja, ob du sie anders machen sollst; vielleicht dies ändern? Vielleicht jenes ausprobieren? Es ist angenehm, sich zurücklehnen und die Musik zu genießen, ohne die Verantwortung fürs Aufnehmen tragen zu müssen."

Wenn man aus dem breiten Studiofenster blickt, erkennt man Spuren vom früheren Leben des Gebäudes:

„Howard hat die gesamte Partitur geschrieben", sagt Peter, „und das Ergebnis ist sehr aufregend. Sie weist eine durchgehende musikalische Stimme auf, doch gleichzeitig spiegelt sie alle verschiedenen Kulturen in Mittelerde wider. Es ist ein großes Unternehmen."

„Okay, meine Damen und Herren …" Howards Mikrofonstimme erfüllt den Kontrollraum. „Versuchen wir noch einmal 1G, ja?"

Vier Fernsehschirme werden plötzlich lebendig, dazu der am Dirigentenpult. Ein Standbild erscheint, eine Nahaufnahme von Gandalf: der Bart, die blinzelnden Augen unter den buschigen Brauen, und alle machen sich bereit, noch einmal anzufangen – das heißt, nach ein paar Ratschlägen: „Das Musette ist vielleicht ein klein wenig zu laut …" Das ist ein französisches Akkordeon. „Es scheint mir ein bißchen zu dominant … Und haben Sie die Spannung der Trommel nachgestellt, Rachel?"

Sie hat. Der Kontrollraum hat die Nummer der Aufnahme zur späteren Identifizierung notiert. „Aufnahme 961 von 1 G-43 …" Howard hebt den Taktstock: „Fangen wir an …"

Galerien, Fenster, teilweise mit Buntglas, und eine hoch aufsteigende Orgel. Es ist dennoch überraschend, daß der sechseckige Aufnahmeraum nicht an eine Kirche erinnert. Die einhundert Musiker des London Philharmonic Orchestra haben in diesem Raum unter einem Wald von Mikrofonen Platz genommen, und Howard Shore (Bild rechte Seite) steht auf dem Dirigentenpodium und studiert die Partitur. Gedankenverloren blättert er in den Seiten.

174

Ein Kenner der Partitur

Er zögert. „Ein kräftiger Takt 3 wäre großartig …"

Eine erneute Pause. „Und auch ein wirklich kräftiger Flöteneinsatz …" Das Orchester ist bereit, aber der Komponist hat in letzter Minute noch einige Ideen: „Und die Streicher könnten den ersten Schlag dieses Taktes ein bißchen verstärken … Nur ein bißchen … Nicht viel … So, daß man den Eindruck hat, wir wären gemeinsam angekommen …"

Eine Stimme im Kontrollraum murmelt ins Mikro: „Immer noch Aufnahme 961 von 1 G-43 …"

Dann: „Einen Augenblick noch, mir ist gerade was eingefallen. Celli, es gibt eine Stelle, wo es eine Oktave raufgeht, spielt das nicht: spielt nicht Takt 35 … Oh, und die französischen Hörner, spielt nicht 36 und 37, okay? In Ordnung, versuchen wir's …"

Auf den Monitoren beginnt Gandalf zu sprechen, obgleich man keinen Ton hört. Nur bei dieser Vorführung des *Herrn der Ringe* erleben wir eine Stummfilm-Version; die Bilder und die Musik.

Niemand wird den Film je in dieser Fassung im Kino sehen – seiner Worte und Klangeffekte beraubt –, doch es ist wichtig, daß sich jeder auf die Musik konzentriert. Aber es ist auch die beste Möglichkeit, Howard Shores außerordentliche kreative Leistung zu würdigen.

Während der nächsten Stunden geht mir immer wieder eine Bemerkung durch den Kopf, die Howard Shore vor Monaten machte: „Ich will, daß die Filmmusik ein Gefühl von Altertum vermittelt, daß sie alt klingt – als wäre sie irgendwo in einer Gruft entdeckt worden."

Auf dem Monitor blenden sich eine gelbe, gefolgt von einer grünen Linie ein; ein Punkt erscheint in der Bildmitte; der Taktstock hebt sich, und die Musik setzt ein.

Wie verlangt spielt das Orchester mit viel Energie. Gandalf lenkt seinen Karren über eine schmale Landstraße. Frodo sitzt neben ihm. Die Musik ist voll lyrischen Schwunges: ein Flötenthema tänzelt fröhlich durch die Melodie der Streicher wie eine Brise, die durch das Gras rieselt. Die Musik klingt englisch-pastoral, ein wenig an Elgar und Vaughn Williams angelehnt, mit einer Spur keltischer Folklore, die uns in ein älteres, milderes, friedlicheres Zeitalter versetzt.

Der Karren fährt durch die sonnenhellen Felder des Auenlandes auf dem Weg nach Hobbingen. Die Hügelflanken sind mit kleinen runden Türen übersät, Rauch steigt aus Schornsteinen auf, Wäsche schaukelt an Leinen in kleinen, gepflegten Bauerngärten. Die Musik

klingt leicht und bäuerlich, jetzt mit einem hartnäckigen Geigenton durchsetzt, der Aufmerksamkeit erheischt – nicht unähnlich den Hobbits selbst.

Gandalf quert die Brücke an der Mühle und folgt einem gewundenen Pfad hügelauf. Eine Schar Hobbit-Kinder rennt aufgeregt dem Wagen nach – schließlich ist Gandalf der Erfinder sagenhafter Feuerwerke. Ein älticher Hobbit beobachtet die Kinder mit versonnenem Blick, als ob er sich an seine eigenen Kindheit erinnerte. Die Musik scheint völlig verklungen zu sein. Dann bricht sie plötzlich wieder los wie ein Feuerwerkskörper, der in die Luft zischt und in einem Funkenregen explodiert. Die Kinder lachen und klatschen jubelnd in die Hände, die Streicher untermalen hintergründig Gandalfs schelmisches Lächeln.

Nächster Halt: Beutelsend, wo Gandalf und Bilbo sich wiedersehen. Als die zwei alten Freunde einander einen Augenblick stumm betrachten und sich dann herzlich umarmen, kehrt das Hobbit-Thema wieder, jetzt ein wenig leiser und vielleicht ein wenig trauriger.

Im Inneren von Beutelsend klingt die Musik nach Trost, Wärme und beruhigender Behaglichkeit; doch als Bilbo fortschlurft, um Tee zu holen, wandert Gandalf ins Arbeitszimmer und findet unter einem Haufen Papieren und Büchern eine Landkarte, auf der ein Berg und ein feuerspeiender Drache dargestellt sind. Ein Hauch von Unbehaglichkeit, von den Streichern in hoher Lage gespielt, schleicht sich in die Musik ein. Gandalf furcht ge-

Kapitel 12

dankenvoll die Stirn, denn die dargestellte Reise war diejenige, auf der Bilbo in den Besitz eines gewissen Ringes kam …

Die Musik erreicht einen Höhepunkt, und das ist das Ende der Aufnahme. Das Orchester entspannt sich: Einige schwatzen leise miteinander, einer nimmt eine Zeitung und widmet sich dem Kreuzworträtsel, einer der Geiger liest *Harry Potter und der Feuerkelch*.

Howard überlegt: „Wir brauchen mehr Blech – es ist wirklich nicht laut genug bei Takt 49; spielt das *mezzo forte* … Und dasselbe gilt für Pikkoloflöte und Klarinette – in der zweiten Hälfte von Takt 50 könnt ihr sogar bis zum *forte* gehen …" Er summt es.

Sie machen eine weitere Aufnahme. „Wenn der Karren über die Brücke fährt, kein Akkordeon …" Und noch eine. „Ich frage mich, ob Harfe und Gitarre bei Takt 52 das Arpeggio halten sollten. Versuchen wir's, denn die Bewegung scheint hier zu stocken …" Und noch eine.

Howard kommt in den Kontrollraum und hört sich mit Peter die Sequenz – Bild und Ton – an, um zu sehen, wie die aufgenommene Musik sich mit den Dialogen und Effekten macht.

Peter ist zufrieden. „Das hörte sich gut an." Howard ist wortkarg: „Es wird allmählich …"

„Als Regisseur habe ich dazu wirklich nichts zu sagen", sagt Peter zu Howard. „Es liegt ganz bei dir, wie du mit der Musik fertig wirst …" Dann fügt er mit einem Blick in meine Richtung hinzu: „Ich bin unmusikalisch und verstehe nichts vom Musikmachen. Also beschränke ich mich auf Bemerkungen wie: ‚Geht das ein bißchen leiser?' oder ‚Vielleicht kann sich das ein bißchen aufregender anhören', und erstaunlicherweise scheint Howard immer eine Möglichkeit zu finden, daß es dann so klingt …"

Ein Kenner der Partitur

Howard lächelt. „Ich werde für diesen Teil vielleicht noch eine weitere halbe Stunde brauchen – wenn ich erstmal die Dynamik der Passage herausgearbeitet habe. Wir müssen das Emotionale drinhaben …"

Ich erinnere mich an eine frühere Unterhaltung mit Howard, vor sechs Monaten in Wellington, Neuseeland. Es war ein warmer Morgen im Spätsommer, und wir unterhielten uns in seiner Wohnung an der Marine Parade mit Blick auf die Worser-Bucht.

„Es wird eine sehr emotionale Filmmusik werden", erzählte er mir. „Natürlich wird Leidenschaft drin sein, Geheimnis und Action und Intrige; aber im wesentlichen ist sie emotional …"

Damals hatte er gerade angefangen, obwohl er über die Musik nachdachte, seit er im Sommer 2000 zum Projekt stieß. „Einen Komponisten zu verpflichten", bemerkte er, „ist fast so, als besetzte man eine Rolle: Man muß lange suchen, um jemanden zu finden, der über die richtige Sensibilität verfügt, um mit dem Regisseur eines Projekts zusammenzuarbeiten."

Fran Walsh hatte sich eine Menge Filmmusik angehört und stieß dauernd auf Arbeiten von Howard Shore, die sie nicht nur neugierig machten, sondern die in vielen Fällen auch für Adaptionen literarischer Stoffe geschrieben waren, wie Shakespeares *Richard III.*, William Burroughs' *Naked Lunch*, Thomas Harris' *Das Schweigen der Lämmer* und J. G. Ballards *Crash*.

Schließlich riefen Fran und Peter den Komponisten an. „Wir unterhielten uns lange", erinnerte sich Howard, „über Musik, über Filmemachen im allgemeinen, und schließlich fragten sie, ob ich interessiert sei – natürlich war ich!"

Eine Reise nach Neuseeland bestätigte diese Einschätzung: „Ich besuchte Edoras, Bruchtal und Lothlórien, sah, wie digitale Animation gemacht wurde, und speiste mit den Hobbits. Es würde ein schwieriges Projekt werden, aber für mich war es unwiderstehlich: Ich erkannte, daß Mittelerde eine wundervolle Welt war, um darin zu arbeiten."

Die Arbeit begann in den dunklen, labyrinthischen Stollen von Moria und mit der Musik für eine Sequenz, die 2001 bei einer Vorführung auf dem Film-Festival in Cannes gezeigt werden sollte.

„Wenn man mit einer literarischen Vorlage arbeitet, hat man die Verpflichtung, alles richtig zu machen: Du nimmst die Worte von der Buchseite und übersetzt sie in eine Partitur. Um so mehr bei diesem besonderen Buch.

KAPITEL 12

Man hat nicht das Gefühl, als versuchten wir, eine ‚Version' des Buches zu machen, so wie man das im Film tut. Die Musik ist ein Teil des Versuchs, die Welt auf realistische Weise neu zu erschaffen, so daß die Zuschauer das Gefühl haben, daß sie sich ‚in' Hobbingen oder Bruchtal oder Moria befinden."

Der Tisch war übersät mit Manuskriptpapier (Howard komponiert nicht nur, sondern führt auch alle verschie-

denen Instrumentierungen aus) und dazwischen ein zerlesenes Exemplar vom *Herrn der Ringe*.

„Das Buch ist immer zur Hand, wenn ich arbeite, und ich schlage ständig bei Tolkien nach und suche nach musikalischen Elementen im Text und versuche, sie in Musik zu übertragen."

Howard fand im Buch zahlreiche Anregungen für seine Musik zur Zwergenbinge: „Moria hat eine sehr eigene Klangwelt: Tolkien spricht von ‚Trommeln, Trommeln in der Tiefe', und später beschreibt er das Dröhnen von Trommelschlägen, welche die Mauern erbeben lassen. Also wird die Musik Tommeln haben und Stimmen: Ein Männerchor von Maoris und Samoanern intoniert einen leisen Zwergengesang, der guttural klingt, fast so wie die Gesänge tibetanischer Mönche."

Sechs Monate nach der Komposition und der Einspielung der Musik durch das Neuseeländische Symphonieorchester, drei Monate, nachdem die Moria-Sequenz die Zuschauer in Cannes elektrisiert hatte, ist Howard in London, um die Aufnahme der Musik für *Die Gefährten* abzuschließen.

Es ist Mittagspause in Air Lyndhurst (was heißt, es ist ungefähr Abendbrotzeit), und Howard steht geduldig in der Schlange und wartet, daß er an die Reihe kommt, während die meisten Orchestermitglieder bereits auf alten Kirchenstühlen Platz genommen haben und sich mit üppigen Portionen von Würstchen im Schlafrock und Apfelkuchen befassen.

Ich erinnere Howard an unsere frühere Unterhaltung über Moria. „Es war", sagt er, „ein Anfang wie im Bilderbuch. Ich verbrachte eine lange Zeit in Moria, ich forschte und fügte alles zusammen und hatte so die Grundlage für die gesamte Partitur. Es war ein Glück, daß ich in Moria angefangen habe, weil dort Essentielles geschieht. Vieles weist zurück auf die Quest der Gefährten, und alles folgende wird von der Moria-Episode beeinflußt. Ich hätte keinen besseren Weg wählen können, um mich der Partitur zu nähern: Nachdem ich diese Welt einmal geschaffen hatte, war ich in der Lage, mich hineinzuschreiben und wieder hinaus."

Die Reisen nach und von Moria bedeuteten, daß andere musikalische „Welten" erschaffen werden mußten: „Thematisch waren sie alle unterschiedlich", erklärt er. „Moria hieß Trommeln, Bruchtal klingt heller und Lothlórien geheimnisvoller; bei Bruchtal denke ich an eine symphonische Suite, wogegen ich bei Lothlórien exotischere Instrumente wie die indische Sithar und nordafrikanische Flöten verwende."

Bei den Themen für das Letzte Heimelige Haus und den Goldenen Wald kommt Chorgesang zum Einsatz. „Das Buch ist voll von Musik und Gesang", führt er aus, „aber einfach von der Zeit her war es unmöglich, das im Film zu machen. Trotzdem wollte ich einen Weg finden, dieses fehlende Element durch Chöre und Chorpartien zurückzuholen, indem ich die menschliche Stimme als einen weiteren integralen Teil des Klangorchesters benutzte."

Die Erarbeitung einer so komplizierten Partitur hat zu einer anstrengenden Zeitplanung geführt: „Es ist ein Langstreckenlauf. Ich versuche Tempo zu machen wie ein Leichtathlet. Und jetzt sind wir in der letzten Run-

Ein Kenner der Partitur

de – für *diesen* Film jedenfalls. Diese letzte Runde bedeutet durchschnittlich sechzehn Arbeitsstunden pro Tag: „Jeden Morgen sitze ich an der Musik für den Prolog des Films. Eine verzwickte Arbeit, weil der Prolog sehr detailliert ist und ich mit Bildern und Off-Kommentaren arbeite, aber es geht recht ordentlich voran." Er hält inne, hebt eine Augenbraue und sagt: „Das muß es auch: Wir müssen die Musik in ein paar Tagen aufnehmen." Während der verbleibenden Zeit arbeitet er mit den Musikern. „Wenn Sie eine sehr lange Arbeit wie diese abschließen, können Sie sich nicht vorstellen, je etwas anderes zu machen, weil sie soviel Zeit und Kraft in die Arbeit investiert haben. Das einzige, was ich sonst noch mache, ist vielleicht ein Spaziergang, um den Kopf klar zu bekommen, doch selbst dann denke ich immer noch an die Arbeit."

Da ist eine Menge zu bedenken: „*Die Gefährten* enthält etwa genausoviel Musik wie zwei normale Filme: zum Teil wegen der Länge des Films, zum Teil aufgrund der Tatsache, daß wir weniger stille Strecken haben als die meisten Filme."

Wie viele Einsätze es im Film gebe, will ich wissen.

„Einsätze?" Er wiederholt die Frage mit einem hohlen Lachen. „Das geht über Einsätze weit hinaus! Die Musik ist in Suiten geschrieben, und wir reden, alles in allem, über mehr als zweieinhalb Stunden Musik."

Wieder in den Kontrollraum zurückgekehrt, gerät Howard Shore über die Gegensprechanlage in eine gründliche Diskussion mit Associate Music Producer Michael Tremante und Music Editor Suzana Perič, die auch als Bindeglied zu Peter Jackson und Kollegen dient. Gemeinsam bilden sie ein zweites und drittes Paar von Ohren, die der Partitur bei der Aufnahme Note für Note folgen.

Michael sagt Howard, die letzte Aufnahme von Takt 28 sei „sehr gut" gewesen, und Suzana fügt hinzu, das gelte auch für die Takte 1 bis 12. Howard beschließt, eine Aufnahme von Takt 11 an zu machen. Aber es gibt ein Problem. Der Geiger Dermot ist mit ein paar anderen Musikern spazieren gegangen. Während einer der Cellisten fortläuft, um sie zu holen, reicht ein Klarinettist eine Packung Schokoladenkekse herum, und der Geiger liest noch eine Seite von *Harry Potter*.

Während dieser Unterbrechung frage ich Suzana, ob

Kapitel 12

es für heutige Komponisten von Filmmusik die Regel sei, wie Howard die gesamte Orchestrierung selber zu machen. „Das ist eine nahezu vergessene Kunst", erwidert sie. „Besonders in Amerika werden Filme so schnell gemacht und sind die Zeitpläne so knapp bemessen, daß es oft notwendig ist, jemanden zu haben, der die Musik arrangiert. Aber es gibt noch immer ein paar Komponisten – wie Howard –, die darauf beharren, ihre Orchestrierung selber vorzunehmen, weil dadurch die persönliche Stimme am besten zur Geltung kommt. Wir nehmen alle eine Melodie auf, wenn wir sie hören, aber ihr wirkliches Gepräge bekommt sie nur dadurch, wie der Komponist die Harmonien einsetzt."

Dermot und seine Kollegen kommen ins Studio zurückgeeilt. Howard ist bemerkenswert gelassen: „Wenn du eine Pause brauchst, dann nimm sie während eines Stücks, in dem du nicht spielst, aber bitte nicht mittendrin …"

Dermot stammelt Entschuldigungen. „Schon gut", sagt Howard. „Willst du stimmen?" Dermot stimmt sein Instrument, und als alle zu einer neuen Aufnahme bereit sind, gibt Howard dem zerknirschten Geiger eine letzte Anweisung: „Du könntest das A im Taktteil sechs von 16 verschleifen … Geht das?" Er summt es, und der Geiger spielt es nach. „Genau so …"

Abermals läuft der Film auf den Monitoren, und das Orchester spielt. Am Ende, als man sich allgemein einig ist, es sei eine gute Aufnahme gewesen, gibt es ein versöhnliches Kompliment für Dermot: „Die Schleife war prima, und dieser kleine Triller in Takt 18 war sehr gut und hilfreich. Danke." Alles ist verziehen.

Die gewissenhafte Suche nach Perfektion geht weiter. Draußen ist es Nacht geworden, und die Buntglasfenster sind zu dunklen Feldern geworden. Es ist 21 Uhr, und das Orchester wird entlassen, um den 60köpfigen *Voices of London* und ihrem Chorleiter Terry Edwards Platz zu machen.

Howard Shore zeigt keine Spuren von Ermattung: Er muß eine neue Gruppe von Musikern dirigieren, den bestmöglichen Klang erzielen, um diese komplizierte Partitur zur Geltung zu bringen. Auf den Monitoren: Das noch unfertige Computerbild eines Nachtfalters flattert aus den Ork-Gruben unter Isengard zur Spitze von Orthanc.

„Das singen nur die Frauen", erklärt Howard, „und es ist sehr kurz, bloß fünf Takte …" Die Musik wird für den Chor gespielt. „Hören Sie die hohen Streicher? Sie singen eine Oktave tiefer."

In der nächsten Szene brechen die Gefährten mit dem Boot von Lothlórien auf. Der Chor probt die Passage, aber etwas stimmt nicht. Es fehlen ein paar Silben. Howard ist verwirrt: „Ich kann mich nicht erinnern, sie ausgelassen zu haben. Könntest du in meinen Notizen nachsehen?" fragt er Michael.

„Vielleicht sind sie aus der Partitur rausgerutscht …"

Ein Kenner der Partitur

Michael sagt, er wolle es nachprüfen, doch das werde ein paar Minuten dauern. „Oh", seufzt Howard, „dann nehmen wir uns besser was anderes vor." Also wenden sie sich einer Sequenz mit Orks zu, die in den feurigen Gruben unter Orthanc Sklavenarbeit verrichten. Diese Musik wird nur von Männern gesungen, und die erste Aufnahme klingt gut. Aber Terry Edwards ist nicht zufrieden: „Ich höre ein paar von euch auf dem fünften Taktteil Luft holen." – „Atmen? Ich glaube nicht, daß wir das durchgehen lassen können", witzelt Howard.

Terry hat die Antwort: „Atmet einfach früher", dann eine noch bessere Lösung: „Hört mal, ich atme für euch!" Alle lachen und versuchen es noch einmal. „Das ist gut", sagt der Komponist und wirft einen Blick auf die Uhr, „aber es ist fünf nach elf. Machen wir weiter …"

Also machen sie weiter. Es gibt noch viel zu tun, aber ein paar von uns müssen die letzten Züge erwischen, und Peter Jackson will nach Hertfordshire, um sich Filmmaterial mit Spezialeffekten anzusehen, das aus Neuseeland eingeflogen worden ist.

Als wir aus dem Studio schleichen, probt der Chor eine andere Szene. Unmittelbar hinter der Tür steht der Recorder, auf dem sich die riesigen Spulen mit der Masterkopie drehen – ein weiteres Stückchen des endgültigen Sound-Tracks für *Die Gefährten* ist abgeschlossen. Als wir begreifen, daß genau hier die Ergebnisse stundenlanger Arbeit im Studio festgehalten werden, bleiben wir stehen und schauen einander an.

„Was immer Sie tun", sagt Peter, „drücken Sie um Himmels willen nicht die Löschtaste!"

Musik für die Gefährten

Hätten die Filmkomponisten die Wahl, würden die meisten von ihnen es vorziehen, mit ein oder zwei klar definierten Hauptfiguren zu arbeiten, für die sie prägnante musikalische Themen schaffen können. Als Howard Shore begann, Musik für die Ringgefährten zu schreiben, sah er sich vor der entmutigenden Aufgabe, daß er eine Musik für einen Film komponieren sollte, der – allein im ersten Teil – nicht weniger als neun Hauptfiguren aufwies.

„Ich beschloß", sagt Howard, „ein Thema zu komponieren, das sich durch den ganzen Film ziehen und dieses Bündnis der Gefährten in den verschiedenen Phasen von Stärke und Schwäche spiegeln sollte.

Man hört das Thema zum erstenmal bruchstückhaft, als Frodo und Sam von Hobbingen nach Bree aufbrechen: Sie verlassen das Auenland zum erstenmal, und sie sind bange. Also wird das Thema nur zaghaft angedeutet. Dann treffen sie auf Merry und Pippin, und weil sie jetzt zu viert sind, wird das Thema beschwingter, heiterer. Bei ihrer Ankunft in Bree sind die Hobbits furchtsam und eingeschüchtert, doch nachdem sie Streicher begegnet sind, werden aus vier Gefährten fünf, und das Thema wird ein wenig selbstbewußter – obgleich es auch ihre Müdigkeit, die Strapazen des vor ihnen liegenden Weges und die Gefahr ihrer Situation andeutet.

Schließlich kommen sie nach Bruchtal und glauben, ihre Reise beendet zu haben. Doch sie müssen feststellen, daß sie erst am Anfang sind. Jetzt aber haben sie Hilfe – Gandalf, Boromir, Legolas und Gimli –, und als die neun zu ihrer Mission aufbrechen, hören wir eine heroische, jubelnde Fassung des Themas.

Als die Gefährten Moria durchqueren, gibt es einige verschiedene Versionen: Nachdem sie den Höhlentroll besiegt haben, eine siegesbewußte Version, aber dann – als Gandalf stirbt und der Ring Boromir immer stärker in Versuchung führt – beginnt die Gemeinschaft zu zerbrechen und folglich auch das Thema.

Bei Boromirs Tod hören wir es in einer feierlichen, an eine Prozession gemahnenden Version, und als Frodo und Sam allein in Mordor eindringen, nähert sich das Thema wieder der bruchstückhaften Form des Anfangs an: zwei Gefährten, die ins Unbekannte aufbrechen …"

Epilog
Ein Ende und ein Anfang

 Der Jüngste Tag dämmerte herauf …

Das Fest zur Weltpremiere der *Gefährten* hatte am späten Montagabend, am 10. Dezember 2001, begonnen und bis in die frühen Morgenstunden gedauert. Als die letzten Gäste das Tobacco Dock im Londoner East End verließen, wurden die ersten Ausgaben der Morgenzeitung an die Kioske ausgeliefert. Wie würde die Presse den Film aufnehmen?

Man hätte sich keine Sorgen zu machen brauchen. In einer überschwenglichen Kritik schrieb die *Daily Mail*, der Film habe „eine mythische Größe und ein tiefes Verständnis der menschlichen Korrumpierbarkeit, das die *Star-Wars*-Filme dagegen wie Kinderkram aussehen läßt", während der *Daily Telegraph* in einem Artikel mit der Überschrift: „Wenn Sie das nicht mögen, mögen Sie Kino nicht", erklärte: „*(Der Herr der Ringe)* präsentiert eine prächtige Reihe von detailliert erzählten Abenteuern; er fügt sie in eine Landschaft von unglaublicher Eindringlichkeit und Fülle ein, von der ländlichen Idylle bis hin zur verschneiten Tundra; er choreographiert eine Vielzahl von Geschöpfen und verleiht ihnen bleibende Eigenart – und alles das mit einer nie dagewesenen technischen Rasanz."

Zahlreiche Kritiker verglichen Peter Jackson mit legendären Regisseuren von Fritz Lang über John Ford bis hin zu David Lean, während andere in der Welt der Kunst nach Vergleichen suchten: Für einige war der Film von den pittoresken Landschaften John Constables inspiriert, andere entdeckten Spuren von Gustav Doré, Hieronymus Bosch oder John Martin; während für die *Financial Times* Elijah Woods Frodo „die Züge eines Engels von William Blake" hatte.

In Amerika kam die Welle der beifälligen Kritiken auf der Titelseite von *Variety* ins Rollen: „Peter Jackson schildert plastisch die vielen Aspekte von Mittelerde und arbeitet mit sicherer Hand die zentralen Themen heraus: den Kampf des Guten gegen das Böse, das Wachsen mit den Anforderungen und die Treue zur Gemeinschaft in Zeiten der Not: Er hält die Dinge immer in Bewegung, ohne sich in Kinkerlitzchen oder in Effekte um ihrer selbst willen zu verlieren."

Screen International beschrieb den Film als „optisch eindrucksvoll, thematisch ernst und moralisch gewichtig" und erklärte, daß er „den Geist des Quellenmaterials nicht nur getreu einfängt … sondern auch wegen seiner eigenen Vorzüge auf lange Sicht den Vergleich mit den ehrgeizigsten Produktionen Hollywoods nicht zu scheuen braucht".

Ein Ausschnitt aus der überschwenglichen Besprechung in der *Los Angeles Times* ist typisch für die Aufnahme des Films durch die Kritik: „Gemacht mit Intelligenz, Vorstellungskraft, Leidenschaft und Können, vorwärtsgetrieben und durchzogen von einem unfehlbaren Gespür für das Wunderbare, nimmt uns der erste Film der Trilogie mit seiner mitreißenden Geschichte gefangen, daß nichts zählt, außer den lebensprallen und bezwingenden Ereignissen, die sich auf der Leinwand entfalten."

Epilog

Als das weltweite Medienecho anhielt, folgten auch die Tolkien-Fans, die, trotz vorhersehbarer Nörgeleien über jene Teile des Films, die sich vom Text entfernten, das Ergebnis guthießen; die Websites waren bald voll von Mails von Verehrern, die abermals in die Kinos strömten, um den Film zum zweiten, dritten oder vierten Mal zu sehen.

Aber keiner erwartete das Erscheinen der *Gefährten* sehnlicher als die Neuseeländer und insbesondere die Einwohner von Wellington. Die Inschriften an den neuseeländischen Zollstellen wurden überarbeitet und machten jetzt auf Schleusen für „Orks", „Trolle", „Hobbits" – und „Journalisten" aufmerksam. „Wir klebten überall auf dem Flughafen Plakate an", erinnert sich Elliott Kirton, der die Aktion leitete, „sogar hinter den Abfertigungsschaltern. Ursprünglich hatten wir gehofft, diese Schilder wie echte gestalten zu können, aber, wie Sie sich vorstellen können, erwies sich das als nicht ganz einfach. Trotzdem, in der Woche der Premiere gelang es uns, verschiedene Päckchen auf den Gepäckbändern zu plazieren, mit Aufschriften wie ‚Gandalfs Stab', ‚Bilbos Ring' und bei einem Heubündel ‚Bill, das Pony'!"

Die neuseeländische Post wies mit einem Satz von sechs Briefmarken (von 40 Cents bis 2 Dollar) auf den Start des Films hin, die von Sacha Lees von Weta Workshop entworfen worden waren. Auf den Marken waren Gandalf und Saruman, Frodo und Sam, Streicher, Boromir, Galadriel und der Hüter von Bruchtal abgebildet, und der Satz wurde auch mit einem speziellen Umschlag mit Ersttags-Stempel herausgegeben, geschmückt mit einem Ringgeist und einem „Auge Saurons".

Dann kam die Premiere. „Ein mittleres Erdbeben erschütterte Wellington gestern abend", erklärte der *New Zealand Herald*. Nachdem der Kritiker dem Film fünf Sterne gegeben hatte, fuhr er fort: „Sollten ihre Sehnerven einem köstlichen Angriff ausgesetzt sein, so versteht es der Film vielleicht noch besser, Ihr Herz so hochschnellen zu lassen wie Ihre Phantasie ... Vor ein paar Wochen sagte Jackson, er freue sich auf den Tag, an dem man aus dem Rausch erwachen und erkennen würde, daß es schließlich nur ein Film sei. Keine Chance. *Die Gefährten* sind unglaublich. Her mit den zwei anderen."

Es war der 19. Dezember, der Tag, an dem der Film weltweit anlief. Mit verständlichem Stolz teilte die *Evening Post* ihren Lesern mit: „Vergeßt London, New York und Los Angeles: die wirkliche Premiere des *Herrn der Ringe* hat gestern abend in Wellington stattgefunden." Trotz trüben Himmels

Ein Ende und ein Anfang

und eisiger Winde säumten fünfzehnhundert Menschen die Straßen zum Embassy-Theater – das man mit Millionenaufwand aufpoliert und mit der riesigen Nachbildung eines Höhlentrolls geschmückt hatte, der King-Kong-ähnlich über dem Baldachin thronte –, um die Stars des Films und ihren Regisseur auf der letzten Etappe ihrer Premierentour willkommen zu heißen. „Es ist wundervoll", sagte Peter Jackson, „zu sehen, wie die alte Heimatstadt sich verwandelt hat."

Helen Clark, die Premierministerin des Landes, sagte in ihrer Ansprache: „Es ist erstaunlich, was dieser Film für Neuseeland getan hat. Man sieht eine Menge Filme, ohne den geringsten Hinweis zu haben, wo sie gedreht wurden. Von diesem weiß jeder, daß er in Neuseeland entstand." Als ich diese Rede las, mußte ich an die Bemerkung von John Rhys-Davies denken, Peter Jackson habe „mehr für die Tourismus-Industrie Neuseelands getan als irgend jemand sonst seit Kapitän Cook!"

Nach der Premiere war bald klar, daß man den Film unbedingt im „Embassy" sehen mußte, und die Einnahmen des Theaters mit seinen 800 Sitzplätzen wurden auf etwa 30 000 neuseeländische Dollar pro Tag geschätzt; das veranlaßte den Betreiber zu der Bemerkung: „Es war, als würde ich alle Weihnachtsfeste meines Lebens auf einmal feiern!"

In der Tat erwiesen sich *Die Gefährten* als ein großartiges Weihnachtsgeschenk für alle, die an der Herstellung und dem Vertrieb des Films mitgewirkt hatten. New Line berichtete, der Film sei in Amerika in 3359 Kinos gezeigt worden und habe am Eröffnungstag 18,2 Millionen Dollar brutto eingespielt. Am Eröffnungswochenende, ein paar Tage später, beliefen sich die Einnahmen an amerikanischen Kinokassen auf insgesamt 66 Millionen Dollar, dazu kamen weitere 11 Millionen Pfund an Einnahmen aus Vorführungen in 470 Kinos in Großbritannien. Nach einer Laufzeit von einem Monat hatte der Film allein in den USA 228 Millionen Dollar eingespielt und weltweit 850 Millionen.

Der erste Hinweis auf den zu erwartenden Preisregen war die Auszeichnung durch das America Film Institute, das den *Herrn der Ringe* zum Film des Jahres und Jim Rygiel zum besten Spezialisten für Digitale Effekte des Jahres ernannte. Der Film erhielt auch den Preis der Best Production Design/Art Direction des National Board of Review, das Cate Blanchett zur besten Nebendarstellerin ernannte (für *Der Herr der Ringe,* zusammen mit *Schiffsmeldungen* und *Ein Mann kehrt heim*) und einen Spezialpreis an Peter Jackson verlieh.

Howard Shore erhielt den Preis der Los Angeles Film Critics Association für die beste Filmmusik, während Ian McKellen von der Screen Actors Guild für seine „herausragende Darstellung als männlicher Nebendarsteller"

Epilog

ausgezeichnet wurde. Ian wurde auch Sieger in der ein wenig dubiosen „Best Fight"-Kategorie in den MTV Movie Awards, neben Christopher Lee als „Bester Schurke", während die Kampfszene in der Grabkammer zur besten Action-Sequenz gewählt wurde. Von den Lesern der britischen Filmzeitschrift *Empire* wurde *Der Herr der Ringe* zum besten Film, Elijah Wood zum besten Schauspieler und Orlando Bloom zum besten Debütanten gewählt.

Bei drei renommierten Filmpreisen heimste *Der Herr der Ringe* eine beträchtliche Anzahl von Nominierungen ein: vier Golden Globes, elf BAFTAs (British Academy of Film and Television Awards) und dreizehn Academy Awards.

Nachdem er von den Golden Globes übergangen worden war, erhielt *Der Herr der Ringe* fünf BAFTAs: als bester Film, den Zuschauerpreis (verliehen von Kinobesuchern), für die besten Bildeffekte (Randall William Cook, Alex Funke, Jim Rygiel, Mark Stetson und Richard Taylor), das beste Make-up/Hair für Peter Owen, Peter King und Richard Taylor (Abbildung rechts mit seiner Ehefrau und Geschäftspartnerin Tania Rodger); dazu kam der David-Lean-Preis für die beste Regie an Peter Jackson.

Während viele Fans verständlicherweise über die begrenzte Anerkennung des Films seitens der Academy Awards enttäuscht waren, erhielt er gleichwohl vier Oscars: für die beste Originalmusik (Howard Shore), die beste Filmtechnik (Andrew Lesnie), die besten Effekte und Visuellen Effekte (Cook, Rygiel, Stetson und Taylor) und für das beste Make-up für Peter Owen und Richard Taylor – der damit seinen zwei BAFTAs einen zweiten Oscar hinzufügte.

Es gab noch weitere, kommerziell weniger bedeutsame Auszeichnungen: Peter Jackson wurde zum Companion of the New Zealand Order of Merit ernannt, und seine Partnerin und Mitverfasserin des Drehbuches, Fran Walsh, wurde Mitglied des New Zealand Order of Merit.

Peter wurde außerdem zum Neuseeländer des Jahres gewählt, eine Entscheidung, die der *New Zealand Herald* wie folgt kommentierte: „Zu offensichtlich, könnte man meinen, zu populistisch, könnte man denken, zu sehr hingerissen vom glänzenden Erfolg des *Herrn der Ringe*, könnte man argumentieren. Das könnte man, aber man sollte auch bedenken, daß Jackson den Preis allemal verdient hat, weil er sich, trotz der Reklame, der Begeiste-

Ein Ende und ein Anfang

rung und des Geldes, das Beste bewahrt hat, was einen Neuseeländer ausmacht. Er ist ein bescheidener, bodenständiger, funkelnder Geist. Seine Großtat, eine Kreativität, die als kindliche Leidenschaft für das Filmen von Dinosauriern begann, umzuwandeln in die Energie, die es ihm ermöglichte, dieses größte Filmprojekt aller Zeiten zu organisieren, ist ebenso erstaunlich wie Frodos Quest durch Mittelerde ... Daß er das alles in Neuseeland getan hat, bis hin zum letzten Haar an den Füßen der Hobbits, hat sein Engagement für dieses Land unterstrichen, das er vor ein paar Jahren leicht zugunsten der strahlenden Lichter Hollywoods hätte aufgeben können ... Die Tatsache, daß er den *Herrn der Ringe* überhaupt machen konnte, beweist sein Ansehen im harten Filmgeschäft, an der Spitze einer Unzahl von Hollywood-Regisseuren. Daß er angeblich abwechselnd eines seiner zwei rosafarbenen T-Shirts trägt, meist mit Shorts, und gelegentlich barfuß geht, zeigt seinen unverfälschten Kiwi-Stil."

Einige Monate vor der Erstaufführung des *Herrn der Ringe,* als die Arbeit am Film noch längst nicht abgeschlossen war, fragte ich Peter, ob er sich jemals – hätte er gewußt, was ihm bevorstand – auf das Projekt eingelassen hätte. Er lachte, dachte einen Augenblick nach und erwiderte: „Wenn Sie mich fragen würden, ob ich mit dem, was ich getan habe, zufrieden bin, würde die Antwort lauten ‚Aber sicher!', aber wenn Sie die Uhr zurückdrehen würden bis zu jenem Sonntagmorgen im November 1995, als ich im Bett lag und beschloß, meinen Agenten anzurufen und zu fragen, wo die Rechte für den *Herrn der Ringe* liegen ... nun ja, wenn mir damals jemand gesagt hätte: ‚Du läßt dich auf etwas ein, aus dem du vor 2003 nicht rauskommst', dann hätte ich wahrscheinlich ‚Nein!' gesagt."

Als ich später, als der erste Film unbestrittene Erfolge feierte, mit Peter sprach, fügte er lediglich dies hinzu: „Angesichts meiner bisherigen Leistungen und der Tatsache, daß ich vorher nie einen kommerziell wirklich erfolgreichen Film gemacht habe, erscheint es ziemlich unglaublich ... Aber andererseits hat dieses Projekt alle Grenzen gesprengt, alles daran ist nonkonformistisch – und das, denke ich, ist irgendwie klasse."

Natürlich ist der Druck noch immer da. Peter leistet Schwerarbeit, um die Trilogie abzuschließen, und in gewissem Sinn sind die Erwartungen noch größer. Aber sicher ist auch, daß die Kinobesucher, nachdem sie *Die Gefährten* gesehen haben, scharf auf die Fortsetzungen sein werden. Wie erstaunlich, wenn nicht gar ‚unglaublich', es auch erscheinen mag, es ist einfach so. Und ja, es ist wirklich „irgendwie klasse!"

189

Danksagungen

„Was ich lesen will, ist die Biografie dieses Films!" Dave Golder, Herausgeber der Zeitschrift SFX interviewte mich anläßlich des Erscheinens von „*Der Herr der Ringe*. Das offizielle Filmbuch". Ich erwiderte vorschnell, mein nächstes Buch (dieses Buch) werde genau das sein.

Schließlich ist es gar nicht so abwegig, die Lebensgeschichte eines Films zu erzählen, weil jeder Film aus den Talenten vieler Menschenleben hervorgeht: Wie viele Menschen an der Schaffung des *Herrn der Ringe* beteiligt waren, läßt sich schon dem etwa fünfzehnminütigen Nachspann der Filme entnehmen. Insgesamt ist die Namensliste, bezogen auf alle drei Filme, überwältigend.

Mit vielen dieser Leute habe ich mich getroffen, mit ihnen gesprochen oder korrespondiert, und aus manchen Interviewpartnern sind Freunde geworden. Als ich mit der Niederschrift begann, war mir trotzdem klar, daß eigentlich ein viel umfangreicheres Buch als dieses erforderlich wäre – vielleicht in mehreren Bänden –, um die Biografie dieses außerordentlichen filmischen Unternehmens vollständig zu erzählen.

Darum ist es vielleicht besser, dieses Buch als eine Folge von „Szenen aus dem Leben von …" oder vielleicht als „Gespräche mit engen Freunden und Kollegen von …" zu sehen.

Doch wie immer man es sehen mag, dieses Buch hat nur entstehen können, weil die folgenden Personen großzügig ihre oft hektische Arbeitszeit geopfert, meine Fragen mit Geduld und gutem Willen ertragen, mir hilfreiche Kommentare geliefert und großzügige Unterstützung gewährt haben. Wenn ich ihnen danke, möchte ich gleichwohl daran erinnern, daß auf jeden, dessen Stimme in diesem Buch zu vernehmen ist, wenigstens hundert weitere kommen, die ihren individuellen und wichtigen Beitrag zur Schaffung des *Herrn der Ringe* geleistet haben:

Janine Abery, Gino Acevedo, Matt Aitken, Greg Allen, Bob Anderson, Dan Arden, Sean Astin, John Baster, Len Baynes, Sean Bean, Warren Beaton, Freyer Blackwood, Jan Blenkin, Orlando Bloom, Richard Bluck, Melissa Booth, Costa Botes, Billy Boyd, Philippa Boyens, Tanya Buchanan, Brent Burge, Jacq Burrell, John Caldwell, Grant Campbell, William Campbell, Jason Canovas, Norman Cates, Annie Collins, Randall William Cook, Claire Cooper, Matthew Cooper, Frank Cowlrick, Carolynne Cunningham, Chris Davison, Ngila Dickson, Jason Docherty, Don Donoghue, Meredith Dooley, Rose Dority, Peter Doyle, Terry Edwards, Dean Evans, Daniel Falconer, Xander Forterie, Megan Fowlds, Alex Funke, Savannah Green, Chris Guise, Winham Hammond, Thorkild Hansen, David Hardberger, Emma Harre, Harry Harrison, Bin Hawker, Luke Hawker, Mark Hawthorne, Chris Hennah, Dan Hennah, Ian Holm, Belindalee Hope, Mike Horton, John Howe, Bill Hunt,

Peter Jackson, Stu Johnson, Mark Kinaston-Smith, Peter King, Martin Kwok, Jon Labrie, François Laroche, Alan Lee, Christopher Lee, Virginia Lee, Andrew Lesnie, Xiaohong Liu, Tracy Lorie, Peter Lyon, Janis MacEwan, Mary Maclachlan, Grant Major, Brian Massey, Caroline McKay, John McKay, Ian McKellen, Peter Mills, Dominic Monaghan, Shanon Morati, Viggo Mortensen, John Neill, Tim Nielsen, John Nugent, Stephen Old, Jabez Olssen, Mark Ordesky, Barrie M. Osborne, Miranda Otto, Peter Owen, Craig Parker, Suzana Perič, Rick Porras, Joanna Priest, Daniel Reeve, Stephen Regelous, Pip Reisch, John Rhys-Davies, Christian Rivers, Miranda Rivers, Tania Rodger, Tich Rowney, George Marshall Ruge, Patrick Runyon, Jim Rygiel, Chuck Schuman, Lynne Seaman, Jamie Selkirk, Andy Serkis, Kiran Shah, Richard Sharkey, Howard Shore, Peter Skarratt, Heather Small, Andrew Smith, Wayne Stables, Richard Taylor, Sue Thompson, Craig Tomlinson, Rob Townshend, Michael Tremante, Caroline Turner, Liv Tyler, Karl Urban, Adam Valdez, James van der Reyden, Ethan van der Reyden, Brian Van't Hul, Jenny Vial, Fran Walsh, Marty Walsh, Chris Ward, Moritz Wassmann, Andrew Wickens, Lisa Wildermoth, Jamie Wilson, Elijah Wood, Katy Wood, Annette Wullems.

Obgleich er in der vorstehenden Aufzählung bereits genannt ist, gebührt Ian McKellen besonderer Dank dafür, daß er die Zeit gefunden hat, zu diesem Buch ein Vorwort zu schreiben.

Höchst dankbar (für alle denkbare Hilfe, Beratung und Inspiration) bin ich auch Dave Golder *(SFX)*, Sarah Green und Phil Clark *(New Zealand Post)*, Michelle Fromont, Richard Holliss, Jean Johnston (Film and Television Co-ordinator, Capital Development Agency, Wellington City Council), Elliott Kirton, Sandra Murray und Sarah Swords.

Bei HarperCollins danke ich David Brawn dafür, daß er dieses Buch in Auftrag gegeben *und* daran geglaubt hat (sogar als es länger und länger wurde); Chris Smith für seine Begeisterung und seine unerschütterliche Ruhe, mit denen er es für den Druck vorbereitete; Emma Coode, die immer bereit war, sich am Telefon der Paranoia des Verfassers zu stellen; und vor allem Jane Johnson, meiner endlos geduldigen und unermüdlich ermutigenden Lektorin, ohne deren Unterstützung, Klugheit und Zuneigung ich zweifellos kopfüber in die Schicksalsklüfte gestürzt wäre.

Mein persönlicher Dank geht an Emma Gillson für ihre akkurate Transkription stundenlanger Interviews, die viel rätselhaftes „Ring-Geplauder" enthielten; und an Ian D. Smith, der die Fahnen mit einem Adlerauge gelesen hat, das nur von dem Scharfblick des Windfürsten Gwaihir übertroffen wird. Meiner Agentin Vivien Green danke ich, daß sie mir half, den Kopf oben zu behalten und das Lächeln nicht zu vergessen, und vor allem danke ich meinem Partner, David Weeks, dem treuesten Gefährten auf der Straße, die da gleitet fort und fort …